KB143033

혼공북스

혼공 훗짜!

안녕하세요? 혼공쌤이에요! 여러분과 세 번째 혼공 초등영문법 시리즈로 만나게 되었어요! 정말 너무너무 반가워요. 1권 〈8품사 편〉에서 영단어의 비밀을 배우고, 2권 〈기초구문편〉에서는 영단어를 활용하여 문장 만드는 법을 배웠어요. 이제는 문장을 마음껏 써봐야겠지요? 그래서 3권 〈쓰기편〉에서는 우리가 그동안 열심히 공부한 것을 확실하게 점검하고 손으로 마음껏 써볼 수 있도록 하였어요.

혹시 영어 문장을 쓰다가 손이 아플까 걱정하지 마세요. 쌤은 여러분들의 마음을 너무나 잘 알고 있어요. 그래서 여러분이 매일 매일 잘 따라올 수 있도록 교재를 썼고, 끝까지 지루하지 않게 공부할 수 있도록 구성했어요. 특히 영어문장 쓰기에는 많은 그림 을 수록하여 공부 효과를 높일 수 있도록 하였어요.

이렇게 조금씩 영어 문장을 쓰다보면 간단한 영어 일기를 쓸 수 있을 정도의 실력을 갖추게 될 거예요. 또한 이 책의 구성에 따라 영어문장 쓰기 공부를 꾸준히 하면 영어 쓰기뿐만 아니라 당연히 초등영문법 전체 실력이 확실하게 완성될 거예요. 그렇게 되면 지나가는 원어민이 없나 두리번거리고, 학교에 있는 원어민 쌤에게 한마디라도 해보고 싶은 마음이 들 거예요.

영어를 써보고 싶다는 마음이 들게 된다는 것. 여러분들의 미래를 바꾸는 데 큰 힘이 될 거예요. 아차차! 교재 마지막에 다시 한 번 총 복습할 수 있도록 100문장 쓰기 코너를 별도로 마련해 놓았어요. 교재 막바지에 '내가 그 동안 뭘 공부했지?'라는 마음이 들 때쯤 다시 복습할 수 있도록 구성했으니, 여러분들은 배운 거 까먹을 걱정 말고 재미나게 공부하면 된답니다.

바야흐로 혼공의 시대가 열렸어요. 유튜브 혼공TV에 무료강의까지 함께 준비해 놓을 테니 강의를 보면서 공부하여 완강까지 함 께 가봅시다! 다 같이 혼공 훗짜!

Thanks to...
혼공 초등영문법 시리즈 세 권이라는 여정은 저에게 큰 보람이었습니다. 이 보람찬 일을 처음부터 끝까지 응원해주신 아내 김효 정 님, 두 아들 현서, 지후, 그리고 저를 늘 걱정해주시고 사랑해주시는 부모님, 장인, 장모님께 큰 감사를 표합니다. 마지막으로 저를 도와 양질의 교재를 출간할 수 있도록 최선을 다해주신 우리 혼공스쿨의 유하영, 김수정, 이재영, 최민정 크루에게 – 그대 들은 까만 하늘 속 빛나는 별입니다.

혼공 **허준석**

이 책의 구성과 특징

★ 〈3단계〉 과정으로 완성하는 초등영어 쓰기 ★

이 책은 체계적으로 초등영어 쓰기 학습을 할 수 있도록 구성되어 있어요. 무조건 달달 외우는 공부가 아닌 문장 구조의 이해를 바탕으로 기초부터 응용까지 쓰기 학습의 모든 것을 완성할 수 있어요.

1단계 – 문장 구조 이해하기

아무리 많은 단어와 표현을 외우더라도 영어 문장의 구조를 이해하고 있지 않다면 쓰기 학습을 제대로 할 수 없어요. 즉, 영어 문장이 어떻게 구성되는지 특징과 규칙들을 올바르게 이해하고 있어야만 정확한 쓰기 학습을 할 수 있어요. 〈36개의 혼공개념〉을 통해 초등영어의 문장 구조를 확실하게 이해할 수 있어요.

2단계 – 단어 및 표현 골라 쓰기

문장 구조의 이해를 바탕으로 불완전한 문장을 완성하는 단어 및 표현 쓰기 연습을 하면 쓰기 실력의 기본이 탄탄해질 수 있어요. 〈바로! 확인문제〉에는 단어와 표현을 골라 써 보는 다양한 문제가 수록되어 있으므로, 이를 통해 쓰기 실력의 기본을 탄탄히 다지고 앞서 학습한 문장 구조를 응용할 수 있어요.

3단계 – 전체 문장 완성하기

1, 2단계 학습을 통해 다져진 기본 실력을 활용하여 전체 문장을 쓸 수 있어야 쓰기 실력이 완성될 수 있어요. 〈바로! 확인문제〉를 비롯하여 〈기본문제〉, 〈실전문제〉에는 문장 전체를 완성하는 문제가 수록되어 있어요. 주어와 동사의 관계, 목적어, 수식어의 활용 등에 유의하여 문장 쓰기를 한다면 쓰기 실력을 완성할 수 있어요.

★ 체계적인 학습으로 초등영어 쓰기 완전정복 ★

책속 〈Day별〉 영단어장을 이용하여 미리 영단어를 익히면 이 책을 공부하기가 훨씬 쉬워요!

〈Day별〉로 2개씩 구성된 구문 개념을 학습하고 확인문제를 통해 쓰기 실력을 키워요!

기본문제, 실전문제, 그리고 종합문제에 수록된 다양한 쓰기를 통해 문법 실력을 향상시켜요!

혼공개념

쓰기 학습을 위해 알아두어야 할 혼공개념이 Day별로 각각 2개씩 정리되어 있어요. 예문 중심으로 설명되어 있고, 중요한 내용은 색글씨로 표시하였으므로 이것에 유의해서 공부하면 기본 개념을 확실하게 이해할 수 있어요.

바로! 확인문제

혼공개념에서 배운 문장 구조를 활용하여 문법적으로 완전한 문장을 완성하고, 직접 써 보는 다양한 문제들이 수록되어 있어요. 영어 문장을 완성하는 연습을 통해 초등영어 쓰기의 기초를 탄탄하게 다질 수 있어요.

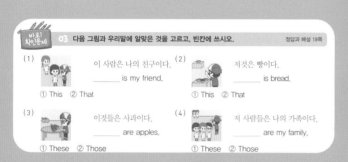

기본문제/실전문제

〈기본문제〉에는 영단어 및 표현을 쓰는 주관식 문제가 집중적으로 수록되어 있고, 〈실전문제〉에는 Day별 학습을 마무리할 수 있는 다양한 문제가 수록되어 있어요. 따라서 이 코너의 문제들을 차근차근 풀다보면 앞서 공부한 내용을 확실하게 이해할 수 있어요.

혼공 종합문제

Part별 학습을 최종 마무리하는 5지선다형, 단답형 쓰기, 문장 완성 등 다양한 문제가 수록되어 있어 각종 초등 진단평가 및 시험에 대비할 수 있어요. 틀린 문제는 체크해서 복습하면 초등영어 쓰기 실력이 완성될 수 있어요.

영어문장 쓰기

이 책에서 학습한 문장을 최종 복습할 수 있도록 마련한 코너로, 하루 20개씩 총 100개의 문장을 써 볼 수 있도록 구성하였어요. 특히 각각의 문장에는 출처가 표시되어 있어 이것을 활용하여 언제든지 문장 구조를 다시 확인하고 복습할 수 있어요.

Part 1 – 공부할 내용 미리보기

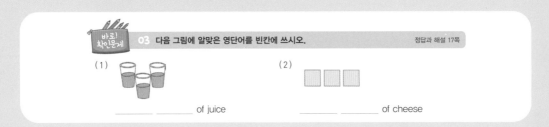

정답과 해설 17쪽

❶ **셀 수 있는 명사**와 **셀 수 없는 명사**의 차이를 이해하고, 단수와 복수를 쓰는 공부를 할 거예요.

❷ 다양한 **대명사**의 용법과 뜻을 파악하고, 적절한 대명사를 활용하여 문장을 완성하는 공부를 할 거예요.

❸ 주어에 따른 **be동사**의 변화와 쓰임을 이해하고, 적절한 be동사를 활용하여 문장을 완성하는 공부를 할 거예요.

❹ **일반동사**의 현재, 과거, 진행형의 차이를 이해하고, 다양한 일반동사를 활용하여 문장을 완성하는 공부를 할 거예요.

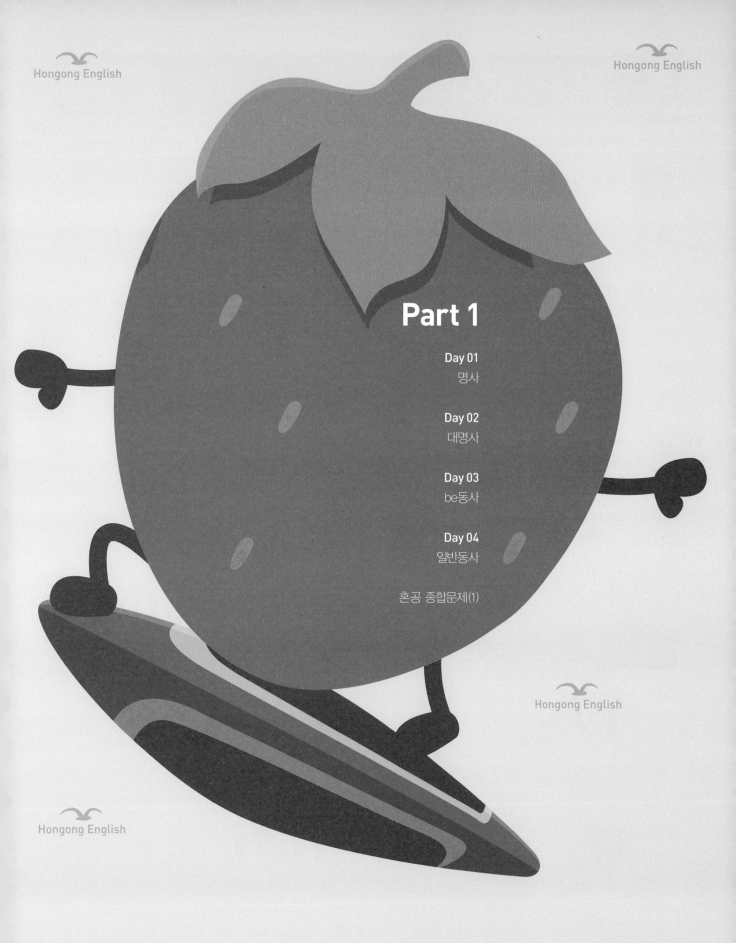

Part 1

 혼공개념 001 셀 수 있는 명사

1 '명사'는 사람이나 사물의 이름을 나타내는 말이에요. 하나, 둘, 셋, 넷 ⋯ 이렇게 셀 수 있으면 '셀 수 있는 명사'라고 해요. '단수(하나)'를 나타낼 때는 명사 앞에 a나 an을 쓰고, '복수(둘 이상)'를 나타낼 때는 명사 뒤에 s나 es를 붙이는데 이것을 '규칙 변화'라고 해요.

| 단수 | 복수(규칙) | 단수 | 복수(규칙) |

a boy (소년)   boys (소년들)   an egg (달걀)   eggs (달걀들)

2 복수를 나타낼 때 뒤에 s나 es를 붙이지 않고 철자가 변화하는 명사도 있어요. 이렇게 철자가 변화하는 것을 '불규칙 변화'라고 해요.

단수   복수(불규칙)   단수   복수(불규칙)

a child (어린이)   children (어린이들)   a mouse (쥐)   mice (쥐들)

 바로! 확인문제   01 다음 그림에 알맞은 것을 고르고, 빈칸에 쓰시오.   정답과 해설 16쪽

(1) _____
① a monkey
② monkeys

(2) _____
① a boy
② boys

(3) _____
① an orange
② oranges

(4)  _____
① an ice cream
② ice creams

(5) _____
① a cat
② cats

(6) _____
① a book
② books

(7) _____

① a bag

② an bag

(8) _____

① a cup

② cups

(9) _____

① a potato

② an potato

(10) _____

① potatos

② potatoes

(11) _____

① a tomato

② an tomato

(12) _____

① tomatos

② tomatoes

(13) _____

① toothes

② teeth

(14) _____

① children

② childs

(15) _____

① mouses

② mice

(16) _____

① foots

② feet

(17) _____

① oxes

② oxen

(18) _____

① mans

② men

(19) _____

① womans

② women

(20) _____

① gooses

② geese

셀 수 없는 명사

1 일정한 형태가 없어 세는 것이 어려운 명사를 '셀 수 없는 명사'라고 해요. 셀 수 없으므로 명사 앞에 a나 an을 써서 단수를 나타낼 수 없고, 명사 뒤에 s나 es를 붙여서 복수를 나타낼 수도 없어요.

  juice (O) a juice (X) juices (X)

2 셀 수 없는 명사라도 '단위'를 사용하면 셀 수 있어요. 예를 들어 '물(water)'은 셀 수 없지만 물을 잔에 담으면 몇 잔인지 셀 수 있잖아요. 이런 경우에는 '잔'이라는 단위에 s나 es를 붙여서 복수를 나타낼 수 있어요.

two glasses of water (O)
(물 두 잔)
two glasses of waters (X)

three pieces of cake (O)
(케이크 세 조각)
three pieces of cakes (X)

**바로!
확인문제** **02 다음 그림에 알맞은 것을 고르고, 빈칸에 쓰시오.** 정답과 해설 16쪽

(1)   _____
① water
② waters

(2)   _____
① a juice
② juice

(3)   _____
① milk
② milks

(4)   _____
① teas
② tea

(5)   _____
① a bread
② bread

(6)   _____
① cheese
② a cheese

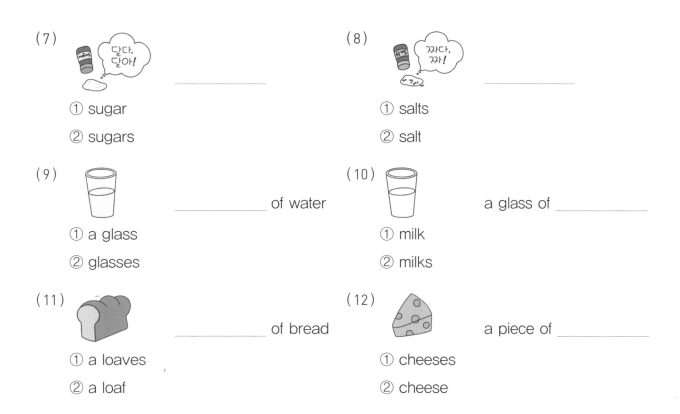

(7)
① sugar
② sugars

(8)
① salts
② salt

(9) _____ of water
① a glass
② glasses

(10) a glass of _____
① milk
② milks

(11) _____ of bread
① a loaves
② a loaf

(12) a piece of _____
① cheeses
② cheese

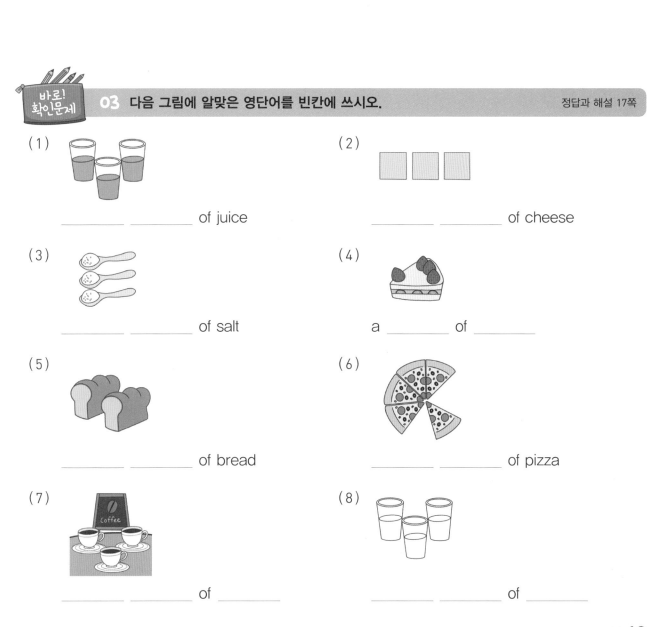

바로! 확인문제 **03** 다음 그림에 알맞은 영단어를 빈칸에 쓰시오. 　　　　정답과 해설 17쪽

(1) _____ of juice

(2) _____ of cheese

(3) _____ of salt

(4) a _____ of _____

(5) _____ of bread

(6) _____ of pizza

(7) _____ of _____

(8) _____ of _____

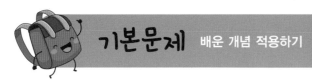
Ⓐ 다음 〈보기〉처럼 우리말과 그림에 알맞은 영단어를 빈칸에 쓰시오.

〈 보기 〉

그녀는 를 가지고 있다. → <u>four</u> <u>dogs</u>

(1) 나는 Book 을 읽는다. → _____ _____

(2) 나의 아빠는 ◯ 을 드신다. → _____ _____

(3) 동물원에 🐯 가 있다. → _____ _____

(4) 👧👧 는 길을 걷고 있다. → _____ _____

(5) 엄마가 🍅 를 씻고 계신다. → _____ _____

(6) 👦👦👧 이 놀이터에서 놀고 있다. → _____ _____

(7) 🦢🦢 이 물을 마신다. → _____ _____

(8) 요리사는 수프에 소금 🥄 을 넣는다. → _____ _____ of _____

(9) 나는 가게에서 🍎 를 샀다. → _____ _____

(10) 아빠는 🍕 이나 드셨다. → _____ _____ of _____

A 다음 우리말에 알맞게 괄호 안의 알파벳을 바르게 배열하여 빈칸에 쓰시오.

(1) a _____ (afol) of bread
　　　　빵 한 덩어리

(2) three _____ (otatomse)
　　　　　토마토 세 개

(3) two _____ (eeges)
　　　　거위 두 마리

B 다음 그림에 알맞게 밑줄 친 부분을 바르게 고쳐 쓰시오.

(1) two <u>woman</u> → _____

(2) three <u>glass</u> of milk → _____

(3) three <u>ox</u> → _____

C 다음 우리말에 알맞은 것을 고르고, 빈칸에 쓰시오.

(1) When the cats away, the _____ will play.
고양이가 없으면, 쥐들이 살 판이 난다.
　① mouse　　② mice　　③ mouses　　④ mices　　⑤ a mouse

(2) She put a _____ of curry powder.
그녀는 카레 가루를 한 숟가락 넣었다.
　① spoon　　② spoons　　③ spoonful　　④ spoonfuls　　⑤ spoonfulls

D 다음은 지후가 준비한 요리의 재료이다. 밑줄 친 (1)~(5)를 바르게 고쳐 쓰시오.

🍜 지후의 요리

| 재료 | three (1) <u>tomatos</u> / two (2) <u>loaf</u> of bread / four (3) <u>spoon</u> of sugar
(4) <u>a</u> orange / three slices of (5) <u>cheeses</u>

(1) _____　　　　(2) _____　　　　(3) _____

(4) _____　　　　(5) _____

혼공개념 003 지시대명사 / 주격대명사

1 '대명사'는 명사를 대신해서 쓰는 말로 가까운 곳에 있는 하나의 사물이나 사람을 가리킬 때는 지시대명사 this(이것, 이 사람)를, 둘 이상의 사물이나 사람을 가리킬 때는 지시대명사 these(이것들, 이 사람들)를 써요. 먼 곳에 있는 하나의 사물이나 사람을 가리키는 때는 지시대명사 that(저것, 저 사람)을, 둘 이상의 사물이나 사람을 가리킬 때는 지시대명사 those(저것들, 저 사람들)를 써요.

this (이것)　　these (이것들)　　that (저것)　　those (저것들)

2 '~는, ~은'이라는 뜻으로 쓰이는 대명사를 '주격대명사'라고 해요. 단수 주격대명사로는 1인칭 I(나는), 2인칭 you(너는), 3인칭 he(그는), she(그녀는), it(그것은)이 있어요. 복수 주격대명사로는 1인칭 we(우리들은), 2인칭 you(너희들은), 3인칭 they(그들은, 그것들은)가 있지요.

I (나는)　　you (너는)　　he (그는)　　we (우리들은)　　you (너희들은)　　they (그것들은)

바로! 확인문제 01 다음 그림과 우리말에 알맞은 것을 고르고, 빈칸에 쓰시오.
정답과 해설 18쪽

(1)
이것
_____
① this ② that

(2)
저것
_____
① this ② that

(3)
이것들
_____
① these ② those

(4)
저것들
_____
① these ② those

(5)
이 사람
_____
① this ② that

(6)
저것
_____
① this ② that

(7)

이것들

_____

① these   ② those

(8)

저 사람들

_____

① these   ② those

다음 그림과 우리말의 인칭을 고르고, 빈칸에 주격대명사를 영어로 쓰시오.   정답과 해설 18쪽

(1)

나는

_____

① 1인칭   ② 2인칭

(2)

너는

_____

① 2인칭   ② 3인칭

(3)

우리들은

_____

① 1인칭   ② 2인칭

(4)

그것들은

_____

① 2인칭   ② 3인칭

다음 그림과 우리말에 알맞은 것을 고르고, 빈칸에 쓰시오.   정답과 해설 18쪽

(1)

이 사람은 나의 친구이다.

_____ is my friend.

① This   ② That

(2)

저것은 빵이다.

_____ is bread.

① This   ② That

(3)

이것들은 사과이다.

_____ are apples.

① These   ② Those

(4)

저 사람들은 나의 가족이다.

_____ are my family.

① These   ② Those

(5)

너는 소녀이다.

_____ are a girl.

① I   ② You

(6)

그것들은 꽃이다.

_____ are flowers.

① They   ② It

(7)

너희들은 키가 크다.

_____ are tall.

① We   ② You

(8)

그들은 학생이다.

_____ are students.

① You   ② They

소유격대명사 / 목적격대명사

1 '~의'라는 뜻으로 쓰이는 대명사를 '소유격대명사'라고 해요. 소유격대명사 다음에 명사가 오면 '가지다'라는 의미를 지닌 다양한 소유의 표현을 할 수가 있어요. 단수 소유격대명사에는 1인칭 my (나의), 2인칭 your (너의), 3인칭 his (그의), her (그녀의), its (그것의)가 있어요. our (우리들의), your (너희들의), their (그들의, 그것들의)은 복수 소유격대명사이지요.

his car
(그의 자동차)

our school
(우리들의 학교)

2 '~을, ~를'이라는 뜻으로 쓰이는 대명사를 '목적격대명사'라고 해요. 단수 목적격대명사에는 1인칭 me(나를), 2인칭 you(너를), 3인칭 him(그를), her(그녀를), it(그것을)이 있어요. us(우리들을), you(너희들을), them(그들을, 그것들을)은 복수 목적격대명사이지요. 동작을 나타내는 동사와 목적격대명사를 함께 쓰면 간단한 문장을 만들 수 있어요.

She loves
주어 + 동사
(그녀는 사랑한다)

+

us
목적격대명사
(우리들을)

→

She loves us.
(그녀는 우리들을 사랑한다.)

 바로! 확인문제 **04** 다음 그림과 우리말에 알맞은 것을 고르고, 빈칸에 쓰시오.

정답과 해설 19쪽

(1)

나의

_____

① my ② your

(2)

그의

_____

① his ② her

(3)

너의

_____

① you ② your

(4)

그것의

_____

① it ② its

(5)

우리들의

_____

① we ② our

(6)

너희들의

_____

① you ② your

(7)   그것들의

_____

① their   ② its

(8)   나를

_____

① my   ② me

(9)   그녀를

_____

① her   ② she

(10)   그것들을

_____

① it   ② them

---

 05 다음 그림과 우리말에 알맞은 것을 고르고, 빈칸에 쓰시오.

정답과 해설 19쪽

(1)

이것은 나의 도넛이다.

This is _____ doughnut.

① me   ② my

(2)

이것은 너의 버스이다.

This is _____ bus.

① your   ② you

(3)

이것은 그녀의 자전거이다.

This is _____ bicycle.

① her   ② his

(4)

이것은 그것들의 공이다.

This is _____ ball.

① its   ② their

(5)

그에게 말해라.

Talk to _____ .

① he   ② him

(6)

그것을 읽어라.

Read _____ .

① it   ② its

(7)

나는 너희들을 만났다.

I met _____ .

① you   ② your

(8)

나의 엄마는 우리들을 사랑한다.

My mom loves _____ .

① we   ② us

Ⓐ 다음 〈보기〉처럼 우리말과 그림에 알맞은 영단어를 쓰시오.

〈 보기 〉

 이것들은 사과이다. → These are apples.

(1)  저것은 차이다. → _____ is a car.

(2)  이 사람들은 의사이다. → _____ are doctors.

(3)  이것은 책이다. → _____ is a book.

(4) 이것은 그의 폰이다. → This is _____ phone.

(5) 그녀에게 물어봐. → Ask _____.

(6)  저것들은 양파이다. → _____ are onions.

(7)  우리들은 사과를 좋아한다. → _____ like apples.

(8) 이것은 그것의 물고기이다. → This is _____ fish.

(9) 이것은 우리들의 방이다. → This is _____ room.

(10) 나는 그들을 만났다. → I met _____.

Ⓐ 다음 우리말에 알맞게 괄호 안의 알파벳을 바르게 배열하여 빈칸에 쓰시오.

(1) _____ (Teseh) are dogs.
　　이것들은 개이다.

(2) This is _____ (eriht) doll.
　　　　　　　이것은 그들의 인형이다.

(3) Talk to _____ (hmi).
　　　　　　이것은 그들의 인형이다.

Ⓑ 다음 그림에 알맞게 밑줄 친 부분을 바르게 고쳐 쓰시오.

(1) Her is my sister. → _____

(2) This is he bag. → _____

(3) Pass its to me. → _____

Ⓒ 다음 우리말에 알맞은 것을 고르고, 빈칸에 쓰시오.

(1) _____ likes me.
　　그는 나를 좋아한다.
　　① He　　② His　　③ She　　④ Her　　⑤ They

(2) What's _____ dream?
　　너의 꿈은 무엇이니?
　　① you　　② my　　③ your　　④ it　　⑤ us

Ⓓ 다음 일기를 읽고, 밑줄 친 우리말에 알맞은 영단어를 빈칸에 쓰시오.

(1) 저것은 나의 학교이다. 나는 남동생과 학교를 같이 간다. (2) 우리들은 우리들의 학교를 좋아한다. 그런데 오늘은 학교를 가는 길에 못 보던 작은 집을 발견했다. 가까이 가보니 강아지가 한 상자에 살고 있었다. (3) 그 상자는 그것의 집이었다. 남동생은 주머니에서 작은 빵을 꺼내서 강아지에게 주며 (4) "그것을 먹어라," 라고 했다. 우리들은 앞으로 그 강아지와 친구가 될 것 같다.

(1) _____ is my school.　　(2) _____ like our school.

(3) The box was _____ house.　　(4) Eat _____ .

혼공개념 005 be동사의 모양과 쓰임

1 'be동사'는 am, are, is 세 가지 모양으로 변신해서 쓰여요. be동사 뒤에 명사가 오면 '~이다'라는 뜻으로, 형용사가 오면 '~하다'라는 뜻으로 쓰여요. be동사 뒤에 장소를 나타내는 '구'가 오면 '~에 있다'라는 뜻이 되지요. 단수 주격대명사 I는 am과, he, she, it은 is와, 그리고 복수 주격대명사 we, they, you는 are와 함께 쓰여요.

> I am a basketball player. (나는 농구 선수이다.)
> He is happy. (그는 행복하다.)
> They are in the room. (그들은 그 방에 있다.)

2 be동사의 과거형에는 was와 were가 있고, be동사의 과거형 뒤에 명사가 오면 '~이었다'라는 뜻으로 쓰여요. 형용사가 오면 '~했다'라는 뜻이고, 장소를 나타내는 '구'가 오면 '~에 있었다'라는 뜻이 되지요. be동사의 과거형 was는 단수 주격대명사와 어울려 쓰이고, were는 복수 주격대명사와 어울려 쓰여요.

> I was a basketball player. (나는 농구 선수였다.)
> He was happy. (그는 행복했다.)
> They were in the room. (그들은 그 방에 있었다.)

바로! 확인문제 01 다음 그림과 우리말에 알맞은 것을 고르고, 빈칸에 쓰시오.
정답과 해설 20쪽

(1)

나는 화가 난다.

I _____ angry.

① is ② am

(2)

그것들은 고양이다.

They _____ cats.

① is ② are

(3)

그녀는 선생님이다.

She _____ a teacher.

① is ② are

(4)

우리들은 행복하다.

We _____ happy.

① am ② are

(5)

그들은 학생이다.

They _____ students.

① is ② are

(6)

그는 방에 있다.

He _____ in the room.

① is ② are

(7) 어제

아빠는 공원에 있었다.

Dad _____ in the park.

① was ② were

(8) 어제

그는 슬펐다.

He _____ sad.

① was ② were

(9) 어제

우리들은 용감했다.

We _____ brave.

① was ② were

(10) 작년 너

너는 키가 작았다.

You _____ short.

① was ② were

정답과 해설 20쪽

바로! 확인문제 **02** 다음 우리말에 알맞은 것을 고르고, 빈칸에 쓰시오.

(1) 나는 남자이다.

I _____ a man.

① is ② am

(2) 그것은 아이스크림이다.

It _____ an ice cream.

① are ② is

(3) 우리들은 친구이다.

We _____ friends.

① am ② are

(4) 그들은 나의 가족이다.

They _____ my family.

① is ② are

(5) 나는 방에 있었다.

I _____ in the room.

① am ② was

(6) 너는 힘이 셌다.

You _____ strong.

① was ② were

(7) 그것들은 꽃이었다.

They _____ flowers.

① are ② were

(8) 너희들은 의사였다.

You _____ doctors.

① was ② were

be동사의 부정 / be동사의 의문문

1 '부정'은 '~가 아니다'라는 뜻으로 be동사의 현재형을 부정하려면 be동사의 현재형 다음에 not을 써요. be동사의 과거형도 부정하려면 be동사의 과거형 뒤에 not을 쓰지요. 'be동사의 현재형 + not'은 줄임말로 쓸 수 있어요. is not은 isn't로, are not은 aren't로 줄여서 쓰지요. 하지만 am not 은 줄여 쓸 수 없어요. 'be동사의 과거형 + not'도 줄임말로 쓸 수 있어요. was not은 wasn't로 were not은 weren't로 줄여서 쓰지요.

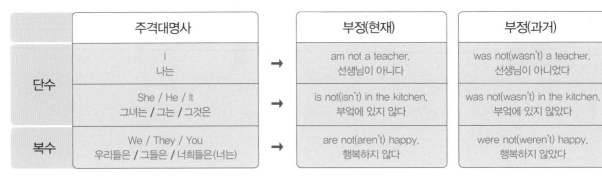

	주격대명사		부정(현재)	부정(과거)
단수	I 나는	→	am not a teacher. 선생님이 아니다	was not(wasn't) a teacher. 선생님이 아니었다
	She / He / It 그녀는 / 그는 / 그것은	→	is not(isn't) in the kitchen. 부엌에 있지 않다	was not(wasn't) in the kitchen. 부엌에 있지 않았다
복수	We / They / You 우리들은 / 그들은 / 너희들은(너는)	→	are not(aren't) happy. 행복하지 않다	were not(weren't) happy. 행복하지 않았다

2 '의문문'은 상대방에게 어떤 생각이나 의견을 물어보는 문장으로, be동사의 현재형과 주격대명사 (주어)의 위치를 바꾸고 마지막에 물음표 부호(?)를 쓰면 의문문이 돼요. be동사의 과거형이 쓰인 문장도 be동사의 과거형과 주격대명사(주어)의 위치를 바꾸고 물음표(?)를 쓰면 의문문이 되지요. be동사가 사용된 의문문에 대해 대답할 때는 Yes(응)나 No(아니)로 할 수가 있어요.

You are hungry. (너는 배가 고프다.)
✕
Are you hungry? (너는 배가 고프니?)

- 긍정 대답: Yes, I am. (응, 배고파.)

- 부정 대답: No, I am not. (아니, 안 배고파.)

---

 03 다음 그림과 우리말에 알맞은 것을 고르고, 빈칸에 쓰시오.　　정답과 해설 21쪽

(1)

나는 선생님이 아니다.

I _____ a teacher.

① am not　② not am

(2)

그녀는 가수가 아니다.

She _____ a singer.

① is not　② not is

(3)

우리들은 슬프지 않다.

We _____ sad.

① is not　② are not

(4)

그는 교실에 있지 않다.

He _____ in the classroom.

① isn't　② aren't

(5) 어제

나는 행복하지 않았다.

I _____ happy.

① was not   ② is not

(6) 작년

너는 의사가 아니었다.

You _____ a doctor.

① were not   ② was not

(7) 어제

그녀는 부엌에 있지 않았다.

She _____ in the kitchen.

① wasn't   ② isn't

(8) 너는 학생이니?

너는 학생이니?

_____ a student?

① Are you   ② You are

(9) 그녀는 선생님이니?

_____ a teacher?

① Was she   ② Is she

(10) 작년

너는 간호사였니?

_____ a nurse?

① You were   ② Were you

정답과 해설 21쪽

바로! 확인문제 04 다음 우리말에 알맞은 것을 고르고, 빈칸에 쓰시오.

(1) 너는 여자아이다.

You _____ a girl.

① are   ② am

(2) 그들은 의사였다.

They _____ doctors.

① was   ② were

(3) 너는 배고프지 않았다.

You _____ hungry.

① were not   ② are not

(4) 그는 부엌에 있지 않았다.

He _____ in the kitchen.

① wasn't   ② isn't

(5) 너는 졸리니?

_____ sleepy?

① Are you   ② You are

(6) 그는 의사니?

_____ a doctor?

① He is   ② Is he

(7) 너는 슬펐니?

_____ sad?

① Were you   ② You were

(8) 아니, 나는 안 배고파.

No, _____ not hungry.

① I am   ② you are

Ⓐ 다음 〈보기〉처럼 우리말과 그림에 알맞은 영단어를 빈칸에 쓰시오.

〈 보기 〉

이것은 🐕 개이다. → It is a dog.

(1) 나는 ▨ 댄서이다. → I _____ a dancer.

(2) 너는 ▨ 의사였다. → You _____ a doctor.

(3) 그들은 ▨ 교실에 있었다. → They _____ in the classroom.

(4) 나는 ▨ 요리사가 아니다. → I _____ _____ a cook.

(5) 우리들은 ▨ 학생이 아니다. → We _____ _____ students.

(6) 그녀는 ▨ 가수가 아니었다. → She _____ a singer.

(7) 그들은 ▨ 어린이들이 아니었다. → They _____ children.

(8) 너는 ▨ 슬프니? → _____ _____ sad?

(9) 그녀는 ▨ 가수니? → _____ _____ a singer?

(10) 응, ▨ 목말라. → _____, I _____ thirsty.

Ⓐ 다음 우리말에 알맞게 괄호 안의 주어진 알파벳을 바르게 배열하여 빈칸에 쓰시오.

(1) They _____ (rea) monkeys.
그것들은 원숭이들이다.

(2) It _____ (itns') a cup.
그것은 컵이 아니다.

(3) They _____ (wr'etne) in her room.
그들은 그녀의 방에 있지 않았다.

Ⓑ 다음 그림에 알맞게 밑줄 친 부분을 바르게 고쳐 쓰시오.

(1) He <u>are</u> tall. → _____

(2) She <u>aren't</u> tired. → _____

(3) <u>You are a doctor?</u> → _____

Ⓒ 다음 우리말에 알맞은 것을 고르고, 빈칸에 쓰시오.

(1) Jenny and John _____ friends.
Jenny와 John은 친구이다.

① is   ② am   ③ are   ④ was   ⑤ isn't

(2) It _____ a tiger.
그것은 호랑이가 아니었다.

① aren't   ② wasn't   ③ weren't   ④ am not   ⑤ isn't

Ⓓ 다음 일기를 읽고, 밑줄 친 우리말에 알맞은 영단어를 빈칸에 쓰시오.

(1) <u>나는 신데렐라이다.</u> 새어머니와 새언니들은 나에게 너무 많은 일을 시킨다. 하루는 일을 다 하지 못했고 (2) <u>그들은 화가 났다.</u> 그날은 무도회에 가는 날이었지만 나는 갈 수 없었다. 그런데 갑자기 요정님이 나타나서 울고 있는 나에게 (3) <u>"너는 슬프니?"</u> 라고 물어보셨다. 요정님은 나를 무도회에 데려가 주었고, 나는 왕자님과 춤을 추다가 시간이 되서 돌아왔다. 그런데 내가 놓고 온 신발을 들고 왕자님이 우리 집에 찾아왔다. 신발을 신는 순간 왕자님이 나에게 "당신이 신데렐라인가요?"라고 물어봐서 나는 (4) <u>"네, 제가 맞아요."</u>라고 했다. 우리들은 결혼해서 행복하게 살았다.

(1) I _____ Cinderella.

(2) They _____ angry.

(3) _____ sad?

(4) _____, I am.

일반동사의 현재형과 과거형

1 '일반동사'는 우리의 행동이나 상태를 나타내는 것으로 '주어 + 일반동사'로 문장을 만들어요. 일반동사의 현재형은 주어가 3인칭 단수일 때는 일반동사에 s나 es를 붙이고, 다른 상황에서는 s나 es를 붙이지 않아요. 현재형 문장의 부정은 보통 일반동사 앞에 do not(don't)를 쓰고, 주어가 3인칭 단수일 때는 일반동사 앞에 does not(doesn't)을 써요.

eat (먹다)   go (가다)   run (달리다)   teach (가르치다)

I eat. (나는 먹는다.)   She goes. (그녀는 간다.)   He washes. (그는 씻는다.)
You don't run. (너는 달리지 않는다.)   She doesn't teach. (그녀는 가르치지 않는다.)

2 일반동사의 과거형은 보통 현재형 끝에 ed를 붙이면 돼요. 일반동사의 현재형 철자가 '자음 + y'로 끝나면 y를 i로 바꾸고 ed를 붙이고, '단모음 + 단자음'으로 끝나면 마지막 자음을 한번 더 쓰고 ed를 붙여요. 그리고 현재형과 과거형 철자가 똑같은 경우도 있어요. 하지만 어떤 일반동사는 이런 '규칙'과 상관없이 변하기 때문에 '불규칙'이라고 해요. 과거형의 부정은 일반동사 앞에 did not(didn't)을 써요.

cleaned (청소했다)   studied (공부했다)   cut (잘랐다)   ate (먹었다)

He drank. (그는 마셨다.)   We fixed. (우리들은 고쳤다.)   She cried. (그녀는 울었다.)
I didn't put. (나는 놓지 않았다.)   They didn't drink. (그들은 마시지 않았다.)

01 다음 그림과 우리말에 알맞은 것을 고르고, 빈칸에 쓰시오.   정답과 해설 22쪽

(1)

그들은 읽는다.

They _____.

① read   ② reads

(2)

그녀는 씻는다.

She _____.

① wash   ② washes

(3)

그는 춤춘다.

He _____ .

① dance ② dances

(4)

우리들은 고친다.

We _____ .

① fix ② fixed

(5)

그는 공부한다.

He _____ .

① studys ② studies

(6)

그는 달리지 않는다.

He _____ run.

① don't ② doesn't

(7)

나는 노래 부르지 않는다.

I _____ sing.

① don't ② doesn't

(8)

그것은 멈췄다.

It _____ .

① stoped ② stopped

(9)

우리들은 달렸다.

We _____ .

① run ② ran

(10)

우리들은 공부하지 않았다.

We _____ study.

① don't ② didn't

02 다음 우리말에 알맞은 영단어를 빈칸에 쓰시오.

정답과 해설 22쪽

(1) Tom과 Jenny는 먹는다.

Tom and Jenny _____ .

(2) 그녀는 사랑했다.

She _____ .

(3) 내 엄마가 잘랐다.

My mom _____ .

(4) 그는 간다.

He _____ .

(5) Max는 청소하지 않는다.

Max _____ _____ .

(6) 나는 달리지 않는다.

I _____ _____ .

(7) 그는 울었다.

He _____ .

(8) 우리들은 청소하지 않았다.

We _____ _____ .

일반동사의 의문문과 진행형

1 일반동사의 현재 의문문은 do를 문장 앞에 써요. 주어가 3인칭 단수인 경우 does를 문장 앞에 써요. 일반동사의 과거 의문문은 주어와 상관없이 did를 문장 앞에 써요. 이때 주어 다음에 일반동사는 반드시 동사원형을 써야 해요. 그리고 의문문이므로 문장 끝에 물음표 부호(?)를 표시해야 해요.

| Do | + | you
너는 | + | study
일반동사(공부하다) | → | Do you study?
너는 공부하니? |

Do they eat? (그들은 먹니?)   Does he dance? (그는 춤추니?)

Did you jump? (너는 점프했니?)   Did she sing? (그녀는 노래했니?)

2 일반동사의 현재진행형은 '~하고 있는 중'을 표현하는 것으로 'be동사(am, is, are) + 일반동사 + ing'로 나타내요. 과거진행형은 '~하고 있었던 중'을 표현하는 것으로 'be동사의 과거형(was, were) + 일반동사 + ing'로 나타내요. 진행형의 부정은 be동사 다음에 not을 쓰면 돼요.

| She
주어(그녀는) | + | is
be동사 | + | going
일반동사 + ing(가는 중이다) | → | She is going.
그녀는 가는 중이다. |

I am eating 삼겹살. (나는 삼겹살을 먹는 중이다.)   I am not eating 삼겹살. (나는 삼겹살을 먹는 중이 아니다.)

He was reading. (그는 읽고 있는 중이었다.)   He wasn't reading. (그는 읽는 중이 아니었다.)

We were drinking. (우리들은 마시는 중이었다.)   We weren't drinking. (우리들은 마시는 중이 아니었다.)

바로! 확인문제 **03** 다음 그림과 우리말에 알맞은 것을 고르고, 빈칸에 쓰시오.   정답과 해설 23쪽

(1)

그녀는 춤추니?

_____ she dance?

① Do   ② Does

(2)

너희들은 아이스크림 먹니?

_____ you eat an ice cream?

① Do   ② Does

(3)

그는 점프하니?

_____ he jump?

① Do   ② Does

(4)

그들은 멈추니?

_____ they stop?

① Do   ② Does

(5) 그녀는 달렸니?

_____ she run?

① Does ② Did

(6) Mary는 읽었니?

_____ Mary read?

① Does ② Did

(7) 너는 공부했니?

_____ you study?

① Do ② Did

(8) Jane과 Kevin은 TV를 봤니?

_____ Jane and Kevin watch TV?

① Do ② Did

(9) 그는 청소하는 중이다.

He _____.

① is cleaning ② are cleaning

(10) 우리들은 노래 부르는 중이었다.

We _____.

① was singing ② were singing

(11) 그들은 가고 있는 중이 아니었다.

They _____.

① wasn't going ② weren't going

(12) 그녀는 마시는 중이 아니다.

She _____.

① isn't drinking ② aren't drinking

바로! 확인문제 04 다음 우리말에 알맞은 영단어를 빈칸에 쓰시오.

정답과 해설 23쪽

(1) 그들은 노래하나요?

_____ they _____?

(2) 너는 고쳤니?

_____ you _____?

(3) 그는 마셨니?

_____ he _____?

(4) Mary는 영어를 공부하니?

_____ Mary _____ English?

(5) 그는 먹고 있는 중이었다.

He _____ _____.

(6) 그녀는 가는 중이다.

She _____ _____.

(7) 그들은 우는 중이 아니었다.

They _____ _____.

(8) 그녀는 삼겹살을 먹는 중이 아니다.

She _____ _____ 삼겹살.

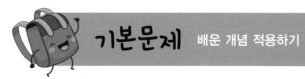
Ⓐ 다음 〈보기〉처럼 우리말과 그림에 알맞은 영단어를 빈칸에 쓰시오.

〈 보기 〉

나는 달리는 중이다. → I am <u>running</u>.

(1) 그녀는 ^{어제} <u>먹었다</u>. → She _____.

(2) 차가 ^{어제} <u>멈췄다</u>. → The car _____.

(3) 내 친구와 나는 <u>공부하는 중이다</u>. → My friend and I _____ _____.

(4) 그는 ^{어제} <u>청소했다</u>. → He _____.

(5) 나는 삼겹살을 ^{지난주 토요일} <u>먹는 중이었다</u>. → I _____ _____ 삼겹살.

(6) 너는 ^{어제} <u>고쳤니?</u> → _____ you _____?

(7) 그들은 ^{어제} <u>읽지 않았다</u>. → They _____ _____.

(8) 그는 ^{어제} <u>마셨다</u>. → He _____.

(9) 우리들은 <u>우는 중이다</u>. → We _____ _____.

(10) 그녀는 <u>노래하니?</u> → _____ she _____?

A 다음 우리말에 알맞게 괄호 안의 알파벳을 바르게 배열하여 빈칸에 쓰시오.

(1) He _____ (cirse).
그는 운다.

(2) We weren't _____ (stdyungi).
우리들은 공부하고 있는 중이 아니었다.

(3) She _____ (tachese) English.
그녀는 영어를 가르친다.

(4) Did Max _____ (aswh) his hands?
Max는 그의 손을 씻었니?

B 다음 그림에 알맞게 밑줄 친 부분을 바르게 고쳐 쓰시오.

(1) 어제   They eated.   → _____

(2) He am reading.   → _____

(3) 어제   She cuted.   → _____

C 다음 우리말에 알맞은 것을 고르고, 빈칸에 쓰시오.

(1) If you don't walk today, you will have to _____ tomorrow.
오늘 걷지 않으면 내일 뛰어야 한다.

  ① watch   ② wash   ③ stop   ④ run   ⑤ put

(2) Anna didn't _____ coffee.
Anna는 커피를 마시지 않았다.

  ① drank   ② drink   ③ drinked   ④ drinks   ⑤ drinking

D 다음 일기를 읽고, 밑줄 친 우리말에 알맞은 영단어를 빈칸에 쓰시오.

오늘은 일요일이라서 대청소를 하는 날이다. (1) 나는 책을 읽고 있는 중이었다. 엄마가 말씀하셨다. "진주야, 거실에 청소기 좀 돌려줄래?" 내가 알겠다고 대답했다. 거실에 가보니 (2) 내 남동생이 TV를 보고 있는 중이었다. 그래서 내가 말했다. "청소해야 해. 좀 비켜줄래?" 동생이 말했다. "리모컨이 고장나서 고치는 중이야. 좀 기다려줘." 좀 기다리니 (3) 그가 그것을 고쳤다. 그래서 (4) 우리들은 거실을 청소했다.

(1) I was _____ a book.

(2) My brother _____ _____ TV.

(3) He _____ it.

(4) We _____ the living room.

1 다음 밑줄 친 단어의 복수형을 빈칸에 쓰시오.

(1) an <u>egg</u> – four _____   (2) a <u>child</u> – three _____

(3) a <u>foot</u> – two _____   (4) a <u>woman</u> – five _____

2 다음 서로 어울리는 표현을 연결하고 빈칸에 다시 쓰시오.

(1) a spoonful   •　　　• of bread　　→ _____

(2) two cups   •　　　• of sugar　　→ _____

(3) three loaves •　　　• of coffee　　→ _____

3 다음 우리말에 알맞은 영단어를 빈칸에 쓰시오.

(1) _____ are friends. (그들은 친구이다.)

(2) Is _____ car black? (그의 자동차는 검정색이니?)

(3) She loves _____. (그녀는 우리들을 사랑한다.)

4 다음 〈보기〉에서 소유격대명사 3개를 골라 빈칸에 쓰시오.

〈 보기 〉

| their | my | them | we | our |

_____, _____, _____

5 다음 우리말에 알맞은 영단어를 빈칸에 쓰시오.

(1) They _____ brave. (그들은 용감했다.)

(2) He _____ in the kitchen. (그는 부엌에 있었다.)

(3) Tom and Mary _____ happy. (Tom과 Mary는 행복했다.)

6 다음 우리말에 알맞게 제시된 영단어를 배열하시오.

(1) 너는 청소했니? (you / Did / clean) → _____?

(2) 그것은 딸기가 아니었다. (a / wasn't / It / strawberry) → _____.

(3) 그녀는 방에 있었다. (in / room / She / was / the) → _____.

7 다음 그림과 우리말에 알맞은 영단어를 빈칸에 쓰시오.

(1) 너는 학생이니?

_____ you a student?

(2) 어제

나는 달리지 않았다.

I _____ run.

(3) 어제

그는 울었다.

He _____.

8 다음 〈보기〉처럼 주어진 문장을 고쳐 쓰시오.

〈 보기 〉

I eat an apple. → I ate an apple. (과거형)

(1) They go. → _____. (현재진행형)

(2) He studied. → _____. (과거진행형)

9 다음 일기를 읽고, 알맞은 단어를 〈보기〉에서 찾아 빈칸에 쓰시오.

〈 보기 〉

pieces   were   our   this   met

A dog in the park

Tom and I (1) _____ in the park.
Tom said, "Look, there is a dog!"
I asked, "Oh, whose dog is (2) _____?"
We (3) _____ Jenny.
Tom asked, "Jenny, is this your dog?"
Jenny said, "No."
I said, "Look, that's (4) _____ teacher!"
Tom asked, "Ms. Olson, is this your dog?"
She said, "Yes, it is Cookie."
She gave us two (5) _____ of cake.
We were happy.

공원에서 만난 개

Tom과 나는 공원에 (1) 있었다.
Tom이 말했다, "저것 봐, 개 한 마리가 있어!"
나는 물었다, "음, (2) 이것은 누구의 개일까?"
우리들은 Jenny를 (3) 만났다.
Tom이 물었다, "Jenny, 이것은 너의 개이니?"
Jenny가 말했다, "아니."
나는 말했다, "저것 봐, (4) 우리들의 선생님이다!"
Tom이 물었다, "Olson 선생님, 이것은 당신의 개인가요?"
그녀가 말했다, "응, 쿠키라고 해."
그녀는 우리들에게 두 (5) 조각의 케이크를 주셨다.
우리들은 행복했다.

Part 2 – 공부할 내용 미리보기

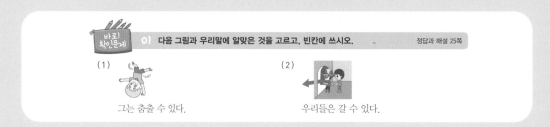

바로! 확인문제

이 다음 그림과 우리말에 알맞은 것을 고르고, 빈칸에 쓰시오.

정답과 해설 25쪽

(1) 그는 춤출 수 있다.

(2) 우리들은 갈 수 있다.

❶ 다양한 **조동사**의 정확한 용법과 뜻을 파악하고, 적절한 조동사를 활용하여 문장을 완성하는 공부를 할 거예요.

❷ **형용사**와 **부사**의 용법과 뜻의 차이를 이해하고, 적절한 형용사와 부사를 활용하여 문장을 완성하는 공부를 할 거예요.

❸ **전치사**와 **접속사** 그리고 **감탄사**의 쓰임을 이해하고, 적절한 전치사와 접속사 그리고 감탄사를 활용하여 문장을 완성하는 공부를 할 거예요.

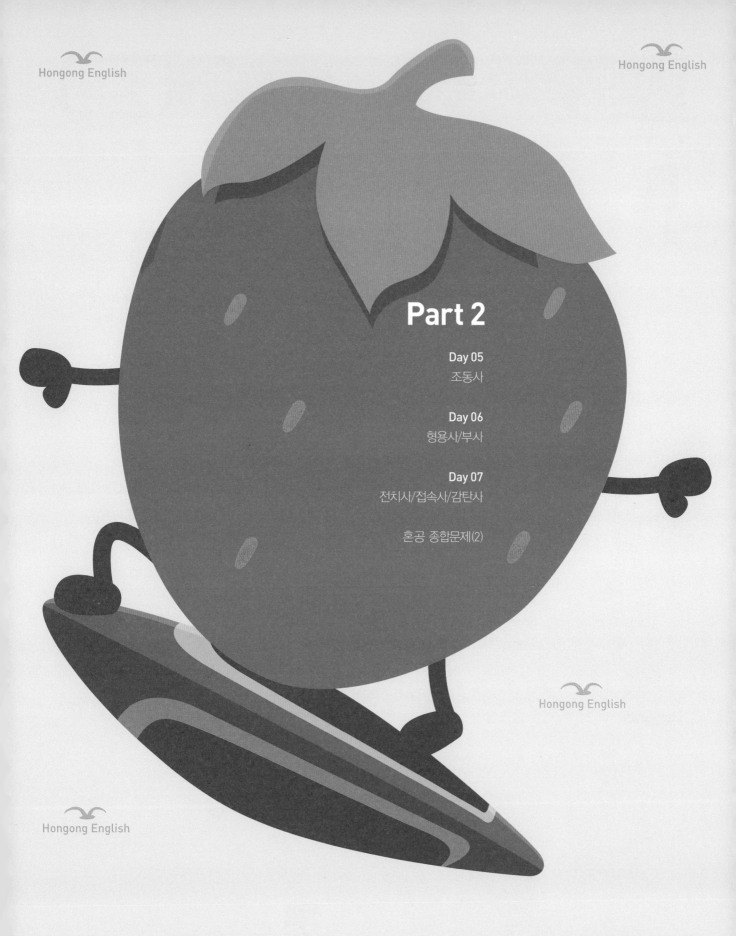

Part 2

Day 05 / 조동사

공부한 날
월   일

 can, may, should

1 '조동사'는 be동사나 일반동사 앞에 쓰여 동사의 의미를 다양하게 해주는 역할을 해요. 조동사 뒤의 일반동사는 동사원형을 써야 해요. 조동사 can은 '~할 수 있다'라는 '가능'의 의미를 나타내고, 조동사 may는 '~해도 된다'라는 '허락'과 '~일지도 모른다'라는 '약한 추측'의 의미로 써요. 조동사의 부정은 조동사 다음에 not을 쓰고, 의문문은 '조동사 + 주어 + 동사원형?'으로 나타내요.

She	+	can dance	→	She can dance.
주어(그녀는)		조동사 + 동사원형(춤출 수 있다)		그녀는 춤출 수 있다.

She cannot(can't) sing. (그녀는 노래할 수 없다.)   Can you swim? (너는 수영할 수 있니?)

He may watch TV. (그는 TV를 봐도 된다.)   They may not go there. (그들은 그곳에 가면 안 된다.)

We may be hungry. (우리들은 배고플지도 모른다.)

2 조동사 should는 좋거나 옳은 일에 대해 '~해야 한다'라는 '충고나 조언'의 의미를 나타내요. 조동사 should의 부정은 '~해서는 안 된다'라는 의미로 should 다음에 not을 쓰면 돼요. 의문문은 'Should + 주어 + 동사원형?'으로 나타내요.

You	+	should read this	→	You should read this.
주어(너는)		조동사 + 동사원형 + 목적어(이것을 읽어야 한다)		너는 이것을 읽어야 한다.

They should not(shouldn't) run. (그들은 달리지 말아야 한다.)

Should we study math? (우리들은 수학을 공부해야 하나요?)

 01 다음 그림과 우리말에 알맞은 것을 고르고, 빈칸에 쓰시오.   정답과 해설 25쪽

(1)

그는 춤출 수 있다.

He _____.

① dance can   ② can dance

(2)

우리들은 갈 수 있다.

We _____.

① can go   ② can goes

(3)

그들은 수영할 수 없다.

They _____.

① can't swim   ② can't swam

(4)

그녀는 달릴 수 있니?

_____ run?

① She can   ② Can she

(5)

그녀는 멈춰도 된다.

She _____.

① may stop　② may stops

(6)

그는 집에 가면 안 된다.

He _____ go home.

① not may　② may not

(7)

그들은 가수일지도 모른다.

They _____ a singer.

① may be　② should be

(8)

제가 당신을 도와줘도 되나요?

_____ help you?

① May I　② I may

바로! 확인문제 **02** **다음 우리말에 알맞은 것을 고르고, 빈칸에 쓰시오.** 정답과 해설 25쪽

(1) 그녀는 그녀의 손을 씻어야 한다.

She _____ her hands.

① should wash　② should washes

(2) James는 달려야 한다.

James _____.

① should run　② should ran

(3) 우리들은 수학을 공부해야 하나요?

_____ study math?

① Should we　② We should

(4) 그들은 이것을 읽지 말아야 한다.

They _____ read this.

① shouldn't　② should

바로! 확인문제 **03** **다음 우리말에 알맞게 주어진 단어를 활용하여 영단어를 빈칸에 쓰시오.** 정답과 해설 25쪽

(1) 우리들은 수영할 수 있다. (swim)

We _____ _____.

(2) 나는 날 수 없다. (fly)

I _____ _____.

(3) 너는 집에 가도 된다. (go home)

You _____ _____ _____.

(4) 그녀는 TV를 보면 안 된다. (watch)

She may _____ _____ _____.

(5) 내가 내 손을 씻어야 하나요? (wash)

_____ I _____ _____?

(6) 우리들은 그들을 만날 수 있나요? (meet)

_____ we _____ _____?

(7) 그는 배고플지도 모른다. (hungry)

He _____ _____ _____.

(8) 너는 이것을 읽지 말아야 한다. (read)

You shouldn't _____ _____.

1 조동사 will은 '~할 것이다', '~될 것이다'라는 의미로 '미래나 사람의 의지'를 나타내요. will의 부정은 '~안 할 것이다', '~되지 않을 것이다'라는 의미로 will 다음에 not을 쓰면 돼요. 의문문은 'Will + 주어 + 동사원형?'으로 나타내요.

He	+	will be	+	a singer	→	He will be a singer.
주어(그는)		조동사 + 동사원형(~될 것이다)		(가수)		그는 가수가 될 것이다.

I will not(won't) eat a tomato. (나는 토마토를 먹지 않을 것이다.)
Will you be my friend? (내 친구가 될 것이니? = 내 친구가 되어줄래?)

2 조동사 must는 '반드시 ~해야 한다'라는 의미로 '강한 의무'를 나타내요. must의 부정은 '절대 ~해서는 안 된다'라는 의미로 must 다음에 not을 쓰면 돼요. 의문문은 'Must + 주어 + 동사원형?'으로 나타내요. 또 다른 표현으로 must는 '~인 게 틀림없다'라는 '강한 추측'의 의미로도 쓰여요.

I	+	must	+	wear gloves	→	I must wear gloves.
주어(그는)		조동사(반드시 ~해야 한다)		동사 + 목적어(장갑을 끼다)		나는 반드시 장갑을 껴야 한다.

We must not drink this. (우리들은 이것을 절대 마시면 안 된다.)
Must she stop here? (그녀는 여기서 반드시 멈춰야 하나요?)
He must be a cook. (그는 요리사인 게 틀림없다.)

 한걸음 더

조동사 + not의 축약 cannot = can't   should not = shouldn't   will not = won't   must not = mustn't
may not은 mayn't으로 줄여 쓸 수 없어요.

 바로! 확인문제 **04** 다음 그림과 우리말에 알맞은 것을 고르고, 빈칸에 쓰시오.   정답과 해설 26쪽

(1)

그녀는 가수가 될 것이다.

She will _____ a singer.

① is   ② be

(2)

우리들은 기다릴 것이다.

We _____.

① will wait   ② wait will

(3)

그녀는 선생님이 될 것이다.

She will _____ a teacher.

① be   ② are

(4)

그는 사과를 먹지 않을 것이다.

He won't _____ apples.

① eat   ② eats

(5)

그녀는 의사가 되지 않을 것이다.

She _____ be a doctor.

① will   ② won't

(6)

너는 요리사가 될 거야?

_____ you be a cook?

① Will   ② Must

(7)

나의 친구가 되어 줄래?

Will you _____ my friend?

① be   ② are

(8)

Tom과 Mary는 멈출 것인가요?

_____ stop?

① Will Tom and Mary

② Tom and Mary will

---

05 **다음 우리말에 알맞은 것을 고르고, 빈칸에 쓰시오.** 정답과 해설 26쪽

(1) 그는 반드시 장갑을 껴야 한다.

He must _____ gloves.

① wear   ② wears

(2) 내 친구는 이것을 절대 마시면 안 된다.

My friend must not _____ this.

① drink   ② drinks

(3) 그녀는 배가 고픈 게 틀림없다.

She must _____ hungry.

① be   ② is

(4) 제가 여기서 반드시 멈춰야 하나요?

_____ stop here?

① I must   ② Must I

---

06 **다음 우리말에 알맞게 주어진 단어를 활용하여 영단어를 빈칸에 쓰시오.** 정답과 해설 26쪽

(1) 나는 가수가 될 것이다. (be)

I _____ _____ _____.

(2) 그들은 공부할 것이다. (study)

They _____ _____.

(3) 그녀는 놀지 않을 것이다. (play)

She _____ _____.

(4) 너는 그 책을 읽을 거니? (read)

_____ you _____ the _____?

(5) 너는 여기에서 반드시 멈춰야 한다. (stop)

You _____ _____ _____.

(6) 우리들은 절대 점프해서는 안 된다. (jump)

We _____ _____ _____.

(7) 그들은 겨울에 반드시 장갑을 껴야 한다. (wear)

They _____ _____ _____ in winter.

(8) 그는 의사인 게 틀림없다. (be)

He _____ _____ _____ _____.

A 다음 〈보기〉처럼 우리말과 그림에 알맞은 영단어를 빈칸에 쓰시오.

〈 보기 〉

나는 가수가  될 것이다. → I will be a singer.

(1) 우리들은  기다릴 것이다. → We ＿＿＿＿ ＿＿＿＿.

(2) 너는 어벤져스를  봐야 한다. → You ＿＿＿＿ ＿＿＿＿ the Avengers.

(3) 그녀는  배고픈 게 틀림없다. → She ＿＿＿＿ ＿＿＿＿ ＿＿＿＿.

(4) 너는  점프할 수 있니? → ＿＿＿＿ you ＿＿＿＿?

(5) 그녀는  가수일지도 모른다. → She ＿＿＿＿＿＿＿＿＿＿＿
＿＿＿＿.

(6) 그는 청소하지 않을 것이다. → He ＿＿＿＿ ＿＿＿＿.

(7) 우리들은 TV를 봐도 된다. → We ＿＿＿＿＿＿＿＿＿＿＿.

(8) 너는  반드시 장갑을 껴야 한다. → You ＿＿＿＿＿＿＿＿＿＿＿.

(9) 제가  집에 가도 되나요? → ＿＿＿＿ I ＿＿＿＿ ＿＿＿?

(10) Tom은 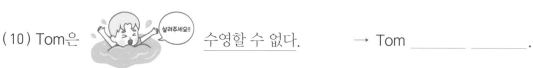 수영할 수 없다. → Tom ＿＿＿＿ ＿＿＿＿.

Ⓐ 다음 우리말에 알맞게 괄호 안의 알파벳을 바르게 배열하여 빈칸에 쓰시오.

(1) She _____ (sohlud) drink water.
그녀는 물을 마셔야 한다.

(2) They _____ (ilwl) be teachers.
그들은 선생님이 될 것이다.

(3) You _____ (aym) go home now.
너는 이제 집에 가도 된다.

(4) Alice _____ (usmt) study math.
Alice는 반드시 수학을 공부해야 한다.

Ⓑ 다음 그림에 알맞게 밑줄 친 부분을 바르게 고쳐 쓰시오.

(1) He must <u>stops</u> here. → _____

(2) You <u>should</u> read this. → _____

(3) He must <u>is</u> a doctor. → _____

Ⓒ 다음 우리말에 알맞은 것을 고르고, 빈칸에 쓰시오.

(1) People _____ help others.
사람들은 반드시 남을 도와야 한다.

① can   ② may   ③ may be   ④ must   ⑤ must be

(2) Only I _____ change my life.
오직 나만이 내 인생을 바꿀 수 있다.

① can   ② may be   ③ should   ④ must   ⑤ will

Ⓓ 다음은 영어 수업에 대한 안내문이다. 밑줄 친 (1)~(5)를 우리말에 알맞게 고쳐 쓰시오.

영어 수업 안내문

• We (1) <u>must</u> do it. (우리들은 할 수 있다.)

• We (2) <u>may</u> not run. (우리들은 반드시 뛰지 말아야 한다.)

• We (3) <u>must</u> ask. (우리들은 물어봐도 된다.)

• We (4) <u>should</u> study English. (우리들은 영어를 공부할 것이다.)

• We (5) <u>can</u> read English books. (우리들은 영어책을 읽어야 한다.)

(1) _____   (2) _____   (3) _____

(4) _____   (5) _____

형용사

1 '형용사'는 명사를 꾸며주는 말로 명사의 성질이나 상태 등을 설명하는 역할을 해요. 이때 형용사가 명사 앞에서 명사를 꾸며주는 것을 '한정적 용법'이라고 해요. 단수 명사를 꾸며주는 형용사일 때에는 형용사의 발음이 자음으로 시작하면 a를, 모음으로 시작하면 an을 써요.

a tall man
키가 큰 남자

an old car
오래된 차

two eggs
달걀 두 개

red apples
빨간 사과들

2 형용사가 '주어 + be동사' 뒤에 와서 주어가 '어떠하다'라는 의미로 쓰이는 것을 '서술적 용법'이라고 해요. be동사 이외에 become(~해지다), look(~처럼 보이다), seem(~인 것 같다), sound(~처럼 들리다) 같은 동사 다음에 형용사가 오기도 해요.

tall	→	be tall		nice	→	look nice
키가 큰		키가 크다		멋진		멋져 보이다

> **한걸음 더**
> • **한정적 용법** He is a tall man. 그는 키가 큰 남자이다.
> • **서술적 용법** He is tall. 그는 키가 크다.

 01 다음 그림과 우리말에 알맞은 것을 고르고, 빈칸에 쓰시오.   정답과 해설 28쪽

(1) 키가 큰 남자

_____ man

① a tall   ② an tall

(2) 오래된 건물

_____ building

① a old   ② an old

(3) 큰 오렌지

_____ orange

① a big   ② an big

(4) 젊은 여자

_____ woman

① a young   ② an young

(5)

노란색 차

_____ car

① a blue ② a yellow

(6)

두 마리의 원숭이

_____ monkeys

① two ② three

(7)

새 가방

_____ bag

① a new ② a good

(8)

작은 토마토들

_____ tomatoes

① round ② small

정답과 해설 28쪽

바로! 확인문제 02 다음 그림과 우리말에 알맞은 것을 고르고, 빈칸에 쓰시오.

(1)

너희들은 젊다(어리다).

You _____.

① are young ② young are

(2)

그 소는 무겁다.

The ox _____.

① heavy is ② is heavy

(3)

그는 슬픈 것 같다.

He _____.

① seems sad ② sad seems

(4)

나는 피곤해진다.

I _____.

① tired become ② become tired

정답과 해설 28쪽

바로! 확인문제 03 다음 우리말에 알맞은 것을 고르고, 빈칸에 쓰시오.

(1) 이것들은 세 마리의 고양이들이다.

These are _____ cats.

① three ② seven

(2) 그들은 좋은 친구들이다.

They are _____ friends.

① bad ② good

(3) 그것은 작은 쥐이다.

It is a _____ mouse.

① big ② small

(4) 그녀는 나이 든 숙녀이다.

She is an _____ lady.

① old ② young

(5) 이 가방은 빨갛다.

This bag is _____.

① red ② green

(6) 그는 젊다.

He is _____.

① young ② new

(7) 그녀는 키가 작다.

She is _____.

① tall ② short

(8) 이 차는 멋져 보인다.

This car looks _____.

① nice ② strong

1 '부사'는 동사, 형용사, 다른 부사를 꾸며서 문장의 뜻을 풍부하게 만드는 역할을 해요. 주로 형용사의 철자에 ly를 붙이면 부사가 되지요. 그러나 형용사의 철자 끝에 ly를 붙이지 않는 부사도 있고, 형용사와 철자가 똑같은 경우도 있어요.

sadly (슬프게)

happily (행복하게)

fast (빨리)

hard (열심히)

2 우리가 어떤 일을 얼마나 자주 하는지 그 빈도를 나타내는 부사를 '빈도부사'라고 해요. 문장에서 빈도부사는 대체로 be동사, 조동사 뒤에 쓰고, 일반동사 앞에 써요.

0% ◀───▶ 100%

절대 ~않는	때때로	종종	보통	항상
never	sometimes	often	usually	always

She is always happy. (그녀는 항상 행복하다.)
He will never tell a lie. (그는 결코 거짓말을 하지 않을 것이다.)
Tom often jogs. (Tom은 종종 조깅한다.)

 바로! 확인문제 **04** 다음 그림과 우리말에 알맞은 것을 고르고, 빈칸에 쓰시오. 정답과 해설 28쪽

(1)

멋지게

_____

① nice   ② nicely

(2)

슬프게

_____

① sadly   ② sad

(3)

쉽게

_____

① easily   ② easyly

(4)

행복하게

_____

① happyly   ② happily

(5)

빨리

_____

① fastly   ② fast

(6)

이만큼 많이
많이

_____

① much   ② muchly

(7)  열심히

_____

① hard　② hardly

(8) 일찍

_____

① earlily　② early

(9)  항상

_____

① always　② usually

(10)  절대 ~하지 않는

_____

① often　② never

(11) 때때로

_____

① sometimes　② usually

(12)  종종

_____

① often　② sometimes

바로! 확인문제 **05** 다음 우리말에 알맞은 것을 고르고, 빈칸에 쓰시오.　정답과 해설 29쪽

(1) Suzy는 행복하게 노래를 부른다.

Suzy sings a song _____ .

① luckily　② happily

(2) 그녀는 친절하게 가르친다.

She teaches _____ .

① kindly　② carefully

(3) 운이 좋게도, 나는 그것을 고친다.

_____ , I fix it.

① Angrily　② Luckily

(4) 그는 매우 잘생겼다.

He is _____ handsome.

① very　② well

(5) 그녀는 일찍 일어난다.

She gets up _____ .

① fast　② early

(6) 나는 오래 기다렸다.

I waited _____ .

① long　② high

(7) 그들은 열심히 공부한다.

They study _____ .

① hard　② always

(8) 그는 종종 음악을 듣는다.

He _____ listens to music.

① often　② sometimes

Ⓐ 다음 〈보기〉처럼 우리말과 그림에 알맞은 영단어를 빈칸에 쓰시오.

〈 보기 〉

그는 <u>키가 큰 남자</u>이다. → He is a <u>tall</u> <u>man</u>.

(1) 우리들은 <u>좋은 친구들</u>이다. → We are _____ _____.

(2) 이것은  <u>새 차</u>이다. → This is a _____ _____.

(3) 저것은 <u>오래된 빌딩</u>이다. → That is an _____ _____.

(4) 그녀는 <u>예쁜 소녀</u>이다. → She is a _____ _____.

(5) 저것은 <u>큰 오렌지</u>이다. → That is a _____ _____.

(6) 나는 <u>멋지게 춤춘다</u>. → I dance _____.

(7) 그녀는  <u>열심히 달린다</u>. → She runs _____.

(8) Tom은  <u>쉽게 춤춘다</u>. → Tom dances _____.

(9) 우리들은 <u>높이 올라간다</u>. → We go up _____.

(10) 그녀는  <u>절대 일찍 일어나지 않는다</u>. → She _____ gets up early.

A 다음 우리말에 알맞게 괄호 안의 알파벳을 바르게 배열하여 빈칸에 쓰시오.

(1) a _____ (ontsrg) man
힘이 센 남자

(2) You look _____ (ritde).
너는 피곤해 보인다.

(3) The car stopped _____ (ilyculk).
그 차는 운이 좋게 멈췄다.

B 다음 그림에 알맞게 밑줄 친 부분을 바르게 고쳐 쓰시오.

(1) a old car → _____

(2) two egg → _____

(3) an big orange → _____

C 다음 우리말에 알맞은 것을 고르고, 빈칸에 쓰시오.

(1) Jihoo studies English _____.
지후는 영어를 열심히 공부한다.

① very ② nice ③ nicely ④ hard ⑤ hardly

(2) We are _____ happy.
우리들은 보통 행복하다.

① never ② often ③ always ④ usually ⑤ sometimes

D 다음은 현서가 쓴 가족 소개서이다. 밑줄 친 우리말에 알맞은 영단어를 빈칸에 쓰시오.

우리 가족 소개서

• 나의 아빠는 키가 큰 남자입니다.

My dad is a (1) _____ man.

• 그는 보통 피곤해 보입니다.

He (3) _____ looks (4) _____.

• 나의 엄마는 예쁩니다.

My mom is (2) _____.

• 그녀는 항상 친절하게 가르칩니다.

She (5) _____ teaches (6) _____.

(1) _____   (2) _____   (3) _____

(4) _____   (5) _____   (6) _____

혼공개념 013 전치사

1 '전치사'는 '어떤 장소에서, 몇 시에, 몇 월에'라고 할 때 '~에서, ~에'에 해당하는 말로 장소, 시간과 같은 명사 앞에 쓰여요. '시간'을 나타내는 전치사로는 at, in, on이 있고, '장소'를 나타내는 전치사로는 at, in을 많이 써요.

      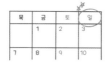

at 8   in summer   on Sunday   in the park   at home   in Seoul

2 사람이나 물건이 어디에 있는지 다양한 '위치'를 나타내는 전치사로는 in, in front of, behind, next to, between, up, down, on, under 등이 있어요.

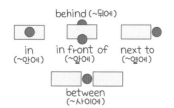

behind (~뒤에)
in (~안에)   in front of (~앞에)   next to (~옆에)
between (~사이에)

up (~위로)   down (~아래로)   on (~위에)   under (~아래에)

바로! 확인문제 **01** 다음 그림과 우리말에 알맞은 것을 고르고, 빈칸에 쓰시오.

정답과 해설 30쪽

(1) 8시에
_____
① 8 at   ② at 8

(2)  여름에
_____
① summer in   ② in summer

(3) 한국에
_____
① in Korea   ② Korea in

(4) 교실에서
_____
① the in classroom   ② in the classroom

(5) 밤에
_____
① night at   ② at night

(6) 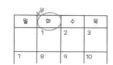 화요일에
_____
① Tuesday on   ② on Tuesday

(7) 집에

_____

① at home　② home at

(8) 그녀의 방에

_____

① in her room　② her room in

(1)

나는 1월에 태어났다.

I was born _____.

① in January　② January in

(2)

나의 엄마는 부엌에 있다.

My mom is _____.

① the kitchen in　② in the kitchen

(3)

그녀는 오후에 먹는다.

She eats _____ afternoon.

① the in　② in the

(4)

그녀는 은행에서 일한다.

She works _____ bank.

① at the　② the at

(1) ~위로

_____

① up　② on

(2) ~안에

_____

① in　② under

(3) ~옆에

_____

① between　② next to

(4) ~위에

_____

① on　② in

(5)  ~아래에

_____

① behind　② under

(6)  ~사이에

_____

① in front of　② between

접속사 / 감탄사

1 '접속사'는 단어와 단어, 문장과 문장을 연결하는 역할을 해요. 단어와 단어 사이에 써서 두 단어를 연결하거나 문장과 문장 사이에 써서 두 문장을 연결하지요.

and(그리고)　　　or(또는)　　　but(그러나)

2 '우와~!'처럼 감정을 나타내는 말을 '감탄사'라고 해요. What이나 How를 써서 감탄을 나타내는 문장인 '감탄문'을 만들 수도 있어요. 감탄문은 'What + a/an + 형용사 + 명사' 또는 'How + 형용사/부사 + 주어 + 동사'의 순서로 쓰면 돼요. 이때 문장 끝에는 느낌표(!)를 붙여야 해요.

a nice car → What a nice car!
멋진 차　　　　진짜 멋진 차다!

an exciting game → What an exciting game!
흥미진진한 게임　　　　진짜 흥미진진한 게임이다!

She is lovely. → How lovely she is!
그녀는 사랑스럽다.　　　그녀가 얼마나 사랑스러운지!

He is handsome. → How handsome he is!
그는 잘생겼다.　　　그가 얼마나 잘생겼는지!

바로! 확인문제　**04**　다음 그림에 알맞은 것을 고르고, 빈칸에 쓰시오.　　　정답과 해설 30쪽

(1) 와 딸기와 사과

a strawberry _____ an apple

① or　② and

(2) 딸기 또는 사과

a strawberry _____ an apple

① or　② but

(3)  과 빵과 치즈

bread _____ cheese

① but　② and

(4)  과 고양이들과 개들

cats _____ dogs

① and　② or

(5) 또는 주스 또는 물

juice _____ water

① and　② or

(6) 또는 오렌지 또는 토마토

an orange _____ a tomato

① or　② and

(7) 소년과 소녀

a boy _____ a girl

① but   ② and

(8) 과 물과 우유

water _____ milk

① and   ② but

---

05 다음 그림에 알맞은 것을 고르고, 빈칸에 쓰시오.   정답과 해설 30쪽

(1) 춤추고 노래하자.

Let's dance _____ sing.

① or   ② and

(2) 물 또는 우유를 마시자.

Let's drink water _____ milk.

① but   ② or

(3) 나는 사과를 좋아하지만 그녀는 아니다.

I like apples, _____ she doesn't.

① but   ② and

(4) 나는 학교에 갔지만 그녀는 안 갔다.

I went to school, _____ she didn't.

① or   ② but

---

06 다음 우리말에 알맞은 것을 고르고, 빈칸에 쓰시오.   정답과 해설 30쪽

(1) 진짜 멋진 차다!

What _____ car!

① a nice   ② nice a

(2) 진짜 흥미진진한 게임들이다!

What _____!

① exciting games   ② games exciting

(3) 그가 얼마나 잘생겼는지!

How handsome _____!

① is he   ② he is

(4) 그녀가 얼마나 사랑스러운지!

How _____!

① lovely she is   ② she is lovely

(5) 진짜 사랑스러운 소녀다!

_____ lovely girl!

① What a   ② A what

(6) 이 차가 얼마나 멋진지!

_____ this car is!

① How nice   ② Nice how

(7) 그것이 얼마나 흥미진진한지!

_____ it is!

① How exciting   ② What exciting

(8) 진짜 잘생긴 남자다!

_____ handsome man!

① What a   ② How a

Ⓐ 다음 〈보기〉처럼 우리말과 그림에 알맞은 영단어를 빈칸에 쓰시오.

〈 보기 〉

그녀는 8시에 일어난다.   →   She gets up <u>at</u> 8.

(1) 그는 여름에 태어났다.   → He was born _____ _____.

(2) 우리들은 일요일에 학교에 가지 않는다.   → We don't go to school _____ _____.

(3) 그녀는 집에 있었다.   → She was _____ _____.

(4) 엄마는 부엌에 있었다.   → Mom was _____ _____ _____.

(5) 축구공 하나가 탁자 아래에 있었다.   → A soccer ball _____ _____ the table.

(6) 춤추고 노래하자.   → Let's _____ _____ sing.

(7) 또는 로 가자.   → Let's go to the United States of America _____ _____.

(8) 나는 사과를 좋아 하지만 그녀는 좋아하지 않는다.   → I like _____, _____ _____ doesn't.

(9) 정말 흥미진진한 게임이다!   → What _____ _____ _____!

(10) 그가 얼마나 잘생겼는지!   → How _____ _____ _____!

A 다음 우리말에 알맞게 괄호 안의 알파벳을 바르게 배열하여 빈칸에 쓰시오.

(1) He is _____ (dbhien) the door.

그는 문 뒤에 있다.

(2) I go _____ (wond) the stairs.

나는 계단 아래쪽으로 간다.

(3) You are _____ (webeten) Mom and Dad.

너는 엄마와 아빠 사이에 있다.

B 다음 그림에 알맞게 밑줄 친 부분을 바르게 고쳐 쓰시오.

(1) 어제 I saw a boy <u>or</u> a girl. → _____

(2) You can drink water <u>but</u> milk. → _____

(3) I like apples, <u>and</u> she doesn't. → _____

C 다음 우리말에 알맞은 것을 고르고, 빈칸에 쓰시오.

(1) _____ a great movie!

진짜 대단한 영화이다!

① Where   ② Which   ③ How   ④ When   ⑤ What

(2) He was born _____ _____.

그는 1954년에 태어났다.

① at 1954   ② on 1954   ③ in 1954   ④ to 1954   ⑤ the 1954

D 다음 일기를 읽고, 밑줄 친 우리말에 알맞은 영단어를 빈칸에 쓰시오.

(1) 나는 항상 7시에 일어난다. 그런데 오늘은 늦잠을 자버렸다. 일어나서 방을 나가보니 (2) 나의 아빠는 부엌에 계셨다. 아빠와 맛있게 간식을 먹고 있는데 엄마가 (3) "일요일에 공원에 가자!"라고 말씀하셨다. 그 말에 기분이 너무 좋았다. 그 공원에는 내가 제일 좋아하는 토끼가 있기 때문이다. (4) 그게 얼마나 사랑스러운지!

(1) I always get up _____ _____.

(2) My dad was _____ _____ _____.

(3) Let's go to the park _____ _____.

(4) _____ lovely it is!

1 다음 형용사와 관계가 있는 부사를 빈칸에 쓰시오.

(1) sad – _____ (슬프게) (2) nice – _____ (멋지게)

(3) happy – _____ (행복하게) (4) much – _____ (많이)

2 다음 우리말에 어울리는 단어를 연결하고 빈칸에 다시 쓰시오.

(1) small   •   • tomatoes   →   _____ (빨간 토마토들)

(2) red   •   • bags   →   _____ (작은 가방들)

(3) heavy   •   • boxes   →   _____ (무거운 상자들)

3 다음 우리말에 알맞은 영단어를 빈칸에 쓰시오.

(1) A ball is _____ the table. (공 하나가 탁자 아래에 있다.)

(2) She is _____ the door. (그녀는 문 뒤에 있다.)

(3) Tom is _____ John and Jenny. (Tom은 John과 Jenny 사이에 있다.)

4 다음 〈보기〉에서 빈도부사 3개를 골라 빈칸에 쓰시오.

〈 보기 〉

| never | will | always | sometimes | must |

_____, _____, _____

5 다음 우리말에 알맞은 영단어를 빈칸에 쓰시오.

(1) She _____ be hungry. (그녀는 배고플지도 모른다.)

(2) He _____ not drink this. (그는 이것을 절대 마시면 안 된다.)

(3) _____ you swim? (너는 수영할 수 있니?)

6 다음 우리말에 알맞게 제시된 영단어를 배열하시오.

(1) 그녀가 얼마나 사랑스러운지! (she / How / is / lovely) → _____!

(2) 나의 엄마는 은행에서 일한다. (works / the bank / at / My mom)

→ _____.

(3) 이 차는 멋져 보인다. (nice / This / looks / car) → _____.

7 다음 그림과 우리말에 알맞은 영단어를 빈칸에 쓰시오.

(1) 흥미진진해!

진짜 흥미진진한 게임이다!
_____ an exciting game!

(2) ♪♫

그는 종종 음악을 듣는다.
He _____ listens to music.

(3) 또는

물 또는 주스를 마시자.
Let's drink water _____ juice.

8 다음 〈보기〉처럼 주어진 문장을 고쳐 쓰시오.

〈 보기 〉

She is pretty. → She is very pretty. (부사 very 추가)

(1) My dad snores. → _____. (빈도부사 often 추가) *snore 코를 골다
(2) This is a bag. → _____. (형용사 new 추가)

9 다음 일기를 읽고, 알맞은 단어를 〈보기〉에서 찾아 빈칸에 쓰시오.

〈 보기 〉

how   good   next   and   Will

The first day at school
It was the first day at school.
I was nervous.
Mary sat (1) _____ to me.
She said, "Hi, I'm Mary.
I like cats (2) _____ dogs."
I said, "Me, too."
She asked, "(3)_____ you be my friend?"
I said, "Yes, of course!"
I thought, 'Wow, (4) _____ kind she is!'
We will be (5) _____ friends.

학교에서의 첫날
학교에서의 첫날이었다.
나는 긴장했다.
Mary는 내 (1) 옆에 앉았다.
그녀가 말했다, "안녕, 나는 Mary야.
나는 고양이(2) 와 개를 좋아해."
나는 말했다, "나도."
그녀가 물었다, "내 친구가 (3) 되어 줄래?"
나는 말했다, "응, 물론이지!"
나는 생각했다, '우아, 그녀가 (4) 얼마나 친절한지!'
우리들은 (5) 좋은 친구가 될 것이다.

Part 3 - 공부할 내용 미리보기

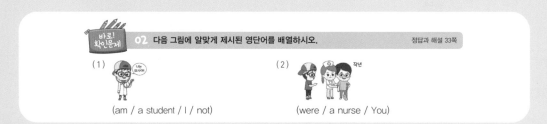

02 다음 그림에 알맞게 제시된 영단어를 배열하시오.

정답과 해설 33쪽

(1) (am / a student / I / not)

(2) (were / a nurse / You)

❶ **주어＋be동사＋명사, 주어＋be동사＋명사＋수식**, 그리고 **주어＋be동사＋형용사**로 구성되는 문장을 이해하고, 완성하는 공부를 할 거예요.

❷ **주어＋일반동사**, 그리고 **주어＋일반동사＋수식**으로 구성되는 문장을 이해하고, 완성하는 공부를 할 거예요.

❸ **주어＋일반동사＋목적어**, 그리고 **주어＋일반동사＋목적어＋수식**으로 구성되는 문장을 이해하고, 완성하는 공부를 할 거예요.

❹ **주어＋일반동사＋～에게(간접목적어)＋～을(직접목적어)**, 그리고 **주어＋일반동사＋～에게(간접목적어)＋～을 (직접목적어)＋수식**으로 구성되는 문장을 이해하고, 완성하는 공부를 할 거예요 .

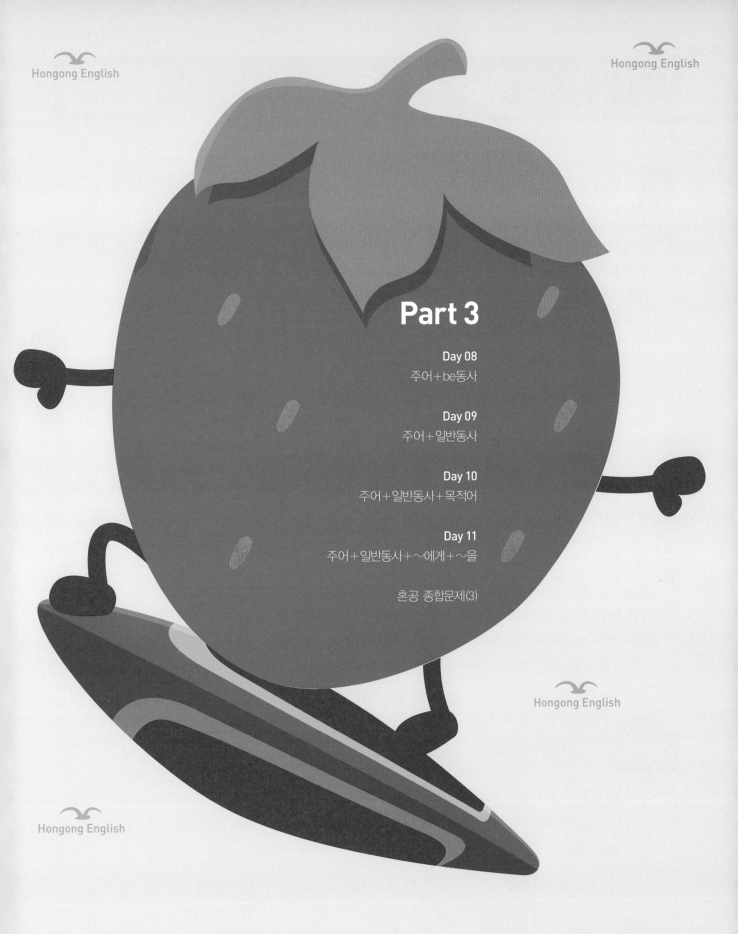

Part 3

혼공개념 015 │ 주어 + be동사 + 명사 / 주어 + be동사 + 명사 + 수식(전치사구)

1 Day 03에서 공부한 be동사의 쓰임을 복습하면서 좀 더 자세하게 다루도록 할게요. 주어를 설명할 때 흔히 쓰는 문장은 '주어 + be동사 + 명사'로 구성할 수 있어요. be동사의 과거형(was, were), 미래형(will + be)를 써서 다양한 시간 표현을 할 수도 있지요. 문장을 부정할 때에는 be동사나 조동사 will 뒤에 not을 써요.

| I | + | am | + | a student | → | I am a student. |

주어(나는) be동사(~이다) 명사(학생) 나는 학생이다.

She is a cook. (그녀는 요리사이다.)　　　　　He is not a doctor. (그는 의사가 아니다.)
They were friends. (그들은 친구들이었다.)　　You were not a teacher. (너는 선생님이 아니었다.)
I will be a friend. (나는 친구가 될 것이다.)　　I will not be a singer. (나는 가수가 되지 않을 것이다.)

2 '주어 + be동사 + 명사' 문장에 '시간, 장소, 위치'를 나타내는 표현인 전치사구를 쓰면 다양한 뜻을 나타낼 수 있어요.

| I | + | was a teacher | + | in 2015 | → | I was a teacher in 2015. |

주어(나는) be동사 + 명사(선생님이었다) 전치사구(2015년에) 나는 2015년에 선생님이었다.

They were police officers in 2010. (그들은 2010년에 경찰관이었다.)
She was not a nurse in the hospital. (그녀는 병원에서 간호사가 아니었다.)
Tom will not be a singer in Korea. (Tom은 한국에서 가수가 되지 않을 것이다.)

바로! 확인문제 │ 01 다음 우리말에 알맞은 것을 고르고, 빈칸에 쓰시오.

정답과 해설 33쪽

(1) 나는 선생님이다.
I _____ a teacher.
① am ② is

(2) 너는 의사이다.
You _____ a doctor.
① is ② are

(3) Suzy는 요리사였다.
Suzy _____ a cook.
① is ② was

(4) 우리들은 학생이었다.
We _____ students.
① was ② were

(5) 나는 선생님이었다.
I _____ a teacher.
① was ② will be

(6) 그녀는 간호사가 될 것이다.
She _____ a nurse.
① will be ② will is

(7) 너는 의사가 아니었다.

You _____ a doctor.

① were not ② not were

(8) 그는 요리사가 되지 않을 것이다.

He _____ a cook.

① will not be ② not will be

(9) 너희들은 의사가 아니다.

You _____ doctors.

① are not ② not are

(10) 나는 한국에서 가수가 되지 않을 것이다.

I will not be a singer _____.

① in Korea ② Korea in

(11) 너는 2010년에 학생이었다.

You were a student _____.

① in 2010 ② 2010

(12) 나는 병원에서 간호사이다.

I am a nurse _____.

① the in hospital ② in the hospital

바로! 확인문제 **02** 다음 그림에 알맞게 제시된 영단어를 배열하시오. 정답과 해설 33쪽

(1)

(am / a student / I / not)

_____

(2)

(were / a nurse / You)

_____

(3)

(be / I / will / a teacher)

_____

(4)

(not / She / will / a singer / be)

_____

(5)

(will / a singer / in Korea / be / She)

_____

(6)

(I / a teacher / in 2015 / was)

_____

(7)

(was / not / a nurse / She / in the hospital)

_____

(8)

(They / in 2021 / students / are)

_____

혼공개념 016 주어 + be동사 + 형용사

1 주어의 감정이나 상태를 나타내는 문장은 '주어 + be동사 + 형용사'로 구성할 수 있어요. be동사의 과거형(was, were), 미래형(will + be)를 써서 다양한 시간 표현을 할 수도 있지요. 문장을 부정할 때에는 be동사나 조동사 will 뒤에 not을 써요.

I	+	am	+	happy	→	I am happy.
주어(나는)		be동사(~하다)		형용사(행복한)		나는 행복하다.

She is tall. (그녀는 키가 크다.)   He is not tired. (그는 피곤하지 않다.)
We were young. (우리들은 젊었다.)   You were not strong. (너는 힘이 세지 않았다.)
They will be old. (그들은 늙을 것이다.)   She will not be hungry. (그녀는 배고프지 않을 것이다.)

2 형용사 앞에서 부사가 형용사를 꾸며주면 형용사의 의미를 강조할 수 있어요. 또한 빈도부사를 써서 어떤 일이 얼마나 자주 일어나는지를 나타낼 수도 있지요. 이때 빈도부사는 주로 be동사나 조동사의 뒤, 일반동사 앞에 써요.

He	+	is	+	very	+	handsome	→	He is very handsome.
주어(그는)		be동사(~하다)		부사(매우)		형용사(잘생긴)		그는 매우 잘생겼다.

It is very safe. (그것은 매우 안전하다.)   He was very smart. (그는 매우 똑똑했다.)
She was always hungry. (그녀는 항상 배고팠다.)
Jason will never be lucky. (Jason은 절대 운이 좋을 수 없을 것이다.)

바로! 확인문제 03 다음 우리말에 알맞은 것을 고르고, 빈칸에 쓰시오.

정답과 해설 33쪽

(1) 그는 똑똑하다.

He _____.

① is smart
② smart is

(2) 우리들은 피곤하지 않다.

We _____.

① not are tired
② are not tired

(3) 너는 키가 클 것이다.

You _____.

① will are tall
② will be tall

(4) 그녀는 힘이 세지 않았다.

She _____.

① was not strong
② not was strong

(5) Tony는 젊었다.

Tony _____.

① was young
② were young

(6) 나는 늙지 않을 것이다.

I _____.

① will be not old
② will not be old

(7) 나는 매우 배고프다.

I am _____.

① hungry very

② very hungry

(8) Tina는 매우 똑똑했다.

Tina was _____.

① smart very

② very smart

(9) 우리들은 때때로 배고팠다.

We were _____.

① hungry sometimes

② sometimes hungry

(10) 너는 항상 피곤했다.

You _____.

① always were tired

② were always tired

(11) 그들은 절대 힘이 셀 수 없을 것이다.

They _____.

① will never be strong

② never will be strong

(12) 그는 보통 운이 좋다.

He _____.

① is lucky usually

② is usually lucky

바로! 확인문제 **04** 다음 그림에 알맞게 제시된 영단어를 배열하시오. 정답과 해설 34쪽

(1)

(happy / I / am)

_____

(2)

(not / is / tall / He)

_____

(3)

작년

(You / strong / were / not)

_____

(4)

나는 늙지 않아!

(old / She / will / be / not)

_____

(5)

힘들지 않아!

(I / tired / am / never)

_____

(6)

(She / happy / always / is)

_____

(7)

작년

(very / You / strong / were)

_____

(8)

(was / sometimes / She / hungry)

_____

A 다음 〈보기〉처럼 우리말에 알맞은 영단어를 빈칸에 쓰시오.

〈 보기 〉
나는 / ~이다 / 학생 → I / <u>am</u> / a <u>student</u>.

(1) 그녀는 / ~였다 / 간호사   → She / _____ / a _____.

(2) 너는 / ~될 것이다 / 가수   → You / _____ _____ / a _____.

(3) 나는 / ~였다 / 선생님 / 2008년에 → I / _____ / a _____ / in 2008.

(4) 그는 / ~했다 / 키가 큰   → He / _____ / _____.

(5) 그들은 / ~하다 / 매우 / 똑똑한   → They / are / _____ / _____.

(6) 우리들은 / ~했다 / 항상 / 배고픈 → We / _____ / _____ / hungry.

B 다음 〈보기〉처럼 우리말에 알맞은 영어 표현을 빈칸에 쓰시오.

〈 보기 〉
그는 학생이 아니었다. → He <u>was not</u> a <u>student</u>.

(1) 이것들은 토마토들이 아니다.

→ These _____.

(2) 그는 요리사가 될 것이다.

→ _____ a cook.

(3) 나는 한국에서 가수가 되지 않을 것이다.

→ I will _____ a _____ in _____.

(4) 그녀는 피곤하지 않다.

→ She _____.

(5) 그것은 매우 안전하다.

→ It _____.

(6) 우리들은 절대 늙지 않을 것이다.

→ We _____.

Ⓐ 다음 우리말에 알맞게 괄호 안의 알파벳을 바르게 배열하여 빈칸에 쓰시오.

(1) I _____ (saw) a nurse in the hospital.
나는 병원에서 간호사였다.

(2) They _____ (lilw) be good friends.
그들은 좋은 친구가 될 것이다.

(3) The boys are not _____ (redit).
그 소년들은 피곤하지 않다.

(4) I was _____ (yerv) strong.
나는 매우 힘이 셌다.

Ⓑ 다음 그림에 알맞게 밑줄 친 부분을 바르게 고쳐 쓰시오.

(1) I <u>not am</u> a student. → _____

(2) She will <u>is</u> a singer in Korea. → _____

(3) You <u>are</u> not strong. → _____

Ⓒ 다음 주어진 단어가 들어갈 알맞은 곳을 고르시오.

(1) ① You ② will ③ be ④ a nurse ⑤. (not)
너는 간호사가 되지 않을 것이다.

(2) ① They ② will ③ be ④ lucky ⑤. (never)
그들은 절대 운이 좋을 수 없을 것이다.

Ⓓ 다음 〈보기〉의 단어나 표현을 사용하여 우리말을 영어로 쓰시오.

〈 보기 〉

The boy	They	We	She	
was	weren't	will	are	
be	sad	students	hungry	a police officer
in 2010	always	very		

(1) 우리들은 2010년에 학생들이 아니었다. → _____.

(2) 그 소년은 경찰관이 될 것이다. → _____.

(3) 그녀는 항상 배고팠다. → _____.

(4) 그들은 매우 슬프다. → _____.

혼공개념 017 주어 + 일반동사

1 Day 04에서 배운 일반동사의 쓰임을 복습하면서 좀 더 자세하게 다루도록 할게요. 간단한 문장은 '주어 + 일반동사'로 구성할 수 있어요. 이때 주어가 3인칭 단수일 때 일반동사의 현재형에는 s나 es를 붙여요. 그리고 일반동사의 과거형, 진행형(be동사 + 일반동사 + -ing), 미래형(will + 동사원형)을 써서 다양한 시간 표현을 할 수 있어요.

He   +   gets up   →   He gets up.
주어(그는)   동사(일어난다)   그는 일어난다.

She ran. (그녀는 달렸다.)   You are listening. (너는 듣는 중이다.)
You were listening. (너는 듣는 중이었다.)   They will sing. (그들은 노래 부를 것이다.)

2 이 문장의 현재형을 부정할 때에는 일반동사 앞에 don't나 doesn't를 쓰고, 과거형을 부정할 때에는 일반동사 앞에 didn't를 써요. 진행형이나 미래형 문장의 부정은 be동사나 조동사 will 뒤에 not을 써요.

I   +   don't   +   get up   →   I don't get up.
주어(나는)   부정(아니다)   동사(일어나다)   나는 일어나지 않는다.

He doesn't get up. (그는 일어나지 않는다.)   She didn't run. (그녀는 달리지 않았다.)
They will not sing. (그들은 노래 부르지 않을 것이다.)   You are not listening. (너는 듣는 중이 아니다.)

바로! 확인문제 **이** 다음 우리말에 알맞은 것을 고르고, 빈칸에 쓰시오.   정답과 해설 35쪽

(1) 나는 간다.

I _____.

① go   ② went

(2) 너는 들을 것이다.

You _____.

① will listen   ② are listening

(3) 그는 달렸다.

He _____.

① rans   ② ran

(4) 우리들은 먹는 중이다.

We _____.

① were eating   ② are eating

(5) 나는 일어난다.

I _____.

① gets up   ② get up

(6) 그녀는 잠을 잘 것이다.

She _____.

① sleep   ② will sleep

(7) Tom은 가는 중이었다.

Tom _____.

① was going   ② were going

(8) 그들은 들었다.

They _____.

① were listening   ② listened

(9) 나는 가지 않는다.

I _____ go.

① don't ② doesn't

(10) 너는 듣지 않는다.

You _____ listen.

① don't ② not

(11) 그는 달리지 않았다.

He _____ run.

① didn't ② doesn't

(12) 우리들은 먹는 중이 아니다.

We _____ eating.

① are not ② were not

(13) 그녀는 일어나지 않는다.

She _____.

① doesn't get up ② doesn't gets up

(14) 나는 잠을 자지 않을 것이다.

I _____.

① don't sleep ② will not sleep

(15) Tom은 가는 중이 아니었다.

Tom _____.

① was not going ② was don't going

(16) 그들은 듣지 않았다.

They _____.

① didn't listened ② didn't listen

바로! 확인문제 **02 다음 그림에 알맞게 제시된 영단어를 배열하시오.** 정답과 해설 36쪽

(1)

(runs / She)

_____

(2)

노래 안 들어!

(listen / You / don't)

_____

(3)

어제

(up / I / got)

_____

(4)

어제

(didn't / Suzy / run)

_____

(5)

(listening / He / is)

_____

(6)

어제

(didn't / I / get up)

_____

(7)

(run / She / will)

_____

(8)

(not / will / She / run)

_____

혼공 개념 018 주어 + 일반동사 + 수식(부사/전치사구)

1 '~하게'라는 뜻을 지닌 부사를 써서 문장의 뜻을 다양하게 나타낼 수 있어요. 특히 never, sometimes, often, usually, always와 같은 빈도부사는 보통 일반동사 앞에 쓰여요.

I	+	dance	+	nicely	→	I dance nicely.
주어(나는)		동사(춤추다)		부사(멋지게)		나는 멋지게 춤춘다.

You ran fast. (너는 빨리 달렸다.)　　　　　　She is singing well. (그녀는 노래를 잘 부르는 중이다.)
He often jogs. (그는 종종 조깅한다.)　　　　　You always get up at 8. (너는 항상 8시에 일어난다.)

2 '주어 + 일반동사' 뒤에 '시간, 장소, 위치'를 나타내는 전치사구를 사용하여 문장의 뜻을 다양하게 나타낼 수 있어요.

She	+	is running	+	in the park	→	She is running in the park.
주어(그녀는)		동사(달리는 중이다)		전치사구(공원에서)		그녀는 공원에서 달리는 중이다.

They talked at night. (그들은 밤에 이야기했다.)　　　　He danced in the park. (그는 공원에서 춤췄다.)
She is cooking in the kitchen. (그녀는 부엌에서 요리하는 중이다.)

바로! 확인문제　03　다음 우리말에 알맞은 것을 고르고, 빈칸에 쓰시오.

（1） 나는 멋지게 춤춘다.
　　 I dance _____.
　　 ① nicely　② sadly

（2） 너는 빨리 달렸다.
　　 You ran _____.
　　 ① fast　② fastly

（3） 그들은 높게 날았다.
　　 They flied _____.
　　 ① highly　② high

（4） 우리들은 열심히 공부하는 중이다.
　　 We are studying _____.
　　 ① hard　② hardly

（5） 그는 행복하게 춤춘다.
　　 He dances _____.
　　 ① angrily　② happily

（6） 그는 노래를 잘 부르는 중이다.
　　 He is singing _____.
　　 ① well　② welly

（7） Tom은 종종 7시에 일어난다.
　　 Tom _____ gets up at 7.
　　 ① often　② usually

（8） 그녀는 항상 조깅한다.
　　 She _____ jogs.
　　 ① always　② never

（9） 그녀는 부엌에서 먹는다.
　　 She eats _____.
　　 ① in the kitchen　② on the beach

（10） 우리들은 밤에 잔다.
　　 We sleep _____.
　　 ① at noon　② at night

(11) 나는 7시에 일어났다.

I got up _____.

① at 7   ② on 7

(12) 너는 일요일에 학교에 가지 않는다.

You don't go to school _____.

① in Sunday   ② on Sunday

(13) 그는 학교에서 춤췄다.

He danced _____.

① at school   ② school at

(14) 그녀는 은행에서 일한다.

She works _____.

① at the bank   ② the bank at

(15) Tom은 서울에 산다.

Tom lives _____.

① Seoul in   ② in Seoul

(16) 그들은 교실에서 공부하는 중이다.

They are studying _____.

① in the classroom

② on the classroom

정답과 해설 36쪽

바로! 확인문제 04 다음 그림에 알맞게 제시된 영단어를 배열하시오.

(1)

(She / 8 / gets up / at)

_____

(2)

(danced / He / hard)

_____

(3)

(night / I / at / sleep)

_____

(4)

(jogs / He / always)

_____

(5)

(waited / at / Mom / home)

_____

(6)

(happily / listened / You)

_____

(7)

(in / She / her room / reads)

_____

(8)

(singing / happily / She / is)

_____

Ⓐ 다음 〈보기〉처럼 우리말에 알맞은 영단어를 빈칸에 쓰시오.

〈 보기 〉
그녀는 / 노래 부른다 / 행복하게 → She / sings / happily.

(1) 나는 / 달린다 / 빨리 → I / run / _____ .

(2) 그녀는 / 춤추는 중이다 / 멋지게 → She / is _____ / _____ .

(3) 우리들은 / 조깅한다 / 공원에서 → We / _____ / in the _____ .

(4) 그들은 / 공부했다 / 8시에 → _____ / studied / at _____ .

(5) 나는 / 보통 / 일어난다 / 7시에 → I / usually / _____ _____ / _____ 7.

(6) 그들은 / 항상 / 아침을 먹는다 / 부엌에서 → They / _____ / have _____ / in the _____ .

Ⓑ 다음 〈보기〉처럼 우리말에 알맞은 영어 표현을 빈칸에 쓰시오.

〈 보기 〉
그는 6시에 일어나지 않았다. → He didn't get up at 6.

(1) 그들은 빨리 달리지 않았다.
→ They _____ fast.

(2) 우리들은 멋지게 춤추었다.
→ _____ nicely.

(3) 나의 엄마와 아빠는 공원에서 조깅하는 중이다.
→ My mom and dad _____ .

(4) Jason은 11시에 공부할 것이다.
→ Jason _____ at _____ .

(5) 나의 아빠는 종종 공원에서 달린다.
→ My dad _____ .

(6) 우리들은 항상 8시에 아침을 먹는다.
→ We _____ .

Ⓐ 다음 우리말에 알맞게 괄호 안의 알파벳을 바르게 배열하여 빈칸에 쓰시오.

(1) They _____ (estelind).
그들은 들었다.

(2) Carl _____ (en'dsot) get up.
Carl은 일어나지 않는다.

(3) They are _____ (ijonggg).
그들은 조깅하는 중이다.

(4) She sleeps _____ (ta) _____ (nhtig).
그녀는 밤에 잔다.

Ⓑ 다음 그림에 알맞게 밑줄 친 부분을 바르게 고쳐 쓰시오.

(1)   My sister <u>are</u> running.   → _____

(2)   She is <u>sit</u> on the chair.   → _____

(3)   They are studying <u>the classroom</u>.   → _____

Ⓒ 다음 주어진 빈도부사가 들어갈 알맞은 곳을 고르시오.

(1)   ① I ② get ③ up ④ at 7 ⑤. (usually)
나는 보통 7시에 일어난다.

(2)   ① He ② will ③ run ④ in the park ⑤. (always)
그는 공원에서 항상 달릴 것이다.

Ⓓ 다음 〈보기〉의 단어나 표현을 사용하여 우리말을 영어로 쓰시오.

〈 보기 〉

He	They	We	You		
get up	gets up	got up			
study	is studying	are studying			
early	hard	often		in his room	at school

(1) 그는 그의 방에서 일어난다.   → _____.

(2) 너는 종종 일찍 일어난다.   → _____.

(3) 우리들은 학교에서 공부하는 중이다.   → _____.

(4) 그들은 열심히 공부한다.   → _____.

주어 + 일반동사 + 목적어

1 '주어 + 일반동사' 뒤에 목적어를 쓰면 '~은(는) ~을(를) ~한다'라는 뜻을 지닌 문장을 만들 수 있어요. 일반동사의 과거형, 진행형(be동사 + 일반동사 + -ing), 미래형(will + 동사원형)으로 다양한 시간 표현을 할 수도 있지요. 일반동사 앞에 조동사 can을 써서 '~은(는) ~을(를) ~할 수 있다'라고 표현할 수도 있어요.

| I | + | clean | + | the room | → | I clean the room. |

주어(나는)　　　　동사(청소하다)　　　　목적어(그 방)　　　　나는 그 방을 청소한다.

She cleaned the room. (그녀는 그 방을 청소했다.)　He is eating cookies. (그는 쿠키들을 먹는 중이다.)
We will teach English. (우리들은 영어를 가르칠 것이다.)　You can teach children. (너는 아이들을 가르칠 수 있다.)

2 이 문장의 현재형을 부정할 때에는 일반동사 앞에 don't나 doesn't를 쓰고, 과거형을 부정할 때에는 일반동사 앞에 didn't를 써요. 진행형 문장의 부정은 be동사 뒤에 not을 쓰고, 조동사가 쓰인 문장의 부정은 조동사 뒤에 not을 써서 부정하지요.

| I | + | don't | + | clean the room | → | I don't clean the room. |

주어(나는)　　　　부정(~하지 않는다)　　　　동사+목적어(그 방을 청소하다)　　　　나는 그 방을 청소하지 않는다.

She didn't clean the room. (그녀는 그 방을 청소하지 않았다.)
He is not eating apples. (그는 사과들을 먹는 중이 아니다.)
We will not teach children. (우리들은 아이들을 가르치지 않을 것이다.)
You can't teach English. (너는 영어를 가르칠 수 없다.)

01 다음 우리말에 알맞은 것을 고르고, 빈칸에 쓰시오.　　　　정답과 해설 38쪽

(1) 너는 아이들을 가르친다.

You ＿＿＿＿＿＿＿.

① teach children ② children teach

(2) 그는 사과들을 먹는다.

He ＿＿＿＿＿＿＿.

① apples eats ② eats apples

(3) Sarah는 아이들을 가르치는 중이다.

Sarah ＿＿＿＿＿ teaching children.

① is ② was

(4) 너희들은 그 방을 청소할 것이다.

You ＿＿＿＿＿＿＿ the room.

① will clean ② clean will

(5) 그들은 그 쿠키들을 먹을 수 있다.

They ＿＿＿＿＿＿＿ the cookies.

① eat can ② can eat

(6) 그녀는 그 방을 청소할 수 있다.

She ＿＿＿＿＿＿＿ the room.

① can cleans ② can clean

(7) 우리들은 그 방을 청소하지 않는다.

We _____ the room.

① don't clean   ② clean don't

(8) 그는 사과를 먹지 않는다.

He _____ apples.

① don't eat   ② doesn't eat

(9) 너는 아이들을 가르치지 않았다.

You _____ children.

① don't teach   ② didn't teach

(10) 그녀는 그 방을 청소하는 중이 아니다.

She _____ the room.

① isn't cleaning   ② doesn't cleaning

(11) 우리들은 피자를 먹지 않을 것이다.

We _____ eat pizza.

① not will   ② will not

(12) 그들은 영어를 가르치는 중이 아니다.

They _____ teaching English.

① are not   ② were not

바로!
확인문제 **02** 다음 그림에 알맞게 제시된 영단어를 배열하시오.

정답과 해설 38쪽

(1)

(clean / the room / I)

_____

(2)

(the room / I / cleaned)

_____

(3)

(eating / is / apples / He)

_____

(4)

(teaches / She / English)

_____

(5)

(clean / the room / don't / I)

_____

(6)

(apples / You / didn't / eat)

_____

(7)

(English / not / She / will / teach)

_____

(8)

(teaching / not / She / children / is)

_____

혼공개념 020 주어 + 일반동사 + 목적어 + 수식(부사/전치사구)

1 '주어 + 일반동사 + 목적어' 문장에 '~하게'를 의미하는 부사를 쓰면 문장의 뜻을 다양하게 나타낼 수 있어요. 또한 '시간, 장소, 위치'를 나타내는 전치사구를 사용해도 문장의 뜻을 다양하게 만들 수 있지요.

I	+	clean the room	+	fast	→	I clean the room fast.
주어(나는)		동사 + 목적어(그 방을 청소하다)		부사(빠르게)		나는 그 방을 빠르게 청소한다.

She ate cookies on the bench. (그녀는 쿠키들을 벤치 위에서 먹었다.)
You are teaching children in the classroom. (너는 교실에서 아이들을 가르치는 중이다.)
We cleaned the room yesterday. (우리들은 어제 그 방을 청소했다.)
John is eating apples in the kitchen now. (John은 지금 부엌에서 사과를 먹는 중이다.)

2 이 문장의 현재형을 부정할 때에는 일반동사 앞에 don't나 doesn't를 쓰고, 과거형을 부정할 때에는 일반동사 앞에 didn't를 써요. 진행형이나 미래형 문장은 be동사나 조동사 will 뒤에 not을 써요.

I	+	don't	+	clean the room fast	→	I don't clean the room fast.
주어(나는)		부정(~하지 않는다)		동사 + 목적어 + 부사 (그 방을 빠르게 청소하다)		나는 그 방을 빠르게 청소하지 않는다.

I didn't clean the room fast. (나는 그 방을 빠르게 청소하지 않았다.)
You are not teaching children in the classroom. (너는 아이들을 교실에서 가르치는 중이 아니다.)
Tom will not eat cookies on the bench. (Tom은 쿠키들을 벤치 위에서 먹지 않을 것이다.)

 바로! 확인문제 **03 다음 우리말에 알맞은 것을 고르고, 빈칸에 쓰시오.** 정답과 해설 38쪽

(1) 그는 그 방을 빠르게 청소했다.

He cleaned _____.

① the room fast

② fast the room

(2) 나는 벤치 위에서 쿠키들을 먹는다.

I eat cookies _____.

① the on bench

② on the bench

(3) 그녀는 지금 아이들을 가르치는 중이다.

She is teaching _____.

① now children

② children now

(4) 그는 그 방을 천천히 청소하는 중이다.

He is cleaning _____.

① the room slowly

② the slowly room

(5) 우리들은 내일 교실에서 아이들을 가르칠 것이다.

We will teach children in the classroom _____.

① tomorrow ② yesterday

(6) 너는 그 방을 빠르게 청소하지 않는다.

You _____ clean the room fast.

① don't

② doesn't

(7) 그녀는 그 방을 천천히 청소하지 않을 것이다.

She _____ clean the room slowly.

① not will ② will not

(8) 그는 교실에서 아이들을 가르치는 중이 아니다.

He _____ children in the classroom.

① isn't teaching ② teaching isn't

(9) Suzy는 쿠키들을 부엌에서 먹지 않았다.

Suzy _____ cookies in the kitchen.

① doesn't eat ② didn't eat

(10) 그들은 교실에서 영어를 가르치지 않을 것이다.

They _____ teach English in the classroom.

① can't ② won't

정답과 해설 39쪽

04 다음 그림에 알맞게 제시된 영단어를 배열하시오.

(1)

(yesterday / cleaned / I / the room)

_____

(2)

(will / children / She / teach / tomorrow)

_____

(3)

(am / the room / cleaning / I / slowly)

_____

(4)

(isn't / apples / eating / He / now)

_____

(5)

(am / I / the room / fast / cleaning)

_____

(6)

(will / She / children / next year / teach)

_____

(7)

(didn't / apples / on the bench / You / eat)

_____

(8)

(teaching / in the classroom / is / English / She)

_____

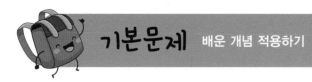

Ⓐ 다음 〈보기〉처럼 우리말에 알맞은 영단어를 빈칸에 쓰시오.

〈 보기 〉

나는 / 청소한다 / 그 방을 → I / <u>clean</u> / the <u>room</u>.

(1) 그는 / 먹지 않는다 / 사과들을   → He / _____ _____ / _____.

(2) 너는 / 가르칠 수 있다 / 아이들을   → You / _____ _____ / _____.

(3) 그들은 / 청소하는 중이다 / 그 방을   → They / are _____ / the _____.

(4) 우리들은 / 먹었다 / 사과들을 / 벤치 위에서 → We / _____ / apples / _____
          _____ _____.

(5) 그는 / 청소하는 중이 아니다 / 그 방을 / → He / _____ _____ cleaning / the
    지금   room / _____.

(6) 그녀는 / 먹지 않는다 / 쿠키들을 / 빠르게 → She / _____ eat / _____ / _____.

Ⓑ 다음 〈보기〉처럼 우리말에 알맞은 영어 표현을 빈칸에 쓰시오.

〈 보기 〉

나는 사과들을 먹지 않는다.   →   I <u>don't eat apples.</u>

(1) 우리들은 피자를 먹지 않을 것이다.

    → We _____ pizza.

(2) 너는 쿠키들을 먹을 수 있다.

    → You _____ cookies.

(3) 그들은 영어를 가르치는 중이 아니다.

    → They _____ English.

(4) 나는 사과들을 벤치 위에서 먹었다.

    → I _____ apples _____.

(5) 그녀는 교실에서 아이들을 가르치는 중이다.

    → She _____ children _____.

(6) 그들은 그 방을 빠르게 청소하지 않을 것이다.

    → They _____ the room _____.

Ⓐ 다음 우리말에 알맞게 괄호 안의 알파벳을 바르게 배열하여 빈칸에 쓰시오.

(1) I _____ (enedcla) the room.

나는 그 방을 청소했다.

(2) She _____ (anc) eat pizza.

그녀는 피자를 먹을 수 있다.

(3) Tom _____ (snedo't) clean the room fast.

Tom은 그 방을 빨리 청소하지 않는다.

(4) They ate apples on the bench _____ (styeeryad).

그들은 어제 벤치 위에서 사과들을 먹었다.

Ⓑ 다음 그림에 알맞게 밑줄 친 부분을 바르게 고쳐 쓰시오.

(1) I am <u>clean</u> the room slowly. → _____

(2) He <u>is</u> eating apples. → _____

(3) She will <u>teaching</u> children. → _____

Ⓒ 다음 주어진 단어가 들어갈 알맞은 곳을 고르시오.

(1) ① You ② didn't ③ clean ④ the room ⑤. (slowly)

너는 그 방을 천천히 청소하지 않았다.

(2) ① They ② are ③ cookies ④ on the bench ⑤. (eating)

그들은 벤치 위에서 쿠키들을 먹고 있는 중이다.

Ⓓ 다음 〈보기〉의 단어나 표현을 사용하여 우리말을 영어로 쓰시오.

〈 보기 〉

David	You	We	He
can finish	cleaned	will have	is teaching
dinner	children	his homework	the classroom
in the kitchen	fast	in the park	yesterday

(1) 너는 어제 교실을 청소했다. → _____ .

(2) 그는 공원에서 아이들을 가르치는 중이다. → _____ .

(3) 우리들은 부엌에서 저녁을 먹을 것이다. → _____ .

(4) David는 그의 숙제를 빨리 끝낼 수 있다. → _____ .

Day 11 / 주어+일반동사+~에게+~을

공부한 날
월   일

혼공개념 021 주어 + 일반동사 + ~에게 + ~을

1 상대방에게 '~을' 줄 때 주로 쓰는 문장은 '주어 + 일반동사 + ~에게(간접목적어) + ~을(직접목적어)'로 구성할 수 있어요. 일반동사의 과거형, 진행형(be동사 + 일반동사 + -ing), 미래형(will + 동사원형)을 써서 다양한 시간 표현을 할 수 있어요.

I	+	give	+	him	+	a book	→	I give him a book.
주어(나는)		동사(주다)		간접목적어(그에게)		직접목적어(책을)		나는 그에게 책을 준다.

I bought her a piano. (나는 그녀에게 피아노를 사 주었다.)
Jane is telling us the story. (Jane은 우리들에게 그 이야기를 말해 주는 중이다.)
He was teaching them English. (그는 그들에게 영어를 가르치는 중이었다.)
She will lend me the book. (그녀는 나에게 그 책을 빌려줄 것이다.)

2 이 문장의 현재형을 부정할 때에는 일반동사 앞에 don't나 doesn't를 써요. 과거형을 부정할 때에는 일반동사 앞에 didn't를 써요. 진행형이나 미래형 문장의 부정은 be동사나 조동사 will 뒤에 not을 써요.

I	+	don't	+	give him a book	→	I don't give him a book.
주어(나는)		부정(아니다)		동사 + 간접목적어 + 직접목적어 (그에게 책을 주다)		나는 그에게 책을 주지 않는다.

She doesn't buy him a dog. (그녀는 그에게 개를 사 주지 않는다.)
Mary didn't give us a ball. (Mary는 우리들에게 공을 주지 않았다.)
You aren't telling me the truth. (너는 나에게 진실을 말해 주는 중이 아니다.)
He won't send her flowers. (그는 그녀에게 꽃을 보내지 않을 것이다.)

바로! 확인문제   **01** 다음 우리말에 알맞은 것을 고르고, 빈칸에 쓰시오.   정답과 해설 40쪽

(1) 그는 나에게 편지를 보낸다.

　　He sends _____.

　　① me a letter   ② a letter me

(2) Mark는 그녀에게 피아노를 사 주었다.

　　Mark _____ her a piano.

　　① buys   ② bought

(3) 그녀는 우리들에게 그 이야기를 말해 주는 중이다.

　　She is _____ the story.

　　① telling us   ② us telling

(4) 그녀는 나에게 바나나를 주었다.

　　She _____ me a banana.

　　① gave   ② gives

(5) 우리들은 그에게 수학을 가르치는 중이었다.

We _____ math.

① were teaching him

② were him teaching

(6) 나는 Anna에게 그 책을 빌려줄 것이다.

I will lend _____.

① Anna the book

② the book Anna

(7) 그는 나에게 개를 사 주지 않는다.

He _____ me a dog.

① doesn't buy   ② don't bought

(8) 나는 그에게 책을 주지 않는다.

I _____ a book.

① don't give him   ② him don't give

(9) 너는 그들에게 진실을 말해 주는 중이 아니다.

You _____ them the truth.

① isn't telling   ② aren't telling

(10) 우리들은 그녀에게 꽃을 보내지 않을 것이다.

We _____ send her flowers.

① won't   ② isn't

---

02 다음 그림에 알맞게 제시된 영단어를 배열하시오.

정답과 해설 40쪽

(1)

(give / I / a book / him)

_____

(2)

(Ms. Kim / us / is teaching / English)

_____

(3)

(send / You / a letter / me)

_____

(4)

어제

(give / didn't / She / him / a book)

_____

(5)

(She / us / won't / English / teach)

_____

(6)

어제

(bought / an ice cream / My dad / me)

_____

(7)

(Suzy / lend / will / him / her pencil)

_____

(8)

어제

(tell / didn't / the story / her / We)

_____

주어 + 동사 + ~에게 + ~을 + 수식(부사/전치사구)

1 '~하게'라는 뜻을 지닌 부사를 쓰거나 '시간, 장소, 위치'를 나타내는 전치사구를 사용하여 문장의 뜻을 다양하게 나타낼 수 있어요.

| I | + | tell him the story | + | angrily | → | I tell him the story angrily. |

주어(나는)　동사 + 간접목적어 + 직접목적어　부사(화가 나서)　나는 그에게 그 이야기를 화가 나서 말해 준다.
　　　　　(그에게 그 이야기를 말해 주다)

She brings him the book happily. (그녀는 그에게 그 책을 행복하게 가져다준다.)
He lent her a pen in the classroom. (그는 교실에서 그녀에게 펜을 빌려주었다.)
They are telling me the story in the park. (그들은 공원에서 나에게 그 이야기를 말해 주는 중이다.)

2 이 문장의 현재형을 부정할 때에는 일반동사 앞에 don't나 doesn't를 쓰고, 과거형을 부정할 때에는 일반동사 앞에 didn't를 써요. 진행형이나 미래형 문장의 부정은 be동사나 조동사 will 뒤에 not을 써요.

| I | + | don't | + | tell him the story angrily | → | I don't tell him the story angrily. |

주어(나는)　부정(아니다)　동사 + 간접목적어 + 직접목적어 + 부사　나는 그에게 그 이야기를 화가 나서 말해 주지 않는다.
　　　　　　　　　(그에게 그 이야기를 화가 나서 말해 주다)

Jacob didn't give her a present yesterday. (Jacob은 어제 그녀에게 선물을 주지 않았다.)
We won't buy him an ice cream in the restaurant. (우리들은 식당에서 그에게 아이스크림을 사 주지 않을 것이다.)

바로! 확인문제　03 다음 우리말에 알맞은 것을 고르고, 빈칸에 쓰시오.

정답과 해설 41쪽

(1) 너는 나에게 그 사진을 행복하게 보여 주었다.

You showed me the picture _____.

① happy　② happily

(2) 그는 공항에서 그녀에게 펜을 빌려주었다.

He lent her a pen _____.

① at the mall　② at the airport

(3) 그들은 공원에서 나에게 그 이야기를 말해 주는 중이다.

They are telling me the story _____

_____.

① in the cafe　② in the park

(4) 그녀는 그에게 그 책을 행복하게 가져다준다.

She brings him _____.

① happily the book

② the book happily

(5) 엄마는 슈퍼마켓에서 우리들에게 물을 사 주는 중이다.

My mom is buying us water _____

_____.

① at the supermarket

② the supermarket at

(6) 나는 교실에서 그녀에게 그 책을 빌려줄 것이다.

I will lend her the book _____

_____.

① the classroom in

② in the classroom

(7) 나는 그에게 그 이야기를 화가 나서 말해 주지 않는다.

I don't tell him the story _____.

① angry ② angrily

(8) 그는 어제 그녀에게 선물을 주지 않았다.

He didn't give her _____.

① a present yesterday

② yesterday a present

(9) 우리들은 식당에서 그에게 아이스크림을 사주지 않을 것이다.

We _____ him an ice cream in the restaurant.

① will buy ② won't buy

(10) 엄마는 부엌에서 그들에게 진실을 말해 주는 중이 아니다.

Mom isn't telling them the truth _____ _____.

① on the kitchen ② in the kitchen

(11) 그녀는 여기에서 나에게 그 사진을 보여 주는 중이 아니다.

She is _____ the picture here.

① show not me

② not showing me

(12) Jerry는 내일 그녀에게 그 가방을 가져다주지 않을 것이다.

Jerry won't _____ tomorrow.

① bring her the bag

② bringing the bag her

바로! 확인문제 **04** 다음 그림에 알맞게 제시된 영단어를 배열하시오. 정답과 해설 41쪽

(1)

(the story / I / angrily / tell / him)

_____

(2) 지난주

(He / happily / show / didn't / the picture / me)

_____

(3) 어제

(telling / the story / me / My mom / was / in the kitchen)

_____

(4)

(is / She / teaching / them / English / here)

_____

(5) 어제

(a letter / gave / Suzy / me / yesterday)

_____

(6) 싫어! 영어 알려주세요!

(Mr. Smith / them / won't / teach / English / happily)

_____

Ⓐ 다음 〈보기〉처럼 우리말에 알맞은 영단어를 빈칸에 쓰시오.

〈 보기 〉
> 나는 / 보여 준다 / 그에게 / 그 사진을 / 행복하게 → I / <u>show</u> / <u>him</u> / <u>the picture</u> / <u>happily.</u>

(1) 그는 / 빌려주지 않았다 / 나에게 / 그 공을 / 어제
→ He / didn't _____ / _____ / the ball / _____.

(2) 우리들은 / 말하는 중이다 / 그에게 / 진실을
→ We / are _____ / him / the _____.

(3) 그들은 / 가져다줄 것이다 / 우리들에게 / 꽃들을 / 내일
→ They / _____ _____ / us / the flowers / _____.

(4) Mary는 / 사 주었다 / 그녀에게 / 오렌지 주스를
→ Mary / _____ / _____ / orange juice.

(5) 나는 / 가르치는 중이었다 / 그들에게 / 수학을
→ I / _____ teaching / _____ / math.

(6) 그들은 / 주지 않을 것이다 / 그에게 / 편지를 / 화가 나서
→ They / _____ _____ / him / the letter / _____.

Ⓑ 다음 〈보기〉처럼 우리말에 알맞은 영어 표현을 빈칸에 쓰시오.

〈 보기 〉
> 나는 그에게 그 이야기를 행복하게 말해 주지 않는다. → I <u>don't tell</u> him <u>the story</u> happily.

(1) 그녀는 슈퍼마켓에서 우리들에게 물을 사 준다.
→ She _____ us _____ at the _____.

(2) 나의 엄마와 아빠는 공원에서 그에게 아이스크림을 사 주지 않는다.
→ My mom and dad _____ an ice cream in the _____.

(3) Harry는 공항에서 나에게 그 가방을 가져다주지 않았다.
→ Harry _____ at the _____.

(4) 나는 교실에서 Jason에게 내 연필을 빌려주었다.
→ I _____ Jason my _____ in the _____.

(5) 그는 내일 그녀에게 편지를 보낼 것이다.
→ He _____ a letter _____.

(6) 나의 친구들은 여기에서 그들에게 그 이야기를 말하는 중이었다.
→ My friends _____ them the _____.

Ⓐ 다음 우리말에 알맞게 괄호 안의 알파벳을 바르게 배열하여 빈칸에 쓰시오.

(1) He didn't show her the picture _____ (ngariyl).

그는 그녀에게 그 사진을 화가 나서 보여 주지 않았다.

(2) I _____ (inbrg) them flowers.   (3) She is _____ (ledngni) him a pen.

나는 그들에게 꽃을 가져다준다.   그녀는 그에게 펜을 빌려주는 중이다.

Ⓑ 다음 그림에 알맞게 밑줄 친 부분을 바르게 고쳐 쓰시오.

(1)   My sister <u>gives</u> me a letter yesterday.   → _____

(2)   Mr. Smith won't teach us English <u>happy</u>.   → _____

(3)   She will lend him a pencil <u>under</u> the classroom.   → _____

Ⓒ 다음 주어진 단어가 들어갈 알맞은 곳을 고르시오.

(1) ① She ② will give ③ a present ④ in the park ⑤. (him)

그녀는 공원에서 그에게 선물을 줄 것이다.

(2) ① Susan ② isn't ③ showing ④ pictures ⑤ in the kitchen. (them)

Susan은 부엌에서 그들에게 사진을 보여 주는 중이 아니다.

Ⓓ 다음 〈보기〉의 단어나 표현을 사용하여 우리말을 영어로 쓰시오.

〈 보기 〉

They	She	My friends	He
are telling	lent	will buy	aren't teaching
me	her	him	us
the truth	orange juice	a bag	math
tomorrow	at the airport	yesterday	

(1) 그녀는 어제 나에게 가방을 빌려주었다.   → _____.

(2) 나의 친구들은 공항에서 그에게 진실을 말하는 중이다.   → _____.

(3) 그는 내일 그녀에게 오렌지 주스를 사 줄 것이다.   → _____.

(4) 그들은 우리들에게 수학을 가르치는 중이 아니다.   → _____.

1 다음 우리말에 알맞은 영단어를 빈칸에 쓰시오.

(1) He _____ run. (그는 달리지 않는다.)

(2) We _____ _____ eating. (우리들은 먹는 중이 아니다.)

(3) They _____ _____ listen. (그들은 듣지 않을 것이다.)

2 다음 서로 어울리는 표현을 연결하고 빈칸에 다시 쓰시오.

(1) He   •   • studying.   → _____.

(2) We are   •   • get up.   → _____.

(3) She will •   • sings.   → _____.

3 다음 우리말에 알맞은 영단어를 빈칸에 쓰시오.

(1) We _____ young. (우리들은 젊었다.)

(2) I _____ a doctor in 2010. (나는 2010년에 의사였다.)

(3) She _____ _____ a singer. (그녀는 가수가 될 것이다.)

4 다음 문장의 빈칸에 들어갈 수 있는 영단어 세 개를 〈보기〉에서 찾아 쓰시오.

〈 보기 〉

showed   bought   thought   sent   studied

He _____ me the book.   _____, _____, _____

5 다음 우리말에 알맞은 영단어를 빈칸에 쓰시오.

(1) It is _____ safe. (그것은 항상 안전하다.)

(2) I was _____ hungry. (나는 때때로 배고팠다.)

(3) We will _____ be old. (우리들은 절대 늙지 않을 것이다.)

6 다음 우리말에 알맞게 제시된 영단어를 배열하시오.

(1) 나는 그 방을 빨리 청소하지 않았다. (I / the room / clean / fast / didn't)

→ _____.

(2) Tom은 교실에서 아이들을 가르치는 중이다.

(in the classroom / is teaching / Tom / children)

→ _____.

(3) 그들은 어제 우리들에게 쿠키를 좀 만들어주었다.

(some cookies / us / yesterday / They / made)

→ _____.

7 다음 그림과 우리말에 알맞게 빈칸에 들어갈 영단어를 쓰시오.

(1) 어제

너는 나에게 편지를 보내지 않았다.

You didn't _____ _____ a letter.

(2)

나는 그에게 그 책을 주지 않을 것이다.

I won't _____ him the _____.

(3) ABC

그녀는 우리들에게 영어를 가르치는 중이다.

She is teaching _____ _____.

8 다음 〈보기〉처럼 주어진 문장을 고쳐 쓰시오.

〈 보기 〉

She cleaned the room. → She didn't clean the room. (부정문)

(1) We eat apples now. → _____. (가능)

(2) She teaches English. → _____. (미래 부정)

9 다음 일기를 읽고, 알맞은 단어를 〈보기〉에서 찾아 빈칸에 쓰시오.

〈 보기 〉

very   gave   on   in   made

My birthday	나의 생일
Today was my birthday.	오늘은 나의 생일이었다.
My sister (1) _____ me her doll.	내 여동생은 나에게 그녀의 인형을 (1) 주었다.
My brother (2) _____ me a Lego castle.	내 오빠는 나에게 레고 성들을 (2) 만들어주었다.
I really liked them.	나는 그것들이 정말로 마음에 들었다.
Mom put a birthday cake (3) _____ the table.	엄마가 생일 케이크를 탁자 (3) 위에 올렸다.
We sang a birthday song (4) _____ the kitchen.	우리들은 (4) 부엌에서 생일 축하 노래를 불렀다.
I was (5) _____ happy.	나는 (5) 매우 행복했다.

Part 4 - 공부할 내용 미리보기

정답과 해설 44쪽

02 다음 그림에 알맞게 제시된 영단어를 배열하시오.

(1) (You / me / make / sad)

(2) (make / I / her / happy / didn't)

❶ 주어＋make＋목적어＋형용사, 그리고 주어＋make＋목적어＋형용사＋수식으로 구성되는 문장을 이해하고, 완성하는 공부를 할 거예요.

❷ 주어＋make/have/let＋목적어＋동작, 그리고 주어＋make/have/let＋목적어＋동작＋수식으로 구성되는 문장을 이해하고, 완성하는 공부를 할 거예요.

❸ 주어＋get/help＋목적어＋동작, 그리고 주어＋get/help＋목적어＋동작＋수식으로 구성되는 문장을 이해하고, 완성하는 공부를 할 거예요.

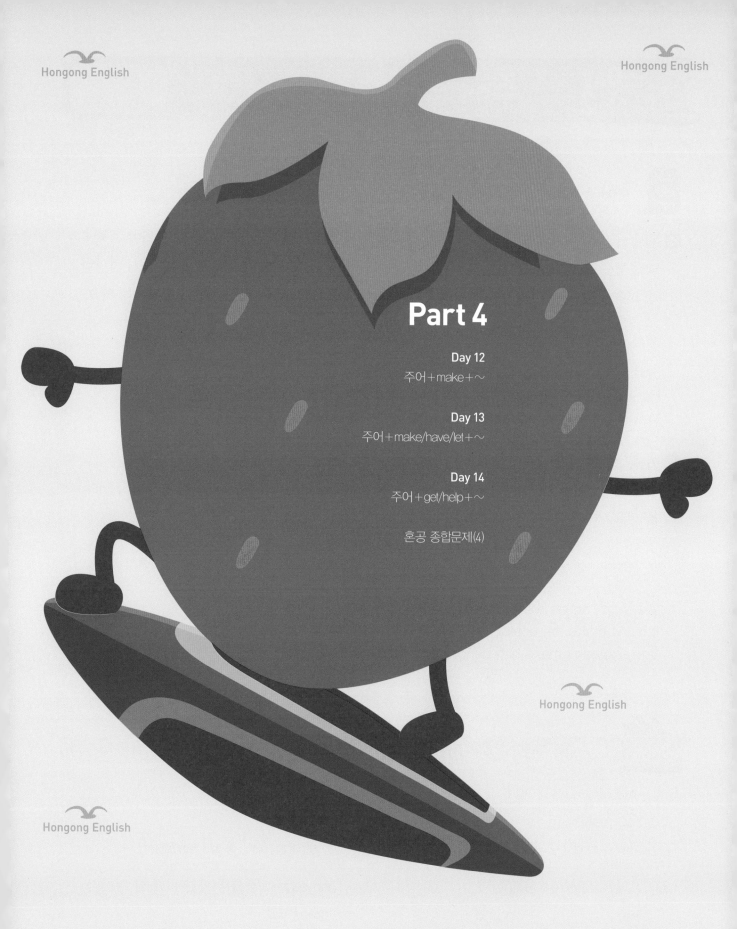

Part 4

혼공개념 023 주어 + make + 목적어 + 형용사

1 동사 make는 주어가 목적어를 '~하게 하다'라는 의미로 쓰여 '주어 + make + 목적어 + 형용사'의 문장을 구성할 수 있어요. 그리고 make의 과거형(made), 미래형(will + make)을 써서 다양한 시간 표현을 할 수 있어요. will, should와 같은 조동사를 쓰면 make의 의미를 더 풍부하게 해요.

| You | + | make | + | me | + | sad | → | You make me sad. |
| 주어(너는) | | 동사(~하게 하다) | | 목적어(나를) | | 형용사(슬픈) | | 너는 나를 슬프게 한다. |

She made us strong. (그녀는 우리들을 힘이 세지게 했다.)
He will make them rich. (그는 그들을 부자가 되게 할 것이다.)
You should make her smart. (너는 그녀를 똑똑하게 만들어야 한다.)

2 이 문장의 현재형을 부정할 때에는 동사 make 앞에 don't나 doesn't를 써요. 과거형을 부정할 때에는 동사 make 앞에 didn't를 써요. 또 조동사 will, should가 쓰인 문장의 부정은 조동사 뒤에 not을 써요.

| I | + | don't | + | make her happy | → | I don't make her happy. |
| 주어(나는) | | 부정(아니다) | | 동사 + 목적어 + 형용사 (그녀를 행복하게 하다) | | 나는 그녀를 행복하게 하지 않는다. |

We didn't make her sad. (우리들은 그녀를 슬프게 하지 않았다.)
It won't make me bored. (그것은 나를 지루하게 하지 않을 것이다.)
You shouldn't make him hungry. (너는 그를 배고프게 해서는 안 된다.)

바로! 확인문제 01 다음 우리말에 알맞은 것을 고르고, 빈칸에 쓰시오.

정답과 해설 44쪽

(1) 너는 나를 슬프게 한다.
You make _____.
① me sad   ② sad me

(2) 그는 우리들을 힘이 세지게 했다.
He made _____.
① strong us   ② us strong

(3) 그녀는 그를 지루하게 한다.
She _____ bored.
① make him   ② makes him

(4) James는 그들을 부자가 되게 할 것이다.
James will _____.
① make them rich   ② rich make them

(5) 우리들은 Mary를 행복하게 할 것이다.
We _____ make Mary happy.
① will   ② won't

(6) 너는 그녀를 똑똑하게 만들어야 한다.
You _____ her smart.
① should make   ② can make

(7) 나는 그를 행복하게 하지 않는다.

I _____ make him happy.

① don't ② didn't

(8) 그는 그녀를 슬프게 하지 않았다.

He _____ her sad.

① didn't make ② make didn't

(9) 우리들은 Anna를 화나게 하지 않았다.

We _____ angry.

① make Anna didn't

② didn't make Anna

(10) 그 영화는 나를 지루하게 하지 않을 것이다.

The movie won't _____ bored.

① makes me ② make me

(11) 그것은 우리들을 똑똑하게 만들지 않을 것이다.

It _____ smart.

① won't make us

② us make won't

(12) 너는 그들을 배고프게 해서는 안 된다.

You shouldn't _____.

① make them hungry

② them hungry make

바로! 확인문제 **02** 다음 그림에 알맞게 제시된 영단어를 배열하시오. 정답과 해설 44쪽

(1)

(You / me / make / sad)

_____

(2) 어제

(make / I / her / happy / didn't)

_____

(3)

(She / hungry / them / doesn't / make)

_____

(4) 작년

그렇지~ 하나 더!

(her / made / strong / I)

_____

(5)

(She / me / make / won't / rich)

_____

(6) 이거 읽어야 똑똑해져!

(He / make / her / smart / should)

_____

(7) 어제 지루해!

(The movie / made / bored / us)

_____

(8) 배고파요!

(shouldn't / I / him / make / hungry)

_____

혼공 개념 024 ## 주어 + make + 목적어 + 형용사 + 수식(부사/전치사구)

1 '주어 + make + 목적어 + 형용사' 문장에 빈도부사(never, sometimes, often, usually, always)를 쓰거나 '시간, 장소, 위치'를 나타내는 전치사구를 사용하여 다양한 뜻을 나타낼 수 있어요.

I	+	always	+	make her calm	→	I always make her calm.
주어(나는)		빈도부사(항상)		동사 + 목적어 + 형용사 (그녀를 차분하게 하다)		나는 항상 그녀를 차분하게 한다.

She never makes him sad. (그녀는 그를 절대 슬프게 하지 않는다.)
You made me happy on the beach. (너는 해변에서 나를 행복하게 했다.)
He made her angry in front of them. (그는 그들 앞에서 그녀를 화나게 했다.)

2 이 문장의 현재형을 부정할 때에는 동사 make 앞에 don't나 doesn't를 써요. 과거형을 부정할 때에는 동사 make 앞에 didn't를 쓰면 돼요.

I	+	don't	+	always make her calm	→	I don't always make her calm.
주어(나는)		부정(아니다)		빈도부사 + 동사 + 목적어 + 형용사 (항상 그녀를 차분하게 하다)		나는 항상 그녀를 차분하게 하지는 않는다.

She doesn't make him sad in front of me. (그녀는 내 앞에서 그를 슬프게 하지 않는다.)
They didn't make us tired in the classroom. (그들은 교실에서 우리들을 피곤하게 하지 않았다.)
He didn't make me bored last year. (그는 작년에 나를 지루하게 하지 않았다.)

 바로! 확인문제 **03** 다음 우리말에 알맞은 것을 고르고, 빈칸에 쓰시오. 정답과 해설 44쪽

(1) 나는 항상 그녀를 차분하게 한다.

I _____ her calm.

① always make   ② make always

(2) 그녀는 해변에서 나를 행복하게 했다.

She makes me happy _____.

① for the beach   ② on the beach

(3) 그는 그들 앞에서 그녀를 화나게 했다.

He made her angry _____ them.

① in front of   ② of front in

(4) 그들은 보통 그녀를 지루하게 한다.

They _____ make her bored.

① often   ② usually

(5) 우리들은 절대 그를 슬프게 하지 않는다.

We _____ sad.

① make never him

② never make him

(6) Alice는 때때로 그들을 피곤하게 한다.

Alice _____ them tired.

① sometimes makes

② sometimes make

(7) Mary는 교실에서 우리들을 피곤하게 하지 않았다.

Mary ＿＿＿＿＿ us tired in the classroom.

① didn't make　② made not

(8) 우리들은 학교에서 그녀를 행복하게 하지 않는다.

We don't make her ＿＿＿＿＿＿.

① happily at school

② happy at school

(9) 그들은 작년에 그를 슬프게 하지 않았다.

They didn't make him sad ＿＿＿＿

＿＿＿＿.

① last year　② this year

(10) 그는 보통 나를 피곤하게 하지 않는다.

He doesn't ＿＿＿＿＿ me tired.

① usually make　② make usually

04 다음 그림에 알맞게 제시된 영단어를 배열하시오. 정답과 해설 45쪽

(1)

(in the restaurant / You / angry / me / made)

＿＿＿＿＿＿＿＿＿＿＿＿＿＿

(2)

(make / calm / I / don't / her / always)

＿＿＿＿＿＿＿＿＿＿＿＿＿＿

(3)

(him / made / She / in front of me / sad)

＿＿＿＿＿＿＿＿＿＿＿＿＿＿

(4)

(always / He / doesn't / make / bored / us)

＿＿＿＿＿＿＿＿＿＿＿＿＿＿

(5)

(We / on the beach / made / her / tired)

＿＿＿＿＿＿＿＿＿＿＿＿＿＿

(6)

(him / She / didn't / last year / make / sad)

＿＿＿＿＿＿＿＿＿＿＿＿＿＿

(7)

(made / She / in the kitchen / them / hungry)

＿＿＿＿＿＿＿＿＿＿＿＿＿＿

(8)

(You / me / make / usually / happy)

＿＿＿＿＿＿＿＿＿＿＿＿＿＿

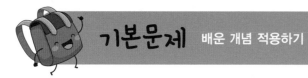

Ⓐ 다음 〈보기〉처럼 우리말에 알맞은 영단어를 빈칸에 쓰시오.

〈 보기 〉
나는 / 항상 / 그녀를 행복하게 한다 → I / <u>always</u> / make her <u>happy</u>.

(1) 그것은 / 종종 / 우리들을 힘이 세지게 한다 → It / often / _____ us _____.

(2) 우리들은 / 그를 슬프게 하지 않았다 / 공원에서 → We / _____ make him sad / in the _____.

(3) 그는 / 그녀를 피곤하게 할 것이다 / 해변에서 → He / will _____ her _____ / on the beach.

(4) 나는 / 때때로 / 그들을 행복하게 한다 → I / _____ / make them _____.

(5) 그들은 / 너를 배고프게 하지 않는다 / 부엌에서 → They / _____ make you _____ / in the kitchen.

(6) 그녀는 / 그를 똑똑하게 만들어야 한다 / 내 앞에서 → She / _____ make him smart / in _____ of me.

Ⓑ 다음 〈보기〉처럼 우리말에 알맞은 영어 표현을 빈칸에 쓰시오.

〈 보기 〉
너는 나를 슬프게 한다. → You <u>make me sad</u>.

(1) 우리들은 학교에서 그를 피곤하게 하지 않을 것이다.
  → We _____ at _____.

(2) 그 영화는 항상 그들을 지루하게 한다.
  → The movie _____.

(3) 그녀는 작년에 우리들을 차분하게 했다.
  → She _____ last _____.

(4) 그들은 식당에서 그녀를 배고프게 하지 않는다.
  → They _____ in the _____.

(5) 나의 엄마와 아빠는 나를 똑똑하게 만들었다.
  → My mom and dad _____.

(6) Jason과 Anna는 절대 그를 화나게 하지 않는다.
  → Jason and Anna _____.

Ⓐ 다음 우리말에 알맞게 괄호 안의 알파벳을 바르게 배열하여 빈칸에 쓰시오.

(1) Kate always _____ (mkaes) me tired.

Kate는 항상 나를 피곤하게 한다.

(2) We _____ (teofn) made her sad.

우리들은 종종 그녀를 슬프게 했다.

(3) They don't make him hungry in the _____ (ktiench).

그들은 부엌에서 그를 배고프게 하지 않는다.

Ⓑ 다음 그림에 알맞게 밑줄 친 부분을 바르게 고쳐 쓰시오.

(1) She made him happy <u>on</u> front of me. → _____

(2) I sometimes make her <u>calmly</u>. → _____

(3) She won't <u>made</u> me rich. → _____

Ⓒ 다음 주어진 단어가 들어갈 알맞은 곳을 고르시오.

(1) ① Jenny ② sometimes ③ me ④ happy ⑤. (makes)

Jenny는 때때로 나를 행복하게 한다.

(2) ① She ② him ③ strong ④ last year ⑤. (made)

그녀는 작년에 그를 힘이 세지게 했다.

Ⓓ 다음 〈보기〉에 있는 단어나 표현을 사용하여 우리말을 영어로 쓰시오. (같은 단어 반복 사용 가능)

〈 보기 〉

Mr. Smith	We	They	She	usually	never	should
made	make	won't	makes	him	us	me	them
hungry	smart	angry	tired	in the restaurant	last year

(1) 그녀는 우리들을 똑똑하게 만든다. → _____.

(2) 그들은 작년에 나를 피곤하게 했다. → _____.

(3) 우리들은 절대 그를 화나게 하지 않는다. → _____.

(4) Smith 씨는 식당에서 그들을 배고프게 하지 않을 → _____.
    것이다.

혼공개념 025 주어 + make/have/let + 목적어 + 동작

1 '사역동사'는 누군가에게 어떤 동작을 하도록 할 때 쓰는 동사이지요. 따라서 사역동사(make, have, let)를 쓰면 '~은(는) ~에게 ~하게 한다(~하게 허락한다)'라는 뜻을 지닌 문장을 만들 수 있어요. 이때 사역동사 다음에 오는 목적어의 동작을 나타내는 목적격보어는 반드시 동사원형을 써야 해요. '주어 + make/have/let + 목적어 + 목적격보어' 문장은 과거형(made, had, let), 미래형(will + 동사원형)을 써서 다양한 시간 표현을 나타낼 수 있지요.

| I | + | make | + | her | + | wash her hands | → | I make her wash her hands. |

주어(나는)   사역동사   목적어   동작(그녀의 손을 씻다)   나는 그녀에게 그녀의 손을 씻게 한다.
(~하게 하다)   (그녀를)

You have me clean the room. (너는 나에게 그 방을 청소하게 한다.)
She lets us use her computer. (그녀는 우리들에게 그녀의 컴퓨터를 사용하게 허락한다.)
You had them speak in English. (너는 그들에게 영어로 말하게 했다.)
He will make me do my homework. (그는 나에게 나의 숙제를 하게 할 것이다.)

2 '~은(는) ~에게 ~하게 한다(~하게 허락한다)'는 사역동사 앞에 don't나 doesn't를 써서 부정할 수 있고, '~은(는) ~에게 ~하게 하지 않는다(~하게 허락하지 않는다)'라고 해석해요. 사역동사가 쓰인 과거형 문장을 부정할 때에는 사역동사 앞에 didn't를 쓰고, 미래형 문장을 부정할 때에는 조동사 will 뒤에 not을 써요.

| I | + | don't | + | make her wash her hands | → | I don't make her wash her hands. |

주어(나는)   부정(아니다)   동사 + 목적어 + 형용사   나는 그녀에게 그녀의 손을 씻게 하지 않는다.
   (그녀가 그녀의 손을 씻게 하다)

You don't have me clean the room. (너는 나에게 그 방을 청소하게 하지 않는다.)
She didn't let us use her computer. (그녀는 우리들에게 그녀의 컴퓨터를 사용하게 허락하지 않았다.)
He will not make me do my homework. (그는 나에게 나의 숙제를 하게 하지 않을 것이다.)

바로! 확인문제 **01** 다음 우리말에 알맞은 것을 고르고, 빈칸에 쓰시오.

정답과 해설 46쪽

(1) 나는 그녀에게 그녀의 손을 씻게 한다.

I _____ wash her hands.

① make her ② her make

(2) 너는 나에게 너의 컴퓨터를 사용하게 허락한다.

You _____ use your computer.

① me let ② let me

(3) 그녀는 그들에게 영어로 말하게 했다.

She _____ speak in English.

① had them ② them had

(4) 우리들은 그에게 그의 숙제를 하게 했다.

We made him _____ his homework.

① did ② do

(5) 나의 엄마는 나에게 밖으로 나가게 허락할
　　 것이다.

　　 My mom _____ go outside.

　　 ① will let me　② me let will

(6) 너는 나에게 그 방을 청소하게 하지 않는다.

　　 You _____ me clean the room.

　　 ① make don't　② don't make

(7) 그는 우리들에게 그의 컴퓨터를 사용하게
　　 허락하지 않았다.

　　 He _____ us use his computer.

　　 ① didn't let　② doesn't let

(8) 나는 너에게 밖으로 나가게 허락하지 않을
　　 것이다.

　　 I _____ you go outside.

　　 ① will not let　② will let not

 02 다음 그림에 알맞게 제시된 영단어를 배열하시오.　　정답과 해설 46쪽

(1)

(I / her hands / her / wash / make)

_____

(2)

(us / the computers / She / lets / use)

_____

(3)

(do his homework / I / him / had)

_____

(4)

(will / clean / have / me / You / the room)

_____

(5)

(don't / have / They / study English /
me)

_____

(6)

(us / He / let / doesn't / go outside)

_____

(7)

(didn't / speak in English / make / us
/ He)

_____

(8)

(not / her computers / She / use / will
/ us / let)

_____

주어 + make/have/let + 목적어 + 동작 + 수식(부사/전치사구)

1 '주어 + make/have/let + 목적어 + 목적격보어' 문장에 '~하게'라는 뜻을 지닌 부사를 쓰거나 '시간, 장소, 위치'를 나타내는 전치사구를 사용하면 문장의 뜻을 더 다양하게 만들 수 있어요.

| I
주어(나는) | + | make Tom do his
homework
사역동사 + 목적어 + 동작
(Tom에게 그의 숙제를 하게 하다) | + | hard
부사(열심히) | → | I make Tom do his
homework hard.
나는 Tom에게 그의 숙제를 열심히 하게 한다. |

You have them speak in English in the classroom. (너는 그들에게 교실에서 영어로 말하게 한다.)
She let the children go outside in the morning. (그녀는 아이들에게 아침에 밖으로 나가게 허락했다.)
We made them clean the room fast. (우리들은 그들이 그 방을 빠르게 청소하게 했다.)
He will let you eat apples on the bench. (그는 네가 벤치 위에서 사과들을 먹는 것을 허락할 것이다.)

2 이 문장의 현재형을 부정할 때에는 사역동사 앞에 don't나 doesn't를 쓰고, 과거형을 부정할 때에는 사역동사 앞에 didn't를 써요. 미래형을 부정할 때에는 조동사 will 뒤에 not을 쓰지요.

| I
주어(나는) | + | don't
부정(아니다) | + | make Tom do his
homework hard
사역동사 + 목적어 + 동작 + 부사
(Tom에게 그의 숙제를 열심히 하게 하다) | → | I don't make Tom do
his homework hard.
나는 Tom에게 그의 숙제를
열심히 하게 하지 않는다. |

I don't make him study English hard. (나는 그가 영어 공부를 열심히 하게 하지 않는다.)
You didn't let them go outside yesterday. (너는 그들에게 어제 밖으로 나가게 허락하지 않았다.)
She will not have me clean the room in the morning. (그녀는 내가 아침에 그 방을 청소하게 하지 않을 것이다.)

바로! 확인문제   03 다음 우리말에 알맞은 것을 고르고, 빈칸에 쓰시오.   정답과 해설 47쪽

(1) 나는 그에게 그의 숙제를 열심히 하게 한다.
I make him do his _____.
① hard homework ② homework hard

(2) 우리들은 네가 네 손을 빨리 씻게 한다.
We make you wash your hands _____.
① fast ② fastly

(3) 너는 그녀가 그 방에서 너의 컴퓨터를 사용하는 것을 허락한다.
You let her use your computer
_____.
① in the room ② the room in

(4) 그는 내가 그 방을 천천히 청소하게 했다.
He made me clean _____.
① slowly the room ② the room slowly

(5) 그는 교실에서 그들이 영어로 말하게 허락할 것이다.
He will let them _____ in the classroom.
① speak in English ② in English speak

(6) 그녀는 내가 사과들을 벤치 위에서 먹는 것을 허락하지 않는다.
She _____ me eat apples on the bench.
① don't let ② doesn't let

(7) 그들은 그녀가 그 방에서 영어로 말하게 하지 않았다.

They _____ speak English in the room.

① don't have her ② didn't have her

(8) 그는 내가 어제 밖으로 나가게 허락하지 않았다.

He didn't _____ go outside yesterday.

① let me ② lets me

(9) 너는 내가 그 사과들을 빨리 먹게 하지 않을 것이다.

You _____ me eat apples fast.

① will not make ② will make not

(10) 그녀는 내가 그 방을 천천히 청소하게 허락하지 않을 것이다.

She will _____ clean the room slowly.

① not let me ② let me not

바로! 확인문제 04 다음 그림에 알맞게 제시된 영단어를 배열하시오. 정답과 해설 47쪽

(1)

(made / him / I / hard / do his homework)

_____

(2)

(them / had / She / in the classroom / speak in English)

_____

(3)

(him / clean the room / I / fast / made)

_____

(4)

(make / I / her / teach English / will / in the classroom)

_____

(5)

(don't / They / hard / study / me / have)

_____

(6)

(I / wash her hands / make / didn't / her / fast)

_____

(7)

(She / let / use the computers / didn't / yesterday / us)

_____

(8)

(will / me / He / not / let / eat apples / on the bench)

_____

Ⓐ 다음 〈보기〉처럼 우리말에 알맞은 영단어를 빈칸에 쓰시오. (철자가 제시된 곳은 제시된 철자로 시작하는 영단어를 쓸 것)

〈 보기 〉

　　나는 / ~하게 하다 / 그녀에게 / 그녀의 손을 씻게　→　I / make / her / wash her hands.

(1) 너는 / ~하게 하다 / 나에게 / 그 방을　→　You / m_____ / _____ / clean the room.
　　청소하게

(2) 그들은 / ~하게 했다 / 너에게 / 영어를　→　They / h_____ / _____ / study English.
　　공부하게

(3) 우리들은 / ~하게 허락할 것이다 / 그에게　→　We / _____ _____ / _____ / use
　　/ 그 컴퓨터를 사용하게　　　　　　　　　　the computer.

(4) 그녀는 / ~하게 하지 않는다 / 그에게 /　→　She / _____ h_____ / him do his
　　그의 숙제를 하다 / 열심히　　　　　　　　homework / _____.

(5) 우리들은 / ~하게 허락하지 않을 것이다　→　We / _____ _____ / you /
　　/ 너희에게 / 사과들을 먹다 / 벤치 위에서　　eat apples / _____ _____.

Ⓑ 다음 〈보기〉처럼 우리말에 알맞은 영어 표현을 빈칸에 쓰시오. (괄호로 단어가 제시된 것은 제시된 단어를 사용할 것)

〈 보기 〉

　　나는 네가 영어 공부를 하게 한다.　→　I make you study English.

(1) 나는 너에게 너의 손을 씻게 한다.
　　→ I _____ your hands. (make)

(2) 너는 그녀에게 영어로 말하게 허락했다.
　　→ You _____ in English.

(3) 우리들은 너에게 사과들을 벤치 위에서 먹는 것을 허락할 것이다.
　　→ We _____ eat apples _____.

(4) 그녀는 나에게 나의 숙제를 열심히 하게 한다.
　　→ She _____ my homework _____. (make)

(5) 너는 우리들에게 그 방을 빠르게 청소하게 하지 않았다.
　　→ You _____ the room _____. (have)

A 다음 우리말에 알맞게 괄호 안의 알파벳을 바르게 배열하여 빈칸에 쓰시오.

(1) We _____ (tle) them speak in English in the classroom.

우리들은 그들이 교실에서 영어로 말하게 허락한다.

(2) She _____ _____ (dnid't ehva) you do your homework.

그녀는 너에게 너의 숙제를 하게 하지 않았다.

B 다음 그림에 알맞게 밑줄 친 부분을 바르게 고쳐 쓰시오.

(1) I <u>make</u> them eat cookies yesterday. → _____

(2) He doesn't <u>lets</u> us go outside in the morning. → _____

(3) I <u>had</u> them speak in English last week. → _____

C 다음 주어진 단어가 들어갈 알맞은 곳을 고르시오.

(1) I ① make ② you ③ clean ④ the room ⑤ at night. (didn't)

나는 너에게 밤에 그 방을 청소하게 하지 않았다.

(2) She ① let ② you ③ teach ④ English ⑤. (in the classroom)

그녀는 너에게 영어를 교실에서 가르치게 허락했다.

D 다음 〈보기〉에 있는 단어나 표현을 사용하여 우리말을 영어로 쓰시오.

〈 보기 〉

She	He	I	My dad
will not let	makes	made	didn't let
us	me	her	them
do my homework hard	eat pizza	wash her hands	run in the park

(1) 그녀는 우리들에게 공원에서 달리게 한다. → _____ .

(2) 나의 아빠는 나에게 나의 숙제를 열심히 하게 했다. → _____ .

(3) 그는 그들에게 피자를 먹는 것을 허락하지 않았다. → _____ .

(4) 나는 그녀에게 그녀의 손을 씻게 허락하지 않을 것이다. → _____ .

혼공개념 027 주어 + get/help + 목적어 + 동작

1 '주어 + get/help + 목적어 + 목적격보어' 문장에서 동사 get이나 help는 '~은(는) ~가 ~하게 한다 / ~하는 것을 도와준다'라는 뜻으로 쓰여요. 이때 '동작'을 나타내는 get의 목적격보어로는 'to + 동사원형'을 쓰지만, help의 목적격보어는 'to + 동사원형'과 '동사원형'을 모두 쓸 수 있어요. '주어 + get/help + 목적어 + 목적격보어' 문장은 과거형(got, helped), 진행형(be동사 + 일반동사 + ing), 미래형(will + 동사원형)으로 다양한 시간 표현을 할 수도 있지요.

I	+	get	+	him	+	to stand up	→	I get him to stand up.
주어(나는)		동사 (~하게 하다)		목적어 (그를)		목적격보어(일어서다)		나는 그가 일어서게 한다.

You help me cook. (너는 내가 요리하는 것을 도와준다.)   She got us to run. (그녀는 우리들이 달리게 했다.)
I am helping them to dance. (나는 그들이 춤추는 것을 도와주는 중이다.)
He will help you do your homework. (그는 네가 너의 숙제하는 것을 도와줄 것이다.)

2 '주어 + get/help + 목적어 + 목적격보어' 문장은 get이나 help 앞에 don't나 doesn't를 써서 부정할 수 있어요. 과거형을 부정할 때에는 get이나 help 앞에 didn't를 사용하고, 진행형을 부정할 때는 be동사 뒤에 not을, 미래형을 부정할 때에는 조동사 will 뒤에 not을 써요.

I	+	don't	+	get him to stand up	→	I don't get him to stand up.
주어(나는)		부정(아니다)		동사 + 목적어 + 목적격보어 (그가 일어서게 하다)		나는 그가 일어서게 하지 않는다.

I don't get her to cook. (나는 그녀가 요리하게 하지 않는다.)
We are not helping him to sing. (우리들은 그가 노래하는 것을 도와주는 중이 아니다.)
He will not help them study English. (그는 그들이 영어 공부하는 것을 도와주지 않을 것이다.)

 바로! 확인문제   **01** 다음 우리말에 알맞은 것을 고르고, 빈칸에 쓰시오.   정답과 해설 49쪽

(1) 나는 그가 일어서게 한다.

I get _____.

① to stand up him   ② him to stand up

(2) 너는 우리들이 요리하는 것을 도와준다.

You help _____.

① us to cook   ② to cook us

(3) 우리들은 그가 영어 공부를 하게 했다.

We _____ him to study English.

① got   ② get

(4) 그는 내가 춤추는 것을 도와주었다.

He _____ to dance.

① helps my   ② helped me

(5) 그들은 우리들이 노래하게 할 것이다.

They _____ to sing.

① will get us   ② get will us

(6) 나는 그녀가 그녀의 숙제를 하게 하지 않는다.

I _____ her to do her homework.

① don't get   ② get don't

(7) 그녀는 우리들이 영어로 말하는 것을 도와주지 않는다.

She _____ us to speak in English.

① doesn't help   ② don't help

(8) 그들은 네가 요리하게 하지 않았다.

They _____ to cook.

① don't get you   ② didn't get you

(9) 나의 엄마는 내가 사과들을 먹게 도와주는 중이 아니다.

My mom _____ me to eat apples.

① not is helping   ② is not helping

(10) 나는 네가 춤추게 하지 않을 것이다.

I will _____ to dance.

① not get you   ② get not you

바로! 확인문제

02 다음 그림에 알맞게 제시된 영단어를 배열하시오.

정답과 해설 49쪽

(1)

(to stand up / I / him / get)

_____

(2)

(me / helps / He / to cook)

_____

(3)

(was / helping / him / I / to do his homework)

_____

(4)

(help / dance / She / us / will)

_____

(5)

(doesn't / Tom / get / to go outside / us)

_____

(6)

(didn't / to stand up / I / him / get)

_____

(7)

(am / not / helping / I / you / to study)

_____

(8)

(help / to dance / us / She / will not)

_____

주어 + get/help + 목적어 + 동작 + 수식(부사/전치사구)

1 '주어 + get/help + 목적어 + 목적격보어' 문장에 '~하게'라는 뜻을 지닌 부사를 쓰거나 '시간, 장소, 위치'를 나타내는 전치사구를 사용하면 문장의 뜻을 더 다양하게 만들 수 있어요.

I	+	get him to stand up	+	fast	→	I get him to stand up fast.
주어(나는)		동사+목적어+목적격보어		부사(빠르게)		나는 그가 빠르게 일어서게 한다.
		(그가 일어서게 하다)				

I get you to study hard. (나는 네가 열심히 공부하게 한다.)
He got me to read a book at night. (그는 나에게 밤에 책을 읽게 했다.)
She is helping me to study English in the classroom.
(그녀는 내가 교실에서 영어 공부하는 것을 도와주는 중이다.)
He will get me to clean the room in the morning. (그는 내가 아침에 그 방을 청소하게 할 것이다.)

2 이 문장의 현재형 부정은 일반동사 앞에 don't나 doesn't를 써요. 과거형을 부정할 때에는 일반동사 앞에 didn't를 쓰고, 진행형을 부정할 때는 be동사 뒤에 not을, 미래형 문장을 부정할 때에는 조동사 will 뒤에 not을 써요.

I	+	don't	+	get him to stand up fast	→	I don't get him to stand up fast.
주어(나는)		부정(아니다)		동사 + 목적어 + 목적격보어 + 부사		나는 그가 빠르게 일어서게 하지 않는다.
				(그가 빠르게 일어서게 하다)		

I didn't get them to teach children in the classroom. (나는 그들이 아이들을 교실에서 가르치게 하지 않았다.)
She is not helping him cook in the kitchen. (그녀는 그가 부엌에서 요리하는 것을 도와주는 중이 아니다.)
He will not help me to learn English next year. (그는 내가 내년에 영어를 배우는 것을 도와주지 않을 것이다.)

바로! 확인문제 03 다음 우리말에 알맞은 것을 고르고, 빈칸에 쓰시오.

정답과 해설 49쪽

(1) 나는 네가 빠르게 일어서게 한다.
I get you _____.
① to stand up fast
② fast to stand up

(2) 너는 내가 열심히 영어 공부하는 것을 도와준다.
You help me _____.
① to study English hard
② hard to study English

(3) 그는 내가 벤치 위에서 사과들을 먹게 했다.
He got me to eat _____
_____.
① apples on the bench
② on the bench apples

(4) Tom은 그녀가 아침에 책을 읽는 것을 도와주는 중이다.
Tom is helping her read _____
_____.
① a book in the morning
② in the morning a book

(5) 나는 그가 방을 빠르게 청소하게 하지 않는다.

I _____ him to clean the room fast.

① don't get ② get don't

(6) 그는 내가 밤에 책을 읽는 것을 도와주지 않았다.

He _____ to read a book at night.

① didn't help me ② helps me doesn't

(7) 우리들은 그녀가 부엌에서 요리하는 것을 도와주는 중이 아니다.

We are _____ her to cook in the kitchen.

① not helping ② helping not

(8) 그들은 네가 교실에서 영어로 말하는 것을 도와주지 않을 것이다.

They will _____ speak in English in the classroom.

① help you to ② not help you

바로! 확인문제 04 다음 그림에 알맞게 제시된 영단어를 배열하시오.

정답과 해설 50쪽

(1)

(get / to clean the room / I / her)

_____

(2)

(helped / us / She / last week / to dance)

_____

(3)

(is helping / He / to read a book / her / in the morning)

_____

(4)

(will / get / He / in the room / her / to sleep)

_____

(5)

(don't / get / I / to dance / them / nicely)

_____

(6)

(She / us / help / didn't / yesterday / to use her computers)

_____

(7)

(are / helping / me / to cook / You / not / in the kitchen)

_____

(8)

(will / me / get / not / He / fast / to stand up)

_____

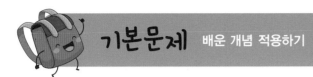

Ⓐ 다음 〈보기〉처럼 우리말에 알맞은 영단어를 빈칸에 쓰시오. (동사는 get이나 help를 쓸 것)

〈 보기 〉

나는 / ~하게 한다 / 그가 / 일어서게 → I / <u>get</u> / him / <u>to stand up</u> .

(1) 너는 / ~하게 한다 / 그녀가 / 요리하게 → You / _____ / her / _____ .

(2) 너는 / ~하게 도와준다 / 내가 / 춤추는 → You / _____ / me / to _____ .
　　　 것을

(3) 우리들은 / ~하게 할 것이다 / 그가 / 노 → We / _____ / him / _____ .
　　　 래하게

(4) 그녀는 / ~하게 하지 않는다 / 우리들에 → She / _____ / us / to clean the
　　　 게 / 방을 청소하게 / 빠르게 　　　 room / _____ .

(5) 그는 / ~하게 도와주는 중이 아니다 / → He / _____ / you / to study
　　　 네가 / 영어를 공부하게 / 열심히 　　　 English / _____ .

(6) 그들은 / ~하게 하지 않을 것이다 / 그 → They / _____ / her / to dance
　　　 녀에게 / 춤을 추게 / 밤에 　　　 / _____ .

Ⓑ 다음 〈보기〉처럼 우리말에 알맞은 영어 표현을 빈칸에 쓰시오. (동사는 get이나 help를 쓸 것)

〈 보기 〉

나는 그가 그 방을 청소하게 한다. → I <u>get him</u> to clean the room.

(1) 나는 그가 노래하게 한다.
　　　 → I _____ .

(2) 너는 우리들이 밤에 책을 읽게 했다.
　　　 → You _____ read a book at night.

(3) 그는 그녀가 요리하는 것을 도와주는 중이다.
　　　 → He _____ to cook.

(4) 그녀는 내가 손을 씻는 것을 도와줄 것이다.
　　　 → She _____ to wash my hands.

(5) 그들은 네가 너의 숙제를 하는 것을 도와주는 중이 아니다.
　　　 → They _____ to do your homework.

(6) 그는 내가 교실에서 달리게 하지 않을 것이다.
　　　 → He _____ to run in the classroom.

A 다음 우리말에 알맞게 괄호 안의 알파벳을 바르게 배열하여 빈칸에 쓰시오.

(1) She _____ _____ (oedtn's phle) us to cook.

그녀는 우리들이 요리하는 것을 도와주지 않는다.

(2) Tom _____ _____ _____ (llwi otn teg) her to go out at night.

Tom은 그녀가 밤에 밖에 나가게 하지 않을 것이다.

B 다음 그림에 알맞게 밑줄 친 부분을 바르게 고쳐 쓰시오.

(1) He <u>get</u> me to stand up fast. → _____

(2) She <u>helped</u> us dance. → _____

C 다음 주어진 단어가 들어갈 알맞은 곳을 고르시오.

(1) You ① are ② helping ③ them ④ to dance ⑤ nicely. (not)

너는 그들이 멋지게 춤을 추는 것을 도와주는 중이 아니다.

(2) We ① will ② get ③ you ④ to learn English ⑤. (next year)

우리들은 네가 내년에 영어를 배우게 할 것이다.

D 다음 〈보기〉에 있는 단어나 표현을 사용하여 우리말을 영어로 쓰시오.

〈 보기 〉

I	We	She	Tom
gets	didn't help	will not get	are helping
them	her	you	me
to read a book	to dance	to sing	cook
in the kitchen	in the park	last night	in the classroom

(1) 그녀는 내가 교실에서 책을 읽게 한다. → _____.

(2) 우리들은 네가 부엌에서 요리하는 것을 도와주는 중이다. → _____.

(3) Tom은 그들이 어젯밤에 춤추는 것을 도와주지 않았다. → _____.

(4) 나는 그녀가 공원에서 노래하게 하지 않을 것이다. → _____.

1 다음 단어의 우리말로 제시된 형태를 빈칸에 쓰시오.

(1) make – _____ (과거형)　　　　(2) have – _____ (미래형)

(3) get – _____ (과거형)　　　　(4) help – _____ (미래형)

2 다음 우리말과 일치하도록 알맞게 줄로 연결하시오.

(1) 나는 그녀에게 손을 씻게 한다. 　　　I ・　　・ had them ・　　・ use her computer.

(2) 그녀는 우리들에게 그녀의 컴퓨터를　She ・　　・ lets us 　　・　　・ wash her hands.
　　사용하게 허락한다.

(3) 너는 그들에게 영어로 말하게 했다. 　You ・　　・ make her ・　　・ speak in English.

3 다음 우리말에 알맞은 영단어를 빈칸에 쓰시오.

(1) I always make her _____. (나는 항상 그녀를 차분하게 한다.)

(2) She doesn't make _____ sad in front of me.
　　(그녀는 내 앞에서 그를 슬프게 하지 않는다.)

(3) You shouldn't make me _____. (너는 나를 배고프게 해서는 안 된다.)

4 다음 문장의 빈칸에 들어갈 수 있는 영단어 세 개를 〈보기〉에서 찾아 쓰시오.

〈 보기 〉

had　　　got　　　helped　　　made　　　told

Mr. Park _____ us to run in the playground.

_____, _____, _____

5 다음 주어진 단어가 들어갈 알맞은 곳을 고르시오.

(1) ① I ② let ③ Tom ④ go outside ⑤. (didn't)
　　나는 Tom이 밖으로 나가게 허락하지 않았다.

(2) He ① will ② me ③ clean ④ the room ⑤. (make)
　　그는 내가 그 방을 청소하게 할 것이다.

(3) They ① don't ② have ③ her ④ English ⑤ in the classroom. (teach)
　　그들은 그녀에게 교실에서 영어를 가르치게 하지 않는다.

6 다음 우리말에 알맞게 제시된 영단어를 배열하시오.

(1) 그는 그들을 부자가 되게 만들어야 한다. (He / them / make / rich / should)

→ _____ .

(2) 그것은 나를 지루하게 하지 않았다. (me / bored / make / It / didn't)

→ _____ .

7 다음 그림과 우리말에 알맞은 영단어를 빈칸에 쓰시오.

(1) 그는 우리들이 밖에 나가게 하지 않는다.

He _____ get us to go outside.

(2) 그녀는 우리들이 춤추는 것을 도와줄 것이다.

She _____ _____ us dance.

(3) 나는 그가 빠르게 일어서게 한다.

I get him to stand up _____ .

8 다음 〈보기〉처럼 주어진 문장을 고쳐 쓰시오.

〈 보기 〉
I get you to study hard.   →   I don't get you to study hard. (부정문)

(1) He helps me to study English.   → _____ . (부정문)

(2) She got me to read a book.   → _____ . (미래형)

9 다음 일기를 읽고, 알맞은 것을 〈보기〉에서 찾아 빈칸에 쓰시오.

〈 보기 〉
to cook   let   to wash   use   study

Sunday rules

There are rules on Sundays.

I should help my mom (1) _____ .

My dad makes my brother (2) _____ English.

He doesn't (3) _____ my brother (4) _____ his computer in the morning.

After lunch, my mom gets us (5) _____ our hands.

일요일에 지켜야 할 규칙들

일요일에는 규칙들이 있다.

나는 나의 엄마가 (1) 요리하는 것을 도와줘야 한다.

나의 아빠는 나의 남동생이 영어를 (2) 공부하게 한다.

그는 나의 남동생이 아침에 그의 컴퓨터를 (4) 사용하는 것을 (3) 허락하지 않는다.

점심 식사 후에, 나의 엄마는 우리들이 손을 (5) 씻도록 한다.

Part 5 - 공부할 내용 미리보기

바로! 확인문제 **02** 다음 그림에 알맞게 제시된 영단어를 배열하시오. 정답과 해설 52쪽

(1)

(you / Can / the festival / come / to)?

(2)

(come / Dreams / true)

❶ 동사 come, go, start, take의 정확한 뜻과 쓰임을 이해하고, 이 동사들을 활용하여 문장을 완성하는 공부를 할 거예요.

❷ 동사 talk, stop, watch(see), walk의 정확한 뜻과 쓰임을 이해하고, 이 동사들을 활용하여 문장을 완성하는 공부를 할 거예요.

❸ 동사 like, think, make, want의 정확한 뜻과 쓰임을 이해하고, 이 동사들을 활용하여 문장을 완성하는 공부를 할 거예요.

❹ 동사 ask, feel, get, play의 정확한 뜻과 쓰임을 이해하고, 이 동사들을 활용하여 문장을 완성하는 공부를 할 거예요.

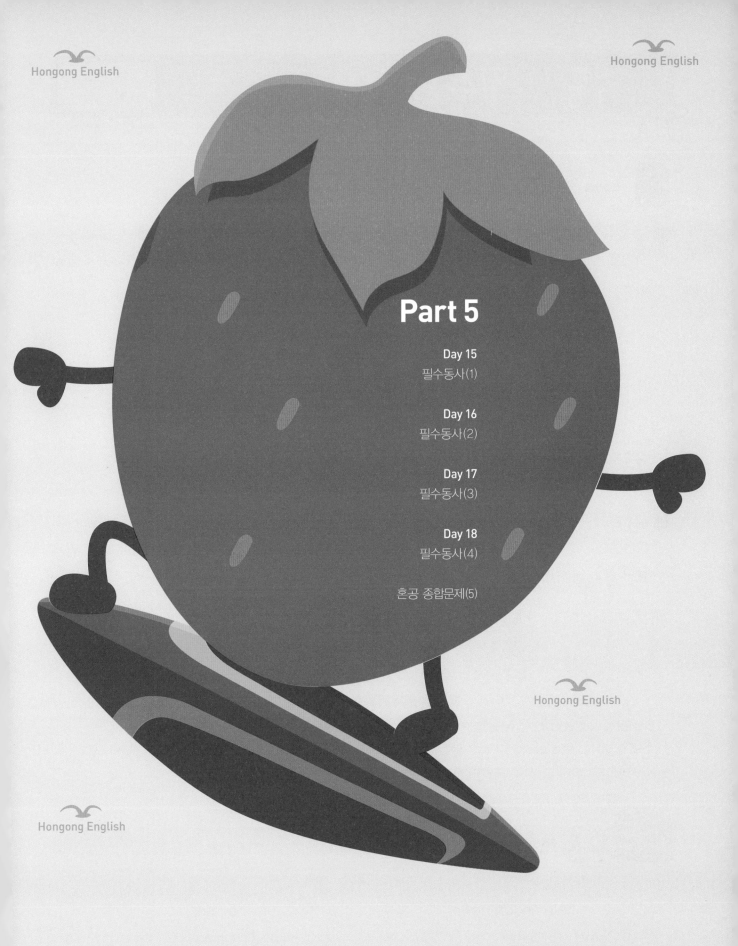

Part 5

Day 15 / 필수동사 (1)

월   일

 혼공개념 029   come 오다 / go 가다

1 come(오다)은 말하는 사람 쪽으로 이동하는 것을 표현할 때 쓰는 동사이고, 과거형은 came(왔다)이지요. 내 꿈이 이루어지지 않은 상태에서 이루어지는 상태로 변하는 것처럼 어떤 상태가 점점 바뀌는 것을 나타낼 때도 쓸 수 있어요.

Can you come   +   to the festival   →   Can you come to the festival?
너는 올 수 있니   그 축제에   너는 그 축제에 올 수 있니?

Come here and sit down. (여기에 와서 앉아.)   Tom came from Seoul. (Tom은 서울에서 왔다.)
Come to the front. (앞으로 와.)   Dreams come true. (꿈은 이루어진다.)

2 go(가다)는 상대방과 거리가 멀어질 때 쓸 수 있는 동사로 과거형은 went(갔다)이지요. '~로 가다'를 표현할 때는 by 다음에 교통수단을 쓸 수 있고, '~하러 가다'를 표현할 때는 'go -ing'를 써서 표현할 수 있어요.

      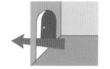   

Let's go   +   outside   →   Let's go outside
가자   밖으로   밖으로 나가자.

Where did you go? (너는 어디에 갔었니?)   I went on a trip. (나는 여행 갔었다.)
Let's go to the park. (그 공원으로 가자.)   I go to school by bus. (나는 버스로 학교에 간다.)
I went shopping with my mother. (나는 나의 어머니와 함께 쇼핑하러 갔다.)

바로! 확인문제   01   다음 우리말에 알맞은 것을 고르고, 빈칸에 쓰시오.

정답과 해설 52쪽

(1) 여기에 와서 앉아.

    _____ here and sit down.

    ① Come   ② Came

(2) 앞으로 와.

    _____ to the front.

    ① Come   ② Came

(3) 너는 그 파티에 올 수 있니?

    Can you _____ to the party?

    ① come   ② came

(4) 너는 몇 시에 왔니?

    What time did you _____?

    ① come   ② came

（5） 그는 그 축제에 왔다.

He _____ to the festival.

① come ② came

（6） 그녀는 캐나다에서 왔다.

She _____ from Canada.

① came ② will come

（7） 꿈은 이루어진다.

Dreams _____ true.

① come ② came

（8） 그 공원으로 가자.

Let's _____ to the park.

① go ② went

（9） 너는 그 파티에 갔었니?

Did you _____ to the party?

① go ② went

（10） 나는 여행 갔었다.

I _____ on a trip.

① go ② went

（11） 나는 버스로 학교에 간다.

I _____ to school by bus.

① go ② went

（12） 우리들은 보통 차로 간다.

We usually go _____ car.

① on ② by

（13） 그녀는 그녀의 어머니와 함께 쇼핑하러 갔다.

She _____ shopping with her mother.

① go ② went

（14） 그는 캠핑하러 갔다.

He went _____.

① camp ② camping

바로! 확인문제 **02** 다음 그림에 알맞게 제시된 영단어를 배열하시오. 정답과 해설 52쪽

（1）

(you / Can / the festival / come / to)?

_____

（2）

(come / Dreams / true)

_____

（3）

(go / outside / Let's)

_____

（4）

(from / came / Busan / She)

_____

（5）

(go / I / school / by / to / bus)

_____

（6）

(with / went / I / shopping / my mother)

_____

start 시작하다 / take 데리고 가다

1 start(시작하다)는 어떤 일을 시작하는 것을 표현할 때 쓰는 동사이고, 과거형은 started(시작했다)이 지요. '~하는 것을 시작하다'를 표현할 때는 'start to + 동사원형'과 'start + 동사 + -ing'를 모두 쓸 수 있어요.

Let's start
시작하자

+

the game
그 게임을

→

Let's start the game.
그 게임을 시작하자.

The party started at 9. (그 파티는 9시에 시작했다.)   She will start. (그녀는 시작할 것이다.)
The phone starts to ring. (전화가 울리기 시작한다.)   She started studying. (그녀는 공부하기 시작했다.)

2 take(데리고 가다)는 사람을 어디로 데리고 갈 때 쓰는 동사로, 물건의 경우에는 '가지고 가다'로 해석하고 과거형은 took(데리고 갔다)이지요. take는 다음에 오는 몇몇 단어들과 정해진 뜻을 가지기도 하는데, take 다음에 교통수단을 써서 '~을 타다'를 표현할 수 있어요.

I will take
나는 데리고 갈 것이다

+

him
그를

→

I will take him.
나는 그를 데리고 갈 것이다.

She took him to the hospital. (그녀는 그를 병원으로 데리고 갔다.)
I take a picture. (나는 사진을 찍는다.)   Take this medicine. (이 약을 먹어라.)
I take the subway to school. (나는 지하철을 타고 학교에 간다.)

바로! 확인문제 **03** 다음 우리말에 알맞은 것을 고르고, 빈칸에 쓰시오.   정답과 해설 53쪽

(1) 나는 시작할 것이다.
   I will _____.
   ① start   ② started

(2) 우리들은 언제 시작할 수 있니?
   When can we _____?
   ① start   ② started

(3) 그것은 월요일에 시작했다.
   It _____ on Monday.
   ① start   ② started

(4) 누가 게임을 시작했어?
   Who _____ the game?
   ① start   ② started

(5) 전화가 울리기 시작했다.
   The phone _____ to ring.
   ① start   ② started

(6) 나는 춤추기 시작한다.
   I start _____.
   ① dance   ② to dance

(7) 그는 공부하기 시작했다.

He _____ studying.

① start　② started

(8) 우리들은 노래하기 시작했다.

We started _____.

① sing　② singing

(9) 그들을 학교에 데리고 가라.

_____ them to school.

① Take　② Took

(10) 엄마는 나를 서울에 데리고 간다.

Mom _____ me to Seoul.

① takes　② took

(11) 누가 그것을 가지고 갔어?

Who _____ it?

① take　② took

(12) 나는 사진을 찍는다.

I _____ a picture.

① take　② took

(13) 주문하시겠습니까?

May I _____ your order?

① take　② took

(14) 너는 그 약을 먹었다.

You _____ the medicine.

① take　② took

(15) 나는 지하철을 타고 학교에 갔다.

I _____ the subway to school.

① take　② took

(16) 너는 택시를 타고 학교에 간다.

You take the _____ to school.

① by taxi　② taxi

바로! 확인문제 04 다음 그림에 알맞게 제시된 영단어를 배열하시오.

정답과 해설 53쪽

(1)

(the game / Let's / start)

_____

(2)　어제

(ring / started / The phone / to)

_____

(3)

(him / will / I / take)

_____

(4)　어제

(to / I / the bus / school / took)

_____

(5)　어제

(to / mom / the airport / took / My / me)

_____

(6)　어제

(a picture / started / They / take / to)

_____

A 다음 〈보기〉처럼 우리말과 그림에 알맞은 영단어를 빈칸에 쓰시오.

〈 보기 〉

너는 그 축제에 올 수 있니? → Can you <u>come</u> to the festival?

(1) 작년   Jane은 캐나다에서 왔다. → Jane _____ from Canada.

(2) 꿈은 이루어진다. → Dreams _____ true.

(3) 그 공원으로 가자. → Let's _____ to the park.

(4) 어제   나는 버스로 학교에 갔다. → I _____ to school _____ bus.

(5) 나는 나의 어머니와 함께 쇼핑하러 간다. → I _____ _____ with my mother.

(6) 그 게임을 시작하자. → Let's _____ the game.

(7) 어제   전화가 울리기 시작했다. → The phone _____ to ring.

(8) 어제   그는 울기 시작했다. → He _____ crying.

(9) 나는 그를 데리고 갈 것이다. → I will _____ him.

(10) 어제   나는 택시를 타고 학교에 갔다. I _____ the taxi to school.

A 다음 우리말에 알맞게 괄호 안의 알파벳을 바르게 배열하여 빈칸에 쓰시오.

(1) Dreams _____ (emoc) true.
꿈은 이루어진다.

(2) I _____ (twen) hiking with my father.
나는 나의 아버지와 하이킹을 하러 갔다.

(3) _____ (akte) this medicine.
이 약을 먹어라.

B 다음 그림에 알맞게 밑줄 친 부분을 바르게 고쳐 쓰시오.

(1) Can you came to the festival? → _____

(2) 어제
I went fish with my father. → _____

(3) May I took your order? → _____

C 다음 우리말에 알맞게 연결하시오.

(1) 그는 앞으로 왔다.   He   •   • went •   • at 1.

(2) 나는 여행 갔었다.   I   •   • took   •   • to the front.

(3) 그 게임은 1시에 시작한다.   The game •   • came   •   • me to Seoul.

(4) 나의 엄마는 나를 서울에 데리고 갔다.   My mom   •   • starts •   • on a trip.

D 다음 일기를 읽고, 밑줄 친 우리말에 알맞게 빈칸에 영단어를 쓰시오.

어제 (1) 나는 나의 가족과 함께 쇼핑하러 갔다. 예쁜 옷들을 고르다보니 다리가 아팠다. 아빠가 여동생과 나에게 (2) "여기에 와서 앉아."라고 말씀하셨다. 나는 앉아 있다가 반대편의 오락 기계를 발견해서 여동생에게 (3) "그 게임을 시작하자."라고 했다. 우리들은 열심히 게임을 했다. 우리들을 발견한 (4) 엄마가 우리들을 집에 데리고 갔다. 재미있는 하루였다.

(1) I _____ _____ with my family.   (2) _____ here and sit down.

(3) Let's _____ the game.   (4) My mom _____ us home.

혼공개념 031 talk 말하다 / stop 멈추다

1 talk(말하다)는 말하기를 표현할 때 쓰는 동사로 과거형은 talked(말했다)이지요. '~에게 말을 걸다' 라는 표현을 할 때는 'talk to + 사람'으로 쓰고, '~에 대해 말하다'는 'talk about + 말하려는 것'으로 쓸 수 있어요.

I can talk + quietly → I can talk quietly.
나는 말할 수 있다　　조용히　　나는 조용히 말할 수 있다.

I want to talk to you. (나는 너와 이야기하고 싶다.)
She talked to me last night. (그녀는 어젯밤에 나에게 말했다.)
My teacher talked about the test. (나의 선생님은 그 시험에 대해 말했다.)

2 stop(멈추다)은 하던 일을 멈추거나 중단하는 것을 표현할 때 쓰는 동사로 과거형은 마지막 자음 p를 한 번 더 쓴 다음 ed를 붙인 stopped(멈췄다)이지요. '~을(를) 멈출 수 없다, ~할 수밖에 없다' 라고 표현할 때는 'can't stop + 동사 + -ing'를 써서 표현할 수 있어요.

Let's stop + the car → Let's stop the car.
멈추자　　그 차를　　그 차를 멈추자.

I will stop and think. (나는 멈추고 생각할 것이다.)　　He stopped at the door. (그는 그 문에서 멈췄다.)
I can't stop eating. (나는 먹는 것을 멈출 수 없다.)
I couldn't stop studying. (나는 공부하는 것을 멈출 수 없었다.)

바로! 확인문제 01 다음 우리말에 알맞은 것을 고르고, 빈칸에 쓰시오.

정답과 해설 55쪽

(1) 나는 그녀와 이야기하고 싶다.

I want to _____ to her.

① talk　② talked

(2) 너는 그들에게 말할 수 있다.

You can _____ to them.

① talk　② talked

(3) 그는 나에게 크게 말한다.

He _____ to me loudly.

① talks　② talk

(4) 누가 너에게 말했니?

Who _____ to you?

① talk　② talked

(5) 내가 그녀에게 말할 수 있을까?

Can I _____ her?

① talk about　② talk to

(6) 나는 너에 대해 말했다.

I _____ you.

① talk about　② talked about

(7) 나의 엄마는 그 시험에 대해 말했다.

My mom _____ the test.

① talked to　② talked about

(8) 그는 그 축제에 대해 말할 수 있다.

He can _____ the festival.

① talk about　② talks about

(9) 우리들은 그 차를 멈췄다.

We _____ the car.

① stop　② stopped

(10) 그녀는 멈췄고 기다렸다.

She _____ and waited.

① stops　② stopped

(11) 너는 멈출 수 있니?

Can you _____?

① stop　② stopped

(12) 나는 달리는 것을 멈출 수 없다.

I _____ running.

① can't stop　② stop can't

(13) 그들은 먹는 것을 멈출 수 없다.

They _____.

① can't stop eat　② can't stop eating

(14) Tom은 춤추는 것을 멈출 수 없었다.

Tom _____ dancing.

① can't stop　② couldn't stop

바로! 확인문제　**02**　다음 그림에 알맞게 제시된 영단어를 배열하시오.　정답과 해설 55쪽

(1)

(talk / I / to / to / want / you)

_____

(2)

(talk / Can / loudly / you)?

_____

(3)

(yesterday / about / talked / You / the book)

_____

(4)

(stopped / I / the car)

_____

(5)

(can't / She / shopping / stop)

_____

(6)

(running / I / stop / can't)

_____

watch(see) 보다 / walk 걷다

1 watch(보다)는 관심 있는 것을 일정 시간 동안 계속 볼 때 쓰는 동사이고, 과거형은 watched(봤다) 이지요. see(보다)는 눈을 뜨고 있기 때문에 내 눈에 들어오는 것을 말할 때 쓰는 동사이고, 과거 형은 saw(봤다)이지요.

They were watching   +   TV   →   They were watching TV.
그들은 보고 있는 중이었다   TV를   그들은 TV를 보고 있는 중이었다.

We watched the play last night. (우리들은 어젯밤에 그 연극을 봤다.)
He will watch the show all day. (그는 하루 종일 그 쇼를 볼 것이다.)
I can't see anything. (나는 아무것도 볼 수 없다.)

2 walk(걷다)는 걷는 것을 표현할 때 쓰는 동사로 과거형은 walked(걸었다)이지요. walk 뒤에 사람이 나 사물이 오면 '바래다주다, 산책시키다'라는 뜻으로도 쓸 수 있어요.

I walk   +   to school   →   I walk to school.
나는 걸어가다   학교에   나는 학교에 걸어간다.

I walked slowly. (나는 천천히 걸었다.)   Can you walk? (너는 걸을 수 있니?)
She walks her puppy. (그녀는 그녀의 개를 산책시킨다.)

 03 다음 우리말에 알맞은 것을 고르고, 빈칸에 쓰시오.   정답과 해설 55쪽

(1) 나는 이 비디오를 보는 중이다.
    I'm _____ this video.
    ① watch ② watching

(2) 그녀는 매년 그 영화를 본다.
    She _____ the movie every year.
    ① watches ② watching

(3) 내가 TV를 봐도 될까?
    Can I _____ TV?
    ① watch ② watching

(4) 우리들은 어젯밤에 그 쇼를 봤다.
    We _____ the show last night.
    ① watching ② watched

(5) 나는 아무것도 볼 수 없다.
    I can't _____ anything.
    ① see ② saw

(6) 그는 나를 볼 수 있다.
    He can _____ me.
    ① see ② saw

(7) 너는 선생님을 봤니?

Did you _____ the teacher?

① see   ② seeing

(8) 그녀는 Tom을 봤다.

She _____ Tom.

① see   ② saw

(9) 나는 학교에 걸어간다.

I _____ to school.

① walk   ② walked

(10) 너는 빨리 걸을 수 있다.

You can _____ fast.

① walk   ② walking

(11) 우리들은 그렇게 멀리는 걸어갈 수 없다.

We can't _____ that far.

① walk   ② walked

(12) 우리 걸을까요?

Shall we _____?

① walk   ② walks

(13) 그는 빨리 걸었다.

He _____ fast.

① walks   ② walked

(14) 그녀는 그녀의 강아지를 산책시킨다.

She _____ her puppy.

① walk   ② walks

(15) 그들은 걸어서 그녀를 집까지 바래다주었다.

They _____ her home.

① walked   ② walking

(16) 우리들은 그 개를 하루종일 산책시킬 것이다.

We will _____ the dog all day.

① walk   ② walked

바로! 확인문제 **04** 다음 그림을 보고 영단어를 올바르게 배열하여 문장을 완성하시오.   정답과 해설 56쪽

(1)

(watching / We / TV / are)

_____

(2)

이 영화를 봐야지!   혼공 영화

(I / this movie / Can / watch)?

_____

(3)

(in the morning / him / Jane / saw)

_____

(4)

(see/ I / anything / can't)

_____

(5)

작년

(walked / last year / I / to school)

_____

(6)

어제

(I / yesterday / walked / my puppy)

_____

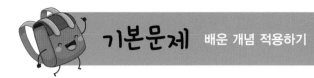
Ⓐ 다음 〈보기〉처럼 우리말에 알맞은 영단어를 빈칸에 쓰시오.

〈 보기 〉
> 나는 / ~할 수 있다 / ~에게 말하다 / 그녀 → I / can / <u>talk to</u> / her.

(1) 너는 / ~하고 싶다 / ~에게 말하다 / 나 → You / want to / _____ _____ / me.

(2) 그녀는 / ~에 대해 말했다 / 그 책 → She / _____ _____ / the book.

(3) 그는 / 멈췄다 / 그 문에서 → He / _____ / at the door.

(4) 나는 / 멈출 수 없다 / 공부하는 것을 → I / _____ _____ / _____.

(5) 우리들은 / ~를 보고 있는 중이었다 / TV를 → We / _____ _____ / TV.

(6) 그는 / 걸었다 / 천천히 → He / _____ / slowly.

Ⓑ 다음 〈보기〉처럼 우리말에 알맞은 영어 표현을 빈칸에 쓰시오.

〈 보기 〉
> 그는 어젯밤에 나에게 말했다. → He <u>talked to me</u> last night.

(1) 나의 선생님은 너에 대해 말했다.
   → My teacher _____.

(2) 그 차를 멈추자.
   → Let's _____.

(3) 그들은 춤추는 것을 멈출 수 없다.
   → They _____.

(4) 우리들은 하루 종일 그 쇼를 볼 것이다.
   → We _____ all day.

(5) 그들은 아무것도 볼 수 없다.
   → They _____.

(6) 나는 나의 개를 매일 산책시킨다.
   → I _____ every day.

A 다음 우리말에 알맞게 괄호 안의 알파벳을 바르게 배열하여 빈칸에 쓰시오.

(1) You _____ (tlakde) to her yesterday.

너는 그녀에게 어제 말했다.

(2) She _____ (pposdet) and waited.

그녀는 멈췄고 기다렸다.

(3) We will _____ (thwca) this video.

우리들은 이 비디오를 볼 것이다.

B 다음 그림에 알맞게 밑줄 친 부분을 바르게 고쳐 쓰시오.

(1) He <u>talked</u> to the book. → _____

(2) She can't stop <u>shop</u>. → _____

(3) I will <u>watching</u> the movie. → _____

C 다음 우리말에 알맞게 연결하시오.

(1) 너는 아무것도 볼 수 없다.   You   •   • watched •   • fast.

(2) 그 차를 멈추자.   Let's   •   • can't see •   • the car.

(3) 그녀는 영화를 한 편 봤다.   She   •   • stop •   • a movie.

(4) 나의 엄마는 빨리 걸었다.   My mom •   • walked •   • anything.

D 다음 일기를 읽고, 밑줄 친 우리말에 알맞은 영단어를 빈칸에 쓰시오.

나는 Sam과 친하다. 오늘은 Sam의 집에 놀러가기로 한 날이다. (1) 우리들은 Sam의 집에 걸어갔다. Sam의 집에는 처음 가서 긴장되었다. Sam의 집에 도착했을 때 (2) 우리들은 그 문에서 멈췄다. 벨을 누르니 Sam의 어머니께서 나와서 우리들을 반갑게 맞아주셨다. TV에서는 재미있는 쇼를 해서 (3) 우리들은 TV를 보았다. 쇼가 끝나니 아쉬움이 남아서 (4) 나는 그 쇼에 대해 말했다. 우리들이 대화를 하고 있을 때 Sam의 어머니께서 저녁을 해 주셔서 맛있게 먹고 집에 왔다. 다음에는 Sam을 우리 집으로 초대해야겠다.

(1) We _____ to Sam's house.   (2) We _____ at the door.

(3) We _____ TV.   (4) I talked _____ the show.

like 좋아하다 / think 생각하다

1 like(좋아하다)는 생활 속에서 좋아하는 것을 표현할 때 쓰는 동사이고, 과거형은 liked(좋아했다)이지요. like가 전치사로 쓰일 때는 '~처럼'이라는 뜻으로 쓰여요.

I like
나는 좋아하다

+

chicken
닭고기를

→

I like chicken.
나는 닭고기를 좋아한다.

You will like this restaurant. (너는 이 식당을 좋아할 것이다.)
Does she like chocolate cookies? (그녀는 초콜릿 쿠키를 좋아하나요?)
We liked reading. (우리들은 책 읽는 것을 좋아했다.)
The dog runs like the wind. (그 개는 바람처럼 달린다.)

2 think(생각하다)는 어떤 것에 대한 자신의 생각이나 의견을 나타낼 때 쓰는 동사이고, 과거형은 thought(생각했다)이지요. think about은 '~에 대해 생각하다'라는 표현으로 뒤에 생각하는 대상을 써요.

I think
나는 생각하다

+

it is delicious
그것은 맛있다

→

I think it is delicious.
나는 그것이 맛있다고 생각한다.

What do you think? (너는 어떻게 생각하니?)   I don't think so. (나는 그렇게 생각하지 않는다.)
They thought it was easy. (그들은 그것이 쉽다고 생각했다.)
Let's think about our plan. (우리들의 계획에 대해 생각해보자.)

이 다음 우리말에 알맞은 것을 고르고, 빈칸에 쓰시오.   정답과 해설 57쪽

(1) 그는 닭고기를 좋아한다.

He _____ chicken.

① like ② likes

(2) 너는 이 식당을 좋아할 것이다.

You will _____ this restaurant.

① like ② likes

(3) 너는 초콜릿 쿠키를 좋아하니?

Do you _____ chocolate cookies?

① like ② likes

(4) Mary는 책 읽는 것을 좋아했다.

Mary _____ reading.

① like ② liked

(5) 그 고양이는 바람처럼 달린다.

The cat runs _____ the wind.

① like ② likes

(6) 그들은 춤추고 노래하는 것을 좋아했다.

They _____ dancing and singing.

① like ② liked

(7) 그것은 바나나처럼 보인다.

It looks _____ a banana.

① like ② likes

(8) 그녀는 그것이 맛있다고 생각한다.

She _____ it is delicious.

① think ② thinks

(9) 너는 어떻게 생각하니?

What do you _____?

① think ② thinks

(10) 그것에 대해 생각해보자.

Let's _____ it.

① think ② think about

(11) 우리들은 그것이 비싸다고 생각한다.

We _____ it's expensive.

① think ② thought

(12) 그는 그것이 어렵다고 생각했다.

He _____ it was difficult.

① thinks ② thought

(13) 그들은 그 시험에 대해 생각했다.

They _____ the test.

① think about ② thought about

(14) 그는 그녀에 대해 생각한다.

He _____ her.

① thinks about ② thought about

바로! 확인문제 02 다음 그림에 알맞게 제시된 영단어를 배열하시오.

정답과 해설 57쪽

(1)

(you / Do / pizza / like)?

_____

(2)

(dancing / like / I)

_____

(3)

(walks / a duck / He / like)

_____

(4) 어제

(it was / thought / She / difficult)

_____

(5) 어제

(I / thought / delicious / it was)

_____

(6) 그렇게 생각 안 해

(think / I / so / don't)

_____

make 만들다 / want 원하다

1 make(만들다)는 만드는 작업을 표현할 때 쓰는 동사이고 과거형은 made(만들었다)이지요. 하지만 make the bed는 '침대를 만들다'라는 뜻이 아니고, '이부자리를 정리하다'라는 뜻이에요.

I will make
나는 만들 것이다

+

a sandwich
샌드위치를 만들다

→

I will make a sandwich.
나는 샌드위치를 만들 것이다.

He made a snowman. (그는 눈사람을 만들었다.)
She didn't make hamburgers. (그녀는 햄버거를 만들지 않았다.)
My dad is making dinner. (나의 아빠는 저녁을 만들고 있는 중이다.)
I made the bed this morning. (나는 오늘 아침에 이부자리를 정리했다.)

2 want(원하다)는 어떤 것을 원할 때 쓰는 동사이고 과거형은 wanted(원했다)이지요. want를 활용한 표현으로 'want to + 동사원형'은 '~을 하고 싶다'라는 뜻이고, 'want to be + 직업'은 '~이 되고 싶다'라는 뜻이에요.

Do you want
너는 원하니

+

some ice cream
아이스크림 좀

→

먹어볼래?

Do you want some ice cream?
아이스크림 좀 먹을래?

I want a new coat. (나는 새 코트를 갖고 싶어 한다.)
We wanted to travel abroad. (우리들은 해외로 여행을 가고 싶었다.)
He wants to be a docter. (그는 의사가 되고 싶다.)

바로! 확인문제 **03** 다음 우리말에 알맞은 것을 고르고, 빈칸에 쓰시오.

정답과 해설 58쪽

(1) 그녀는 샌드위치를 만들 것이다.
　　 She will _____ a sandwich.
　　 ① make ② makes

(2) 우리들은 눈사람을 만들었다.
　　 We _____ a snowman.
　　 ① make ② made

(3) Max는 저녁을 만들고 있는 중이다.
　　 Max is _____ dinner.
　　 ① make ② making

(4) 나는 오늘 아침에 이부자리를 정리했다.
　　 I _____ the bed this morning.
　　 ① make ② made

(5) 그는 햄버거를 만들지 않았다.
　　 He didn't _____ hamburgers.
　　 ① make ② made

(6) Jenny는 어제 그 초콜릿 케이크를 만들었다.
　　 Jenny _____ the chocolate cake yesterday.
　　 ① makes ② made

(7) 그녀는 오늘 아침에 이부자리를 정리했니?

Did she _____ the bed this morning?

① make   ② made

(8) 그들은 점심을 만드는 중이었다.

They were _____ lunch.

① made   ② making

(9) 아이스크림 좀 먹을래?

Do you _____ some ice cream?

① want   ② wants

(10) Mary는 새 코트를 갖고 싶어 한다.

Mary _____ a new coat.

① want   ② wants

(11) 그들은 해외로 여행을 가고 싶었다.

They _____ travel abroad.

① wanted   ② wanted to

(12) 그는 학교에 가고 싶지 않았다.

He didn't _____ go to school.

① want   ② want to

(13) 그녀는 유명한 요리사가 되고 싶었다.

She _____ be a famous cook.

① wants to   ② wanted to

(14) 너는 밖에 나가서 놀고 싶니?

Do you _____ play outside?

① want to   ② wants to

(15) 너는 무엇을 먹고 싶니?

What do you _____ eat?

① want   ② want to

(16) 그들은 떠나고 싶지 않았다.

They didn't _____ leave.

① want to   ② wanted to

바로!
확인문제 **04** 다음 그림에 알맞게 제시된 영단어를 배열하시오.   정답과 해설 58쪽

(1)

(you / make / this morning / Did / the bed)?

_____

(2)

(want to / We / play / outside)

_____

(3)

(a sandwich / I / made)

_____

(4)

(wanted to / be / I / a singer)

_____

(5)

(some / you / Do / ice cream / want)?

_____

(6)

(is / dinner / making / She)

_____

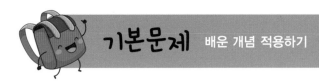

A 다음 〈보기〉처럼 우리말에 알맞은 영단어를 빈칸에 쓰시오.

〈 보기 〉
나는 / 좋아한다 / John을 → I / <u>like</u> / John.

(1) 우리들은 / 달린다 / 바람처럼 → We / run / _____ the wind.

(2) 그는 / ~에 대해 생각했다 / 우리들의 계획 → He / _____ _____ / our plan.

(3) 너는 / 만들었다 / 그 딸기 케이크를 → You / _____ / the strawberry cake.

(4) 그들은 / ~을 하고 싶어 한다 / 집에 가다 → They / _____ _____ / go home.

(5) Mark는 / ~가 되고 싶지 않았다 / 야구 선수 → Mark / _____ _____ to _____ / a baseball player.

(6) 그녀는 / ~을 좋아했다 / TV 보는 것 → She / _____ / watching TV.

B 다음 〈보기〉처럼 우리말에 알맞은 영어 표현을 빈칸에 쓰시오.

〈 보기 〉
그녀는 가수가 되고 싶다. → She <u>wants to be</u> a singer.

(1) 나는 어제 저녁을 만들지 않았다.

→ I _____ yesterday.

(2) 우리들은 그 시험에 대해 생각하지 않는다.

→ We _____ the test.

(3) 그들은 이 피자를 좋아할 것이다.

→ They _____ this _____.

(4) 그는 오늘 아침에 이부자리를 정리했니?

→ Did he _____ this morning?

(5) 나의 친구들은 그것이 비싸다고 생각한다.

→ My friends _____.

(6) Mary와 Jason은 무엇을 먹고 싶어하니?

→ What _____ Mary and Jason _____?

Ⓐ 다음 우리말에 알맞게 괄호 안의 알파벳을 바르게 배열하여 빈칸에 쓰시오.

(1) They _____ (anwedt) to be famous writers.
그들은 유명한 작가가 되고 싶었다.

(2) They look _____ (ikle) strawberries.
그것들은 딸기처럼 보인다.

(3) We _____ (toughth) it was difficult.
우리들은 그것이 어렵다고 생각했다.

Ⓑ 다음 그림에 알맞게 밑줄 친 부분을 바르게 고쳐 쓰시오.

(1) I want to am a singer. → _____

(2) I don't thought so. → _____

(3) Did you made the bed this morning? → _____

Ⓒ 다음 우리말에 알맞게 연결하시오.

(1) Lora는 그들의 계획에 대해 생각한다. Lora • • didn't like • • their plan.

(2) 그녀는 떠나고 싶다. She • • made • • a snowman.

(3) 그들은 책 읽는 것을 좋아하지 않았다. They • • wants to • • reading.

(4) 그는 눈사람을 만들었다. He • • thinks about • • leave.

Ⓓ 다음 일기를 읽고, 밑줄 친 우리말에 알맞은 영단어를 빈칸에 쓰시오.

(1) 오빠와 나는 TV 보는 것을 좋아한다. 그래서 함께 TV를 보는데 TV 화면에 맛있는 피자가 나왔다.
(2) 아빠는 저녁을 만드는 중이었다. 오빠가 물었다. "아빠, 오늘 저녁은 뭐예요?" 아빠가 물었다. (3) "너희
들은 무엇을 먹고 싶니?" 내가 대답했다. "피자요!" 그랬더니 아빠가 말씀하셨다. "오늘 저녁은 피자야." 우리
들은 너무 기뻤다. 엄마가 집에 오셨다. 우리들은 다함께 아빠가 만들어주신 피자를 먹었다. 엄마가 말했다.
(4) "나는 이것이 맛있다고 생각해." 나도 말했다. "세상에서 제일 맛있는 피자예요!"

(1) My brother and I _____ _____ TV.   (2) My dad was _____ _____.

(3) What do you _____ _____ _____?   (4) I _____ it's _____.

혼공개념 035 ask 묻다 / feel 느끼다

1 ask(묻다)는 상대방에게 질문하거나 무엇을 부탁 · 요청할 때 쓰는 동사이고, 과거형은 asked(물었다)이지요. ask for 뒤에 명사가 오면 '~을 요청하다'라는 표현으로 쓸 수 있어요.

Can I ask you
제가 당신에게 물어봐도 될까요

+

기린이 영어로 무엇인가요?

a question
질문을

→

기린이 영어로 무엇인가요?

Can I ask you a question?
제가 당신에게 질문해도 되나요?

I want to ask you something. (나는 너에게 뭔가 물어보고 싶다.)
He asked me about my sister. (그는 나에게 나의 여동생에 대해 물었다.)
We asked for help. (우리들은 도움을 요청했다.)

2 feel(느끼다)은 기분, 느낌, 의향 등을 표현할 때 쓰는 동사로 과거형은 felt(느꼈다)이지요. '~하고 싶다'라고 표현할 때는 'feel like + 동사 + -ing'를 써서 나타낼 수 있어요.

I feel
나는 느낀다

+

safe now
지금 안전한

→

범인이 잡혔다!

I feel safe now.
나는 지금 안전하다고 느낀다.

She felt so happy. (그녀는 정말 행복하다고 느꼈다.)
I don't feel good. (나는 몸이 좀 안 좋다.)
I feel like watching a movie. (나는 영화를 보고 싶다.)

바로! 확인문제

01 다음 우리말에 알맞은 것을 고르고, 빈칸에 쓰시오.

정답과 해설 60쪽

(1) 나는 너에게 뭔가 물어보고 싶다.

I want to _____ you something.

① ask ② asked

(2) 제가 당신에게 질문해도 되나요?

Can I _____ you a question?

① ask ② asked

(3) "이것은 무엇인가요?" 그녀가 물었다.

"What is this?" she _____.

① ask ② asked

(4) 그는 나에게 나의 아빠에 대해 물었다.

He _____ me about my dad.

① ask ② asked

(5) 제가 당신에게 부탁 좀 해도 될까요?

Can I _____ you a favor?

① ask   ② asked

(6) 우리들은 피자를 더 달라고 요청했다.

We _____ more pizza.

① asked for   ② for asked

(7) 그녀는 도움을 요청했다.

She _____ help.

① ask for   ② asked for

(8) John은 물 한 잔을 요청했다.

John _____ a glass of water.

① asked   ② asked for

(9) 그는 지금 안전하다고 느낀다.

He _____ safe now.

① feel   ② feels

(10) 나는 정말 행복하다고 느꼈다.

I _____ so happy.

① feel   ② felt

(11) Tom은 몸이 좀 안 좋다.

Tom doesn't _____ good.

① feel   ② felt

(12) 그들은 안전하다고 느끼지 않았다.

They didn't _____ safe.

① feel   ② felt

(13) 나는 산책하고 싶다.

I _____ going for a walk.

① feel like   ② felt like

(14) 나는 공부하고 싶다.

I feel like _____.

① study   ② studying

정답과 해설 60쪽

 02 다음 그림에 알맞게 제시된 영단어를 배열하시오.

(1)

(ask you / Can / a question / I)?

_____

(2)

(a favor / Can / ask you / I)?

_____

(3)

(a glass of / asked for / I / water)

_____

(4)

(now / I / safe / feel)

_____

(5)

(I / watching / feel like / a movie)

_____

(6)

(don't / feel like / I / studying)

_____

get 얻다 / play 놀다

1 get(얻다)는 나에게 어떤 것이 '생긴다, 들어온다'는 표현을 할 때 쓰는 동사이고, 과거형은 got(얻었다)이지요. '~을 이해하다'라는 뜻으로도 쓰여요.

 + →

I got   +   a new coat   →   I got a new coat.
나는 얻었다(샀다)   새 코트를   나는 새 코트를 얻었다(샀다).

Where did you get it? (너는 그것을 어디서 샀니?)
She got a birthday present. (그녀는 생일 선물을 받았다.)
I didn't get the joke. (나는 그 농담을 이해하지 못했다.)   I got a good idea. (나는 좋은 생각이 났다.)

2 play (놀다)는 친구와 놀고, 운동을 하고, 악기를 연주하는 것을 모두 표현할 수 있는 동사로, 과거형은 played (놀았다)이지요. play 뒤에 운동 이름을 쓰면 '~운동을 하다'라는 표현이 되고, play 뒤에 악기 이름을 쓰면 '악기 연주를 하다'라는 표현이 돼요. 보통 악기 이름 앞에는 the를 써야 해요.

 + →

Let's play   +   outside   →   Let's play outside.
놀자   밖에서   밖에서 놀자.

I wanted to play with them. (나는 그들과 놀고 싶었다.)
We are playing badminton. (우리들은 배드민턴을 하고 있는 중이다.)
I can't play the violin. (나는 바이올린을 연주할 수 없다.)

바로! 확인문제 **03** 다음 우리말에 알맞은 것을 고르고, 빈칸에 쓰시오.   정답과 해설 60쪽

(1) 나는 새 코트를 샀다.

I _____ a new coat.

① get ② got

(2) Tom은 그것을 어디서 샀니?

Where did Tom _____ it?

① get ② got

(3) 그들은 오늘 새 책을 얻는다.

They _____ a new book today.

① get ② got

(4) 나는 좋은 생각이 났다.

I _____ a good idea.

① get ② got

(5) 나는 이제 그것을 이해한다.

I _____ it now.

① get ② got

(6) 너는 그것을 이해했니?

Did you _____ it?

① get ② got

(7) 그는 오늘 새로운 직장을 얻는다.

He _____ a new job today.

① get ② gets

(8) 그녀는 생일 선물을 받았다.

She _____ a birthday present.

① gets ② got

(9) 밖에서 놀자.

Let's _____ outside.

① play ② played

(10) 그는 항상 우리들과 놀았다.

He always _____ with us.

① plays ② played

(11) 그녀는 나의 친구들과 놀고 있는 중이다.

She is _____ with my friends.

① plays ② playing

(12) 너는 야구를 할 수 있니?

Can you _____ baseball?

① play ② played

(13) 우리들은 배드민턴을 하고 있는 중이다.

We _____ badminton.

① play ② are playing

(14) 나는 그들과 놀고 싶었다.

I wanted to _____ with them.

① play ② played

(15) 나는 바이올린을 연주할 수 있다.

I can _____ the violin.

① play ② played

(16) 나는 피아노를 연주할 수 없다.

I can't play _____.

① piano ② the piano

바로! 확인문제 04 다음 그림에 알맞게 제시된 영단어를 배열하시오. 정답과 해설 61쪽

(1)

(it / don't / get / I)

_____

(2) 어제

(a new coat / I / got)

_____

(3) 그 책 어디서 샀니?

(did / Where / get / it / you)?

_____

(4)

(outside / play / Let's)

_____

(5)

(can / piano / I / play / the)

_____

(6) 꼬마야! 너 축구할 수 있니?

(you / Can / soccer / play)?

_____

Ⓐ 다음 〈보기〉처럼 우리말에 알맞은 영단어를 빈칸에 쓰시오.

〈 보기 〉

나는 / 얻었다(샀다) / 새 코트를 → I / got / a new coat.

(1) 그녀는 / 받는다 / 생일 선물을 / 지금 → She / _____ / a birthday _____ now.

(2) 그는 / 얻었다 / 좋은 생각을 → He / _____ / a good _____.

(3) 너는 / 이해했니 / 그것을? → Did / you / _____ / _____?

(4) 놀자 / 밖에서 → Let's _____ / _____.

(5) 나는 / 야구를 했다 / 어제 → I / _____ baseball / _____.

(6) 우리들은 / 연주할 수 있다 / 피아노를 → We / can _____ / _____ _____.

Ⓑ 다음 〈보기〉처럼 우리말에 알맞은 영어 표현을 빈칸에 쓰시오.

〈 보기 〉

나는 그것을 이해하지 못한다. → I don't get it.

(1) 너는 그것을 어디서 샀니? → Where did _____?

(2) 그는 새로운 직장을 얻었다. → He _____ a _____.

(3) 나는 이제 그것을 이해한다. → I _____.

(4) 너는 축구를 할 수 있니? → Can _____?

(5) 나는 그들과 놀고 싶었다. → I _____ with them.

(6) 그는 바이올린 연주를 할 수 없다. → He _____.

A 다음 우리말에 알맞게 괄호 안의 알파벳을 바르게 배열하여 빈칸에 쓰시오.

(1) She _____ (edska) for more pizza.
그녀는 피자를 더 달라고 요청했다.

(2) I _____ (lefe) so happy.
나는 정말 행복하다고 느낀다.

(3) Can you _____ (alyp) soccer?
너는 축구를 할 수 있니?

(4) Did you _____ (teg) it?
너는 그것을 이해했니?

B 다음 그림에 알맞게 밑줄 친 부분을 바르게 고쳐 쓰시오.

(1) Can I you ask a question? → _____

(2) I feel like watch a movie. → _____

(3) I can play piano. → _____

C 다음 우리말에 알맞게 연결하시오.

(1) 그녀는 우유 한 잔을 요청했다.   She •   • asked for •   • the joke.

(2) 나는 공부하고 싶다.   I •   • played •   • with us.

(3) 그들은 그 농담을 이해했다.   They •   • got •   • studying.

(4) Tom은 우리들과 놀았다.   Tom •   • feel like •   • a glass of milk.

D 다음 일기를 읽고, 밑줄 친 우리말에 알맞은 영단어를 빈칸에 쓰시오.

(1)나는 어제 야구를 했다. 그래서 (2)나는 공부하고 싶지 않았다. 신나는 것이 없을까 하고 돌아보는 순간 아버지께서 장바구니 가득 맛있는 간식거리들을 사오셨다. "이것은 무엇인가요?" (3)내 여동생이 물었다. 이때 (4)나는 좋은 생각이 났다. 아버지께서 사온 간식거리로 과자집을 만들어 보는 것이었다. 우리 가족은 함께 과자집을 만들며 즐거운 시간을 보냈다.

(1) I _____ _____ yesterday.

(2) I didn't _____ _____ studying.

(3) My sister _____.

(4) I _____ a good idea.

1 다음 단어의 우리말로 제시된 형태를 빈칸에 쓰시오.

(1) come – _____ (왔다)　　　　(2) go – _____ (갈 것이다)

(3) take – _____ (데리고 갔다)　　(4) stop – _____ (멈출 수 있다)

2 다음 우리말에 알맞은 동사를 찾아 연결하고, 완성된 문장을 다시 쓰시오.

(1) Can you _____ ?　　　　•　　• see　　→ _____.

(너는 걸을 수 있니?)

(2) I can't _____ anything.　•　　• walk　　→ _____?

(나는 아무것도 볼 수 없다.)

(3) We will _____ the show.　•　　• watch　→ _____.

(우리들은 그 쇼를 볼 것이다.)

3 다음 우리말에 알맞은 영단어를 빈칸에 쓰시오.

(1) I go to school _____ _____. (나는 버스로 학교에 간다.)

(2) James _____ _____ her. (James는 그녀에 대해 말했다.)

(3) _____ _____ the front. (앞으로 와.)

4 다음 〈보기〉에서 동사의 과거형 세 개를 골라 빈칸에 쓰시오.

〈 보기 〉
| went | want | stopped | think | felt |

_____, _____, _____

5 다음 우리말에 알맞게 주어진 단어의 형태를 바꾸어 빈칸에 쓰시오.

(1) She went _____ with her family. (hike)

그녀는 그녀의 가족과 함께 하이킹하러 갔다.

(2) They started _____. (dance)

그들은 춤추기 시작했다.

(3) I can't stop _____. (eat)

나는 먹는 것을 멈출 수 없다.

6 다음 우리말에 알맞게 제시된 영단어를 배열하시오.

(1) 그녀는 새 코트를 샀다. (got / coat / a / She / new)

→ _____.

(2) 나는 그 농담을 이해하지 못했다. (the / didn't / joke / I / get)

→ _____.

(3) 너는 바이올린 연주를 할 수 없다. (You / violin / play / can't / the)

→ _____.

7 다음 그림과 우리말에 알맞은 영단어를 빈칸에 쓰시오.

(1) 제가 당신에게 질문해도 되나요?

Can I _____ you a question?

(2) 나는 지금 안전하다고 느낀다.

I _____ safe now.

(3) 나는 영화를 보고 싶다.

I feel like _____ a movie.

8 다음 〈보기〉처럼 주어진 문장을 고쳐 쓰시오.

〈 보기 〉

We like dancing. → We liked dancing. (과거형)

(1) I want to travel abroad.   → _____. (과거형)

(2) He made a snowman.   → _____. (미래형)

9 다음 일기를 읽고, 알맞은 단어를 〈보기〉에서 찾아 빈칸에 쓰시오.

〈 보기 〉

watched   play   talked   came   took

My best friend, Sam

I have a best friend.

His name is Sam.

He (1) _____ from Seoul.

He can (2) _____ the piano.

After school, Sam (3) _____ me to his house.

We (4) _____ about our class.

We (5) _____ a movie in the living room.

I had a great day.

나의 가장 친한 친구, Sam

나에게는 가장 친한 친구가 있다.

그의 이름은 Sam이다.

그는 서울에서 (1) 왔다.

그는 피아노를 (2) 연주할 수 있다.

학교가 끝나고, Sam은 나를 그의 집에 (3) 데려갔다.

우리들은 우리들의 반에 대해서 (4) 이야기했다.

우리들은 거실에서 영화도 한 편 (5) 보았다.

나는 멋진 하루를 보냈다.

Part 6 – 공부할 내용 미리보기

번호	그림과 우리말	영어문장 3회 쓰기
001	 나는 학생이 아니다. [61쪽 바로! 확인문제 02 (1)]	

❶ Part 6은 이 책에 수록되어 있는 **중요한 영어문장을 다시 한번 확인하고 복습**할 수 있도록 구성되어 있어요.

❷ 1일 20개씩, 5일 동안 **총 100개의 문장**을 세 번씩 써 보도록 하였고, 해당 문장의 출처도 표시해 두었으므로 **최종 마무리 학습**으로 활용해 보세요.

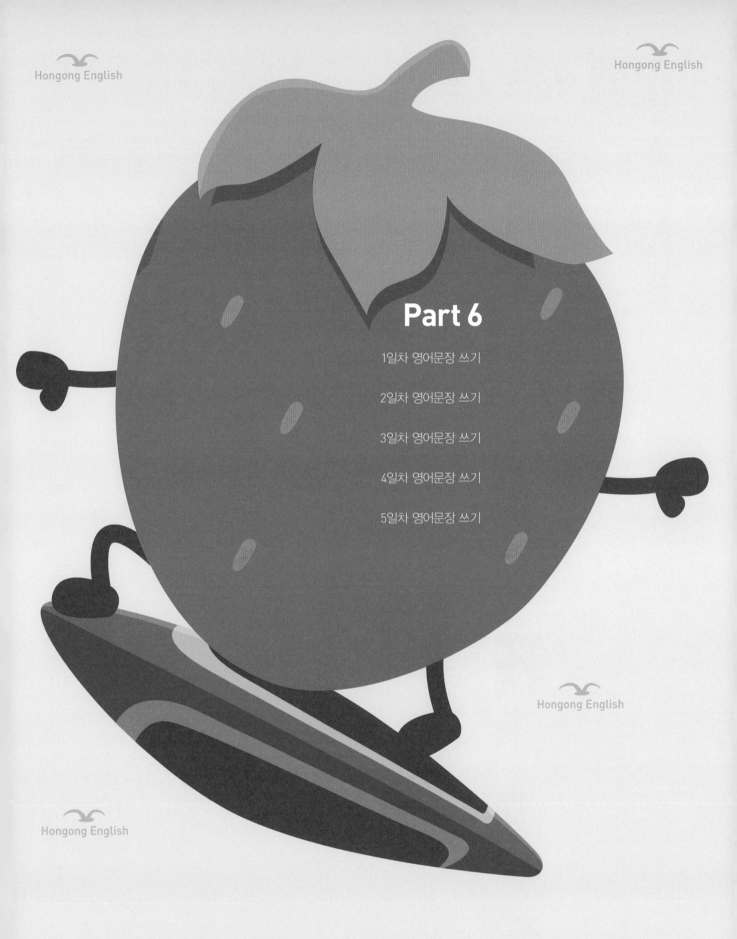

Part 6

1일차 영어문장 쓰기 (다음 그림과 우리말에 알맞은 영어문장을 3회씩 써 보세요.)

번호	그림과 우리말	영어문장 3회 쓰기
001	 나는 학생이 아니다. [61쪽 바로! 확인문제 02 (1)]	
002	 너는 간호사였다. [61쪽 바로! 확인문제 02 (2)]	
003	 나는 선생님이 될 것이다. [61쪽 바로! 확인문제 02 (3)]	
004	 그녀는 가수가 되지 않을 것이다. [61쪽 바로! 확인문제 02 (4)]	
005	 나는 행복하다. [63쪽 바로! 확인문제 04 (1)]	
006	 그는 키가 크지 않다. [63쪽 바로! 확인문제 04 (2)]	

번호	그림과 우리말	영어문장 3회 쓰기
007	작년 너는 강하지(힘이 세지) 않았다. [63쪽 바로! 확인문제 04 (3)]	
008	힘들지 않아! 나는 절대 피곤하지 않다. [63쪽 바로! 확인문제 04 (5)]	
009	그녀는 항상 행복하다. [63쪽 바로! 확인문제 04 (6)]	
010	노래 안 들어! 너는 듣지 않는다. [67쪽 바로! 확인문제 02 (2)]	
011	어제 Suzy는 달리지 않았다. [67쪽 바로! 확인문제 02 (4)]	
012	어제 나는 일어나지 않았다. [67쪽 바로! 확인문제 02 (6)]	
013	그녀는 8시에 일어난다. [69쪽 바로! 확인문제 04 (1)]	

번호	그림과 우리말	영어문장 3회 쓰기
014	어제 그는 열심히 춤추었다. [69쪽 바로! 확인문제 04 (2)]	
015	나는 밤에 잠을 잔다. [69쪽 바로! 확인문제 04 (3)]	
016	항상 조깅하네! 그는 항상 조깅한다. [69쪽 바로! 확인문제 04 (4)]	
017	어제 너는 행복하게 들었다. [69쪽 바로! 확인문제 04 (6)]	
018	그녀는 행복하게 노래 부르는 중이다. [69쪽 바로! 확인문제 04 (8)]	
019	어제 나는 그 방을 청소했다. [73쪽 바로! 확인문제 02 (2)]	
020	그는 사과들을 먹고 있는 중이다. [73쪽 바로! 확인문제 02 (3)]	

| 공부한 날 :　월　일 | | 정답과 해설 63쪽 |

번호	그림과 우리말	영어문장 3회 쓰기
021	그녀는 영어를 가르치지 않을 것이다. [73쪽 바로! 확인문제 02 (7)]	
022	그녀는 아이들을 가르치고 있는 중이 아니다. [73쪽 바로! 확인문제 02 (8)]	
023	나는 그 방을 어제 청소했다. [75쪽 바로! 확인문제 04 (1)]	
024	그는 지금 사과들을 먹고 있는 중이 아니다. [75쪽 바로! 확인문제 04 (4)]	
025	나는 그 방을 빨리 청소하고 있는 중이다. [75쪽 바로! 확인문제 04 (5)]	
026	그녀는 내일 아이들을 가르칠 것이다. [75쪽 바로! 확인문제 04 (2)]	

번호	그림과 우리말	영어문장 3회 쓰기
027	그녀는 교실에서 영어를 가르치고 있는 중이다. [75쪽 바로! 확인문제 04 (8)]	
028	나는 그에게 책 한 권을 준다. [79쪽 바로! 확인문제 02 (1)]	
029	너는 나에게 편지 한 통을 보내준다. [79쪽 바로! 확인문제 02 (3)]	
030	그녀는 그에게 책 한 권을 주지 않았다. [79쪽 바로! 확인문제 02 (4)]	
031	그녀는 우리들에게 영어를 가르쳐주지 않을 것이다. [79쪽 바로! 확인문제 02 (5)]	
032	나의 아빠는 나에게 아이스크림 한 개를 사 주셨다. [79쪽 바로! 확인문제 02 (6)]	
033	우리들은 그녀에게 그 이야기를 말해주지 않았다. [79쪽 바로! 확인문제 02 (8)]	

번호	그림과 우리말	영어문장 3회 쓰기
034	어제 나의 엄마는 부엌에서 나에게 그 이야기를 말해 주는 중이었다. [81쪽 바로! 확인문제 04 (3)]	
035	A B C 그녀는 여기에서 그들에게 영어를 가르치는 중이다. [81쪽 바로! 확인문제 04 (4)]	
036	어제 Suzy는 어제 나에게 편지 한 통을 주었다. [81쪽 바로! 확인문제 04 (5)]	
037	혼공쌤 O 너는 나를 슬프게 한다(만든다). [89쪽 바로! 확인문제 02 (1)]	
038	그녀는 그들을 배고프게 하지(만들지) 않는다. [89쪽 바로! 확인문제 02 (3)]	
039	이거 읽어야 똑똑해져! 그는 그녀를 똑똑하게 해야(만들어야) 한다. [89쪽 바로! 확인문제 02 (6)]	
040	지루해! 그 영화는 우리들을 지루하게 했다(만들었다). [89쪽 바로! 확인문제 02 (7)]	

| 공부한 날 :   월   일 |

번호	그림과 우리말	영어문장 3회 쓰기
041	나는 그를 배고프게 해서는(만들어서는) 안 된다. [89쪽 바로! 확인문제 02 (8)]	
042	너는 나를 그 식당에서 화나게 했다(만들었다). [91쪽 바로! 확인문제 04 (1)]	
043	내가 항상 그녀를 차분하지 않게 하는(만드는) 것은 아니다. [91쪽 바로! 확인문제 04 (2)]	
044	그녀는 그를 내 앞에서 슬프게 했다(만들었다). [91쪽 바로! 확인문제 04 (3)]	
045	너는 보통 나를 행복하게 한다(만든다). [91쪽 바로! 확인문제 04 (8)]	
046	나는 그녀에게 그녀의 손을 씻게 한다(만든다). (make) [95쪽 바로! 확인문제 02 (1)]	

번호	그림과 우리말	영어문장 3회 쓰기
047	그녀는 우리들에게 그 컴퓨터들을 사용하도록 허락한다. [95쪽 바로! 확인문제 02 (2)]	
048	그들은 나에게 영어 공부를 하도록 하지 않는다. (have) [95쪽 바로! 확인문제 02 (5)]	
049	그는 우리들에게 밖으로 나가도록 허락하지 않는다. [95쪽 바로! 확인문제 02 (6)]	
050	그는 우리들에게 영어로 말하도록 하지(만들지) 않았다. (make) [95쪽 바로! 확인문제 02 (7)]	
051	나는 그에게 그의 숙제를 열심히 하도록 했다(만들었다). (make) [97쪽 바로! 확인문제 04 (1)]	
052	그녀는 그들에게 교실에서 영어로 말하도록 했다. (have) [97쪽 바로! 확인문제 04 (2)]	
053	나는 그녀에게 그녀의 손을 빨리 씻으라고 하지(만들지) 않았다. (make) [97쪽 바로! 확인문제 04 (6)]	

번호	그림과 우리말	영어문장 3회 쓰기
054	어제 그녀는 어제 우리들에게 그 컴퓨터들을 사용하라고 허락하지 않았다. [97쪽 바로! 확인문제 04 (7)]	
055	일어서! 나는 그가 일어서게 한다. (get) [101쪽 바로! 확인문제 02 (1)]	
056	도와줄게! 그는 내가 요리하는 것을 도와준다. [101쪽 바로! 확인문제 02 (2)]	
057	어제 나는 그가 그의 숙제를 하는 것을 도와주는 중이었다. [101쪽 바로! 확인문제 02 (3)]	
058	그녀는 우리들이 춤추는 것을 도울 것이다. [101쪽 바로! 확인문제 02 (4)]	
059	나가지 마! Tom은 우리들이 밖으로 나가게 하지 않는다. (get) [101쪽 바로! 확인문제 02 (5)]	
060	지난주 도와줄게! 그녀는 우리들이 지난주에 춤추는 것을 도와주었다. [103쪽 바로! 확인문제 04 (2)]	

| 공부한 날 : 월 일 | | 정답과 해설 63쪽 |

번호	그림과 우리말	영어문장 3회 쓰기
061	그는 그녀가 방에서 자게 할 것이다. (get) [103쪽 바로! 확인문제 04 (4)]	
062	그녀는 어제 우리들이 그녀의 컴퓨터들을 사용하도록 도와주지 않았다. [103쪽 바로! 확인문제 04 (6)]	
063	너는 부엌에서 내가 요리하는 것을 도와주는 중이 아니다. [103쪽 바로! 확인문제 04 (7)]	
064	그는 내가 빨리 일어서게 하지 않을 것이다. (get) [103쪽 바로! 확인문제 04 (8)]	
065	Jane은 캐나다에서 왔다. [114쪽 기본문제 (1)]	
066	꿈은 이루어진다. [114쪽 기본문제 (2)]	

번호	그림과 우리말	영어문장 3회 쓰기
067	가자! **그 공원으로 가자.** [114쪽 기본문제 (3)]	
068	어제 **나는 버스로 학교에 갔다.** [114쪽 기본문제 (4)]	
069	어제 **나는 나의 어머니와 함께 쇼핑하러 갔다.** [111쪽 바로! 확인문제 02 (6)]	
070	start 시작하자! **그 게임을 시작하자.** [113쪽 바로! 확인문제 04 (1)]	
071	**나는 그를 데리고 갈 것이다.** [113쪽 기본문제 (3)]	
072	어제 **나는 택시를 타고 학교에 갔다.** [114쪽 기본문제 (10)]	
073	너한테 말 얘기가 있어. **나는 너와 이야기 하고 싶다.** [117쪽 바로! 확인문제 02 (1)]	

번호	그림과 우리말	영어문장 3회 쓰기
074	너는 어제 그 책에 대해 말했다. [117쪽 바로! 확인문제 02 (3)]	
075	나는 그 차를 멈췄다. [117쪽 바로! 확인문제 02 (4)]	
076	그녀는 쇼핑하는 것을 멈출 수 없다. [117쪽 바로! 확인문제 02 (5)]	
077	나는 달리는 것을 멈출 수 없다. [117쪽 바로! 확인문제 02 (6)]	
078	우리들은 TV를 보는 중이다. [119쪽 바로! 확인문제 04 (1)]	
079	나는 아무것도 볼 수 없다. [119쪽 바로! 확인문제 04 (4)]	
080	나는 작년에 학교에 걸어갔다. [119쪽 바로! 확인문제 04 (5)]	

| 공부한 날 : 　월　　일 |

번호	그림과 우리말	영어문장 3회 쓰기
081	어제 나는 어제 내 강아지를 산책시켰다(걷게 했다). [119쪽 바로! 확인문제 04 (6)]	
082	너는 피자를 좋아하니? [123쪽 바로! 확인문제 02 (1)]	
083	어제 그녀는 그것이 어렵다고 생각했다. [123쪽 바로! 확인문제 02 (4)]	
084	어제 나는 그것이 맛있다고 생각했다. [123쪽 바로! 확인문제 02 (5)]	
085	오늘 아침 너는 아침에 이부자리를 정리했니? [125쪽 바로! 확인문제 04 (1)]	
086	놀자! 우리들은 밖에서 놀고 싶다. [125쪽 바로! 확인문제 04 (2)]	

번호	그림과 우리말	영어문장 3회 쓰기
087	어제 나는 샌드위치를 만들었다. [125쪽 바로! 확인문제 04 (3)]	
088	작년 나는 가수가 되고 싶었다. [125쪽 바로! 확인문제 04 (4)]	
089	먹어볼래? (너는) 아이스크림 좀 먹을래? (want) [125쪽 바로! 확인문제 04 (5)]	
090	저녁 6시 포르륵 그녀는 저녁을 만들고 있는 중이다. [125쪽 바로! 확인문제 04 (6)]	
091	기린이 영어로 무엇인가요? 제가 당신에게 질문(하나)해도 되나요? [129쪽 바로! 확인문제 02 (1)]	
092	저것 좀 꺼내줄래? 제가 당신에게 부탁(하나)해도 되나요? [129쪽 바로! 확인문제 02 (2)]	
093	물 한 잔 주세요! 어제 나는 물 한잔을 요청했다. [129쪽 바로! 확인문제 02 (3)]	

번호	그림과 우리말	영어문장 3회 쓰기
094	범인이 잡혔다! 나는 지금 안전하다고 느낀다. [129쪽 바로! 확인문제 02 (4)]	
095	CINEMA 나는 영화(한 편)를 보고 싶다. (feel like) [129쪽 바로! 확인문제 02 (5)]	
096	공부하기 싫어! 나는 공부하고 싶지 않다. (feel like) [129쪽 바로! 확인문제 02 (6)]	
097	어제 나는 새 코트를 얻었다(샀다). (get) [131쪽 바로! 확인문제 04 (2)]	
098	그 책 어디서 샀니? 너는 어디서 그것을 얻었니(샀니)? (get) [131쪽 바로! 확인문제 04 (3)]	
099	나는 피아노를 연주할 수 있다. [131쪽 바로! 확인문제 04 (5)]	
100	꼬마야! 너 축구할 수 있니? 너는 축구를 할 수 있니? (play) [131쪽 바로! 확인문제 04 (6)]	

책 속 〈Day별〉

영단어장 & 정답과 해설

혼공북스

책 속 〈Day별〉

영단어장

⟨Day별⟩ 영단어 정리 및 3회 쓰면서 익히기

이 책에 등장하는 영단어를 순서대로 정리하고 우리말 발음과 뜻을 제시했어요. 영단어 철자, 우리말 발음 그리고 뜻을 익힌 후 영단어를 직접 세 번씩 쓰면서 익혀보세요. 영단어와 미리 친해지면 이 책을 공부하기가 훨씬 쉬울 거예요.

Day	단어	발음	뜻	1회 쓰기	2회 쓰기	3회 쓰기
Day 01	boy	보이	명 소년			
	egg	에그	명 달걀, 계란			
	child	촤일드	명 어린이, 아이			
	children	췰드런	명 어린이들, 아이들			
	mouse	마우스	명 쥐			
	mice	마이스	명 쥐들			
	monkey	멍키	명 원숭이			
	orange	오뤤지	명 오렌지			
	ice cream	아이스 크림	명 아이스크림			
	cat	캣	명 고양이			
	book	북	명 책			
	bag	배그	명 가방			
	cup	컵	명 컵, 잔			
	potato	퍼테이토우	명 감자			
	tomato	터메이토우	명 토마토			
	tooth	투쓰	명 이빨, 치아			
	teeth	티이쓰	명 이빨들, 치아들			
	foot	풋	명 발			
	feet	피이트	명 발들			
	ox	악스	명 소			
	oxen	악선	명 소들			
	man	맨	명 남자			
	men	멘	명 남자들			
	woman	워먼	명 여자			
	women	위민	명 여자들			
	goose	구우스	명 거위			
	geese	기이스	명 거위들			
	juice	주스	명 주스			
	two	투	수 둘			
	glass	글래스	명 잔, 유리잔			

Day	단어	발음	뜻	1회 쓰기	2회 쓰기	3회 쓰기
Day 01	water	워터	몡 물			
	three	쓰리	쉬 셋			
	piece	피이스	몡 조각			
	cake	케익	몡 케이크			
	milk	밀크	몡 우유			
	tea	티	몡 차			
	bread	브뤠드	몡 빵			
	cheese	취이즈	몡 치즈			
	sugar	슈거	몡 설탕			
	salt	솔트	몡 소금			
	loaf	로우프	몡 덩어리			
	pizza	핏차	몡 피자			
	four	포어	쉬 넷			
	dog	도그	몡 개			
	when	웬	뷔 때, 언제			
	away	어웨이	뷔 멀리			
	will	윌	줘 ~할 것이다			
	play	플레이	동 놀다			
	she	쉬	때 그녀			
	put	풋	동 놓다			
	curry	커뤼	몡 카레			
	powder	파우덜	몡 가루, 분말			
	spoonful	스푼플	몡 한 숟가락 (가득한 양)			
	slice	슬라이스	몡 (얇게 썬) 조각, 장			
Day 02	this	디스	때 이것, 이 사람			
	these	디이즈	때 이것들, 이 사람들			
	that	댓	때 저것, 저 사람			
	those	도우즈	때 저것들, 저 사람들			
	I	아이	때 나는			
	you	유	때 너는, 너희들은			
	he	히	때 그는			
	it	잇	때 그것은			
	we	위	때 우리들은			

Day	단어	발음	뜻	1회 쓰기	2회 쓰기	3회 쓰기
	they	데이	때 그들은, 그것들은			
	my	마이	때 나의			
	friend	프렌드	명 친구			
	apple	애펄	명 사과			
	family	패밀리	명 가족			
	girl	걸	명 소녀			
	flower	플라우얼	명 꽃			
	tall	톨	형 키가 큰			
	student	스투던트	명 학생			
	your	유어	때 너의, 너희들의			
	his	히즈	때 그의			
	her	헐	때 그녀의			
	its	잇츠	때 그것의			
	our	아우어	때 우리들의			
	their	데얼	때 그들의, 그것들의			
	car	카아	명 차, 자동차			
Day 02	school	스쿨	명 학교			
	me	미	때 나를			
	him	힘	때 그를			
	her	헐	때 그녀를			
	us	어스	때 우리들을			
	them	뎀	때 그들을, 그것들을			
	love	러브	동 사랑하다			
	doughnut	도우넛	명 도넛			
	bus	버스	명 버스			
	bicycle	바이시컬	명 자전거			
	ball	볼	명 공			
	talk	토크	동 말하다			
	read	뤼이드	동 읽다			
	met	멧	동 만났다			
	mom	맘	명 엄마			
	doctor	닥터	명 의사			
	phone	포운	명 전화			
	ask	애스크	동 묻다, 부탁하다			

Day	단어	발음	뜻	1회 쓰기	2회 쓰기	3회 쓰기
Day 02	onion	어년	몡 양파			
	like	라익	통 좋아하다			
	fish	피쉬	몡 물고기, 물고기들			
	room	룸	몡 방			
	doll	달	몡 인형			
	sister	씨스털	몡 누나, 여동생			
	pass	패스	통 패스하다			
	what	왓	대 무엇			
	dream	드림	몡 꿈			
	box	박스	몡 상자			
	house	하우스	몡 집			
	eat	이이트	통 먹다			
Day 03	am	앰	통 ~이다, ~하다, ~에 있다			
	are	아아	통 ~이다, ~하다, ~에 있다			
	is	이즈	통 ~이다, ~하다, ~에 있다			
	basketball	배스킷볼	몡 농구			
	player	플레이어	몡 선수			
	happy	해피	형 행복한			
	was	와즈	통 ~이었다, ~했다, ~에 있었다			
	were	워	통 ~이었다, ~했다, ~에 있었다			
	angry	앵그뤼	형 화난			
	teacher	티처	몡 선생님			
	dad	대드	몡 아빠			
	park	파아크	몡 공원			
	sad	새드	형 슬픈			
	brave	브뤠이브	형 용감한			
	short	숄트	형 작은			
	strong	스트롱	형 힘이 센			
	kitchen	키친	몡 부엌			
	hungry	헝그리	형 배고픈			
	singer	씽어	몡 가수			
	classroom	클래스룸	몡 교실			

Day	단어	발음	뜻	1회 쓰기	2회 쓰기	3회 쓰기
Day 03	nurse	널스	⑲ 간호사			
	sleepy	슬리피	⑱ 졸린			
	dancer	댄서	⑲ 무용수			
	cook	큭	⑲ 요리사			
	tired	타열드	⑱ 피곤한			
	tiger	타이거	⑲ 호랑이			
Day 04	go	고우	⑧ 가다			
	run	뤈	⑧ 달리다			
	teach	티치	⑧ 가르치다			
	wash	와쉬	⑧ 씻다			
	cleaned	클린드	⑧ 청소했다			
	studied	스터디드	⑧ 공부했다			
	cut	컷	⑧ 자르다, 잘랐다			
	ate	에잇	⑧ 먹었다			
	drank	드뤵크	⑧ 마셨다			
	fixed	픽스트	⑧ 고쳤다			
	cried	크롸이드	⑧ 울었다			
	drink	드륑크	⑧ 마시다			
	read	뤼이드	⑧ 읽다			
	dance	댄스	⑧ 춤추다			
	fix	픽스	⑧ 수리하다			
	study	스터디	⑧ 공부하다			
	sing	씽	⑧ 노래하다			
	stopped	스탑트	⑧ 멈췄다			
	ran	뤤	⑧ 달렸다			
	jump	점프	⑧ 점프하다			
	watch	와치	⑧ 보다			
	clean	클린	⑧ 청소하다			
	English	잉글리쉬	⑲ 영어			
	hand	핸드	⑲ 손			
	walk	워크	⑧ 걷다			
	today	투데이	⑲ 오늘			
	have to	해브 투	㉠ ~해야 한다			
	tomorrow	터마로우	⑲ 내일			

Day	단어	발음	뜻	1회 쓰기	2회 쓰기	3회 쓰기
Day 04	coffee	카피	몡 커피			
	brother	브롸덜	몡 형, 오빠, 남동생			
	living room	리빙룸	몡 거실			
	five	파이브	쉬 다섯			
	black	블랙	혱 검은			
	strawberry	스트롸베리	몡 딸기			
	look	륵	됭 ~처럼 보이다			
	asked	애스크트	됭 물었다			
	whose	후즈	때 누구의			
	said	세드	됭 말했다			
	cookie	쿠키	몡 쿠키			
	gave	게이브	됭 주었다			
Day 05	can	캔	좁 ~할 수 있다			
	may	메이	좁 ~해도 된다, ~일지도 모른다			
	there	데어	붑 저기에서			
	should	슈드	좁 ~해야 한다			
	swim	스윔	됭 수영하다			
	math	매쓰	몡 수학			
	home	호움	붑 집으로			
	help	헬프	됭 도와주다			
	fly	플라이	됭 날다			
	meet	미이트	됭 만나다			
	must	머스트	좁 반드시 ~해야 한다, ~인 게 틀림없다			
	wear	웨얼	됭 입다, 착용하다			
	glove	글러브	몡 장갑			
	here	히얼	붑 여기에서			
	wait	웨잇	됭 기다리다			
	winter	윈터	몡 겨울			
	people	피이플	몡 사람들			
	others	아덜즈	때 다른 사람들			
	only	오운리	붑 오직			
	change	췌인쥐	됭 바꾸다			
	life	라이프	몡 인생			

Day	단어	발음	뜻	1회 쓰기	2회 쓰기	3회 쓰기
	old	오울드	형 오래된, 늙은			
	red	뤠드	형 빨간			
	become	비컴	동 ~해지다, ~이 되다			
	seem	씨임	동 ~인 것 같다			
	sound	사운드	동 ~처럼 들리다			
	nice	나이스	형 멋진			
	building	빌딩	명 건물			
	big	빅	형 큰			
	young	영	형 젊은, 어린			
	blue	블루	형 파란			
	yellow	옐로우	형 노란			
	new	누	형 새로운			
	good	귿	형 착한			
	round	롸운드	형 둥근			
	small	스몰	형 작은			
	heavy	헤비	형 무거운			
Day 06	seven	세븐	수 일곱			
	bad	배드	형 나쁜			
	lady	레이디	명 숙녀			
	green	그뤼	형 녹색의			
	sadly	새들리	부 슬프게			
	happily	해펄리	부 행복하게			
	fast	패스트	부 빨리			
	hard	할드	부 열심히			
	never	네버	부 결코 ~않는			
	sometimes	섬타임즈	부 때때로			
	often	오펀	부 종종			
	usually	유절리	부 보통			
	always	올웨이즈	부 항상			
	tell	텔	동 말하다			
	lie	라이	명 거짓말			
	jog	좌그	동 조깅하다			
	nicely	나이슬리	부 멋지게			
	easily	이절리	부 쉽게			

Day	단어	발음	뜻	1회 쓰기	2회 쓰기	3회 쓰기
Day 06	much	머취	倂 많이			
	early	얼리	倂 일찍			
	song	쏭	몡 노래			
	luckily	러클리	倂 운이 좋게			
	kindly	카인들리	倂 친절하게			
	carefully	케어플리	倂 조심스럽게			
	angrily	앵그럴리	倂 화를 내며			
	handsome	핸섬	혱 잘생긴			
	well	웰	倂 잘			
	get up	겟업	동 일어나다			
	long	롱	倂 오랫동안			
	high	하이	倂 높이			
	listen	리쓴	동 듣다			
	music	뮤직	몡 음악			
Day 07	at	엣	젣 ~에			
	in	인	젣 ~안에			
	on	안	젣 ~위에			
	summer	써머	몡 여름			
	Sunday	선데이	몡 일요일			
	in front of	인 프런트 어브	젣 ~앞에			
	behind	비하인드	젣 ~뒤에			
	next to	넥스투	젣 ~옆에			
	between	비트윈	젣 ~사이에			
	up	업	젣 ~위로			
	down	다운	젣 ~아래로			
	under	언더	젣 ~아래에			
	night	나이트	몡 밤			
	Tuesday	튜즈데이	몡 화요일			
	be born	비 본	동 태어나다			
	January	재뉴어리	몡 1월			
	afternoon	애프터눈	몡 오후			
	work	월크	동 일하다			
	bank	뱅크	몡 은행			
	and	애앤드	접 그리고			

Day	단어	발음	뜻	1회 쓰기	2회 쓰기	3회 쓰기
Day 07	or	오어	웹 또는			
	but	벗	웹 그러나			
	exciting	익싸이팅	웹 흥미진진한			
	game	게임	명 게임			
	lovely	러블리	웹 사랑스러운			
	soccer	싸커	명 축구			
	table	테이블	명 탁자, 테이블			
	let's	렛츠	Let us의 단축형			
	United States of America	유나이팃 스테이츠 업 아메뤼카	명 미국			
	door	도어	명 문			
	stair	스테어	명 계단			
	great	그뤠잇	웹 대단한			
	movie	무비	명 영화			
	where	웨어	부 어디			
	which	위치	대 어느, 어느 것			
	get up	겟업	동 일어나다			
	pretty	프리티	웹 예쁜			
	first	펄스트	첫째			
	day	데이	명 날, 하루			
	nervous	널버스	웹 긴장한			
	sat	쎗	동 앉았다			
	thought	따아트	동 생각했다			
	kind	카인드	웹 친절한			
Day 08	police officer	폴리스 오피서	명 경찰관			
	hospital	하스피탈	명 병원			
	Korea	코뤼아	명 한국			
	very	베뤼	부 아주, 매우			
	safe	세이프	웹 안전한			
	smart	스마아트	웹 똑똑한			
	lucky	러키	웹 운이 좋은			
Day 09	went	웬트	동 갔다			
	sleep	슬리이프	동 잠자다			
	talked	톡트	동 말했다			

Day	단어	발음	뜻	1회 쓰기	2회 쓰기	3회 쓰기
Day 09	highly	하일리	〈부〉 매우			
	hardly	하들리	〈부〉 거의 ~아닌			
	beach	비이취	〈명〉 해변			
	noon	누운	〈명〉 정오, 12시			
	live	립	〈동〉 살다			
	sit	씻	〈동〉 앉다			
	chair	췌어	〈명〉 의자			
Day 10	bench	벤취	〈명〉 벤치			
	yesterday	예스터데이	〈부〉 어제			
	slowly	슬로울리	〈부〉 천천히			
	next	넥스트	〈형〉 다음의			
	year	이어	〈명〉 년, 해			
	finish	피니쉬	〈동〉 끝내다			
	dinner	디너	〈명〉 저녁 식사			
	homework	홈월크	〈명〉 숙제			
Day 11	give	기브	〈동〉 주다			
	bought	바아트	〈동〉 사 주었다			
	piano	피애노우	〈명〉 피아노			
	story	스토뤼	〈명〉 이야기			
	lend	렌드	〈동〉 빌려주다			
	buy	바이	〈동〉 사 주다			
	truth	트룻	〈명〉 진실			
	send	센드	〈동〉 보내 주다			
	letter	레터	〈명〉 편지			
	banana	버내너	〈명〉 바나나			
	pencil	펜소	〈명〉 연필			
	bring	브륑	〈동〉 가져다주다			
	lent	렌트	〈동〉 빌려줬다			
	pen	펜	〈명〉 펜			
	present	프레즌트	〈명〉 선물			
	restaurant	레스터란	〈명〉 식당			
	showed	쇼우드	〈동〉 보여 줬다			
	picture	픽춰	〈명〉 사진			
	mall	몰	〈명〉 쇼핑 몰			

Day	단어	발음	뜻	1회 쓰기	2회 쓰기	3회 쓰기
Day 11	airport	에어폴트	몡 공항			
	cafe	케페이	몡 카페			
	supermarket	수퍼마킷	몡 슈퍼마켓			
	show	쇼우	동 보여 주다			
	sent	센트	동 보냈다			
	birthday	버쓰데이	몡 생일			
	doll	달	몡 인형			
	lego	레고	몡 레고			
	castle	캐슬	몡 성			
	really	뤼얼리	뿐 정말로			
	liked	라익트	동 좋아했다			
	sang	쌩	동 노래했다			
Day 12	make	메이크	동 ~하게 하다			
	made	메이드	동 ~하게 했다			
	rich	뤼치	혱 부자인			
	bored	보어드	혱 지루한			
	calm	카암	혱 차분한			
	last	래스트	지난			
Day 13	have	해브	동 ~하게 하다			
	let	렛	동 ~하게 허락하다, ~하게 허락했다			
	had	해드	동 ~하게 했다			
	wash	와쉬	동 씻다			
	use	유즈	동 사용하다			
	computer	컴퓨터	몡 컴퓨터			
	speak	스피이크	동 말하다			
	outside	아웃사이드	뿐 밖으로			
	morning	모닝	몡 아침			
	week	위이크	몡 주			
Day 14	get	겟	동 ~하게 하다			
	help	헬프	동 도와주다			
	got	갓	동 ~하게 했다			
	helped	헬프트	동 도와주었다			
	stand up	스탠덥	동 일어서다			

Day	단어	발음	뜻	1회 쓰기	2회 쓰기	3회 쓰기
Day 14	learn	런	⑧ 배우다			
	told	톨드	⑧ 말해주었다			
	playground	플레이그라운드	⑨ 운동장			
	rule	룰	⑨ 규칙			
	lunch	런취	⑨ 점심 식사			
Day 15	come	컴	⑧ 오다			
	came	케임	⑧ 왔다			
	festival	페스티벌	⑨ 축제			
	front	프런트	⑨ 앞쪽			
	true	트루	⑱ 사실의			
	trip	트립	⑨ 여행			
	bus	버스	⑨ 버스			
	shop	샵	⑧ 쇼핑하다			
	mother	마더	⑨ 어머니			
	party	파티	⑨ 파티			
	time	타임	⑨ 시간			
	Canada	캐너더	⑨ 캐나다			
	camp	캐앰프	⑧ 캠핑하다			
	start	스탈트	⑧ 시작하다			
	take	테이크	⑧ 데리고 가다			
	started	스탈티드	⑧ 시작했다			
	ring	링	⑧ 울리다			
	took	특	⑧ 데리고 갔다			
	medicine	메디슨	⑨ 약			
	subway	썹웨이	⑨ 지하철			
	Monday	먼데이	⑨ 월요일			
	order	오더	⑨ 주문			
	taxi	택시	⑨ 택시			
	hike	하이크	⑧ 하이킹을 가다			
Day 16	quietly	콰이어틀리	⑨ 조용하게			
	want	원트	⑧ 원하다			
	test	테스트	⑨ 시험			
	think	띵크	⑧ 생각하다			
	loudly	라우드리	⑨ 크게			

Day	단어	발음	뜻	1회 쓰기	2회 쓰기	3회 쓰기
Day 16	see	씨이	동 보다			
	watched	와취트	동 봤다			
	saw	싸	동 봤다			
	play	플레이	명 연극			
	all	올	형 모든, 전체의			
	anything	에니띵	명 아무것			
	walked	워크트	동 걸었다, 산책시켰다			
	puppy	퍼피	명 강아지			
	video	비디오	명 비디오			
	every	에브리	형 모든			
	far	파	부 멀리			
Day 17	chicken	취킨	명 닭고기			
	chocolate	촤클럿	명 초콜릿			
	wind	윈드	명 바람			
	delicious	딜리셔스	형 맛있는			
	plan	플랜	명 계획			
	expensive	익스펜시브	형 비싼			
	difficult	디피컬트	형 어려운			
	bed	베드	명 침대			
	sandwich	샌드위치	명 샌드위치			
	snowman	스노우맨	명 눈사람			
	hamburger	햄버거	명 햄버거			
	want	원트	동 원하다			
	wanted	원티드	동 원했다			
	coat	코우트	명 코트			
	travel	트래블	동 여행하다			
	abroad	어브롸드	부 해외로			
	famous	페이머스	형 유명한			
	leave	리이브	동 떠나다			
	baseball	베이스볼	명 야구			
	writer	롸이터	명 작가			
Day 18	feel	필	동 느끼다			
	question	퀘스천	명 질문			
	something	썸띵	명 어떤 것			

Day	단어	발음	뜻	1회 쓰기	2회 쓰기	3회 쓰기
Day 18	felt	펠트	동 느꼈다			
	favor	패이버	명 부탁			
	joke	조우크	명 농담			
	idea	아이디어	명 생각			
	badminton	배드민턴	명 배드민턴			
	violin	바이올린	명 바이올린			
	job	좝	명 직장			
	best	베스트	형 제일 좋은			
	name	네임	명 이름			
	class	클래스	명 반, 학급			

Day 01 / 명사

(1) monkeys (2) boys (3) oranges
(4) ice creams (5) cats (6) a book (7) a bag
(8) cups (9) a potato (10) potatoes (11) a tomato
(12) tomatoes (13) teeth (14) children (15) mice
(16) feet (17) oxen (18) men (19) women
(20) geese

(1) 원숭이 두 마리가 있는 그림이지요. 따라서 monkey에 복수를 나타내는 s를 붙인 monkeys가 알맞아요.

(2) 소년 두 명이 있는 그림이지요. 따라서 boy에 복수를 나타내는 s를 붙인 boys가 알맞아요.

(3) 오렌지 세 개가 있는 그림이지요. 따라서 orange에 복수를 나타내는 s를 붙인 oranges가 알맞아요.

(4) 아이스크림 다섯 개가 있는 그림이지요. 따라서 ice cream에 복수를 나타내는 s를 붙인 ice creams가 알맞아요.

(5) 고양이 세 마리가 있는 그림이지요. 따라서 cat에 복수를 나타내는 s를 붙인 cats가 알맞아요.

(6) 책 한 권이 있는 그림이지요. 따라서 하나를 의미하는 a를 book 앞에 쓴 a book이 알맞아요.

(7) 가방 한 개가 있는 그림이지요. 따라서 하나를 의미하는 a를 bag 앞에 쓴 a bag이 알맞아요.

(8) 컵 세 개가 있는 그림이지요. 따라서 cup에 복수를 나타내는 s를 붙인 cups가 알맞아요.

(9) 감자 한 개가 있는 그림이지요. 따라서 하나를 의미하는 a를 potato 앞에 쓴 a potato가 알맞아요.

(10) 감자 세 개가 있는 그림이지요. 따라서 potato에 복수를 나타내는 es를 붙여 potatoes가 알맞아요.

(11) 토마토 한 개가 있는 그림이지요. 따라서 하나를 의미하는 a를 tomato 앞에 쓴 a tomato가 알맞아요.

(12) 토마토 세 개가 있는 그림이지요. 따라서 tomato에 복수를 나타내는 es를 붙인 tomatoes가 알맞아요.

(13) 치아 여러 개가 있는 그림이지요. 따라서 tooth의 복수인 철자를 바꿔 쓴 teeth가 알맞아요.

(14) 아이들 세 명이 있는 그림이지요. 따라서 child의 복수인 철자를 바꿔 쓴 children이 알맞아요.

(15) 쥐 세 마리가 있는 그림이지요. 따라서 mouse의 복수인 철자를 바꿔 쓴 mice가 알맞아요.

(16) 발 두 개가 있는 그림이지요. 따라서 foot의 복수인 철자를 바꿔 쓴 feet이 알맞아요.

(17) 황소 세 마리가 있는 그림이지요. 따라서 ox의 복수인 철자를 바꿔 쓴 oxen이 알맞아요.

(18) 남자 세 명이 있는 그림이지요. 따라서 man의 복수인 철자를 바꿔 쓴 men이 알맞아요.

(19) 여자 두 명이 있는 그림이지요. 따라서 woman의 복수인 철자를 바꿔 쓴 women이 알맞아요.

(20) 거위 세 마리가 있는 그림이지요. 따라서 goose의 복수인 철자를 바꿔 쓴 geese가 알맞아요.

(1) water (2) juice (3) milk (4) tea (5) bread
(6) cheese (7) sugar (8) salt (9) a glass
(10) milk (11) a loaf (12) cheese

(1) 물은 셀 수 없는 명사이지요. 따라서 명사 뒤에 s나 es를 붙여 복수를 나타낼 수 없으므로, waters가 아닌 water가 알맞아요.

(2) 주스는 셀 수 없는 명사이지요. 따라서 명사 앞에 a나 an을 써서 단수를 나타낼 수 없으므로, a juice가 아닌 juice가 알맞아요.

(3) 우유는 셀 수 없는 명사이지요. 따라서 명사 뒤에 s나 es를 붙여 복수를 나타낼 수 없으므로, milks가 아닌 milk가 알맞아요.

(4) (마시는) 차는 셀 수 없는 명사이지요. 따라서 명사 뒤에 s나 es를 붙여 복수를 나타낼 수 없으므로, teas가 아닌 tea가 알맞아요.

(5) 빵은 셀 수 없는 명사이지요. 따라서 명사 앞에 a나 an을 써서 단수를 나타낼 수 없으므로, a bread가 아닌 bread가 알맞아요.

(6) 치즈는 셀 수 없는 명사이지요. 따라서 명사 앞에 a나 an을 써서 단수를 나타낼 수 없으므로, a cheese가 아닌 cheese가 알맞아요.

(7) 설탕은 셀 수 없는 명사이지요. 따라서 명사 뒤에 s나 es를 붙여 복수를 나타낼 수 없으므로, sugars가 아닌 sugar가 알맞아요.

(8) 소금은 셀 수 없는 명사이지요. 따라서 명사 뒤에 s나 es를 붙여 복수를 나타낼 수 없으므로, salts가 아닌 salt가 알맞아요.

(9) 물은 셀 수 없는 명사이지요. 하지만 '잔(glass)'이라는 단위를 사용하여 셀 수 있어요. 따라서 '물 한 잔'은 a glass of water가 알맞아요.

(10) 우유는 셀 수 없는 명사이지요. 하지만 '잔(glass)'이라는 단위를 사용하여 셀 수 있어요. 따라서 '우유 한 잔'은 a glass of milk가 알맞아요.

(11) 빵은 셀 수 없는 명사이지요. 하지만 '덩어리(loaf)'라는 단위를 사용하여 셀 수 있어요. 따라서 '빵 한 덩어리'

는 a loaf of bread가 알맞아요.

(12) 치즈는 셀 수 없는 명사이지요. 하지만 '조각(piece)'이라는 단위를 사용하여 셀 수 있어요. 따라서 '치즈 한 조각'은 a piece of cheese가 알맞아요.

(1) three, glasses　(2) three, slices　(3) three, spoonfuls　(4) piece, cake　(5) two, loaves
(6) five, slices(pieces)　(7) three, cups, coffee
(8) three, glasses, milk

(1) 주스는 셀 수 없는 명사이지요. 하지만 '잔(glass)'이라는 단위를 사용하여 셀 수 있어요. 따라서 '주스 세 잔'은 three glasses of juice가 알맞아요.

(2) 치즈는 셀 수 없는 명사이지요. 하지만 '얇게 썬 조각(slice)'이라는 단위를 사용하여 셀 수 있어요. 따라서 '치즈 세 조각'은 three slices of cheese가 알맞아요.

(3) 소금은 셀 수 없는 명사이지요. 하지만 '숟가락(spoonful)'이라는 단위를 사용하여 셀 수 있어요. 따라서 '소금 세 숟가락'은 three spoonfuls of salt가 알맞아요.

(4) 케이크는 셀 수 없는 명사이지요. 하지만 '조각(piece)'이라는 단위를 사용하여 셀 수 있어요. 따라서 '케이크 한 조각'은 a piece of cake가 알맞아요.

(5) 빵은 셀 수 없는 명사이지요. 하지만 '덩어리(loaf)'라는 단위를 사용하여 셀 수 있어요. 여기서 두 덩어리의 경우 단위 loaf의 f를 v로 바꾼 후 es를 붙여준 loaves로 형태를 바꿔야 해요. 따라서 '빵 두 덩어리'는 two loaves of bread가 알맞아요.

(6) 피자는 셀 수 없는 명사이지요. 하지만 '조각(slice, piece)'이라는 단위를 사용하여 셀 수 있어요. 따라서 '피자 다섯 조각'은 five slices(pieces) of pizza가 알맞아요.

(7) 커피는 셀 수 없는 명사이지요. 하지만 '잔(cup)'이라는 단위를 사용하여 셀 수 있어요. 따라서 '커피 세 잔'은 three cups of coffee가 알맞아요.

(8) 우유는 셀 수 없는 명사이지요. 하지만 '잔(glass)'이라는 단위를 사용하여 셀 수 있어요. 따라서 '우유 세 잔'은 three glasses of milk가 알맞아요.

Ⓐ (1) a, book　(2) an, egg　(3) two, tigers
(4) two, women　(5) three, tomatoes　(6) three, children　(7) three, geese　(8) three, spoonfuls, salt
(9) two, apples　(10) five, slices(pieces), pizza

Ⓐ

(1) 책 한 권이 있으므로 단수 표현인 a book을 써요.

(2) 계란 한 개가 있으므로 단수 표현인 an egg를 써요. egg 앞에는 an을 사용하는 것에 주의해야 해요.

(3) 호랑이 두 마리가 있으므로 복수 표현인 two tigers를 써요.

(4) 여자 두 명이 있으므로 복수 표현인 two women을 써요. 철자를 바꿔 복수를 표현하는 것에 주의해야 해요.

(5) 토마토 세 개가 있으므로 복수 표현인 three tomatoes를 써요.

(6) 아이들 세 명이 있으므로 복수 표현인 three children을 써요. 철자를 바꿔 복수를 표현하는 것에 주의해야 해요.

(7) 거위 세 마리가 있으므로 복수 표현인 three geese를 써요. 철자를 바꿔 복수를 표현하는 것에 주의해야 해요.

(8) 셀 수 없는 명사인 소금은 spoonful이라는 단위를 이용하여 복수 표현을 할 수 있어요. '소금 세 숟가락'이 있으므로 three spoonfuls of salt로 써요.

(9) 사과 두 개가 있으므로 복수 표현인 two apples를 써요.

(10) 셀 수 없는 명사인 피자가 다섯 조각이 있으므로 slice, piece라는 단위를 이용하여 복수 표현을 할 수 있어요. '피자 다섯 조각'이 있으므로 five slices(pieces) of pizza로 써요.

Ⓐ (1) loaf　(2) tomatoes　(3) geese
Ⓑ (1) women　(2) glasses　(3) oxen　Ⓒ (1) ②
(2) ③　Ⓓ (1) tomatoes　(2) loaves　(3) spoonfuls
(4) an　(5) cheese

Ⓐ

(1) 덩어리는 loaf가 알맞아요.

(2) 토마토의 복수는 tomatoes가 알맞아요.

(3) 거위의 복수는 geese가 알맞아요.

Ⓑ

(1) 여자 두 명이 있으므로 woman을 복수인 women으로 고쳐야 해요.

(2) 우유 세 잔이 있음으로 단위를 나타내는 glass를 복수인 glasses로 고쳐야 해요.

(3) 황소 세 마리가 있으므로 ox를 복수인 oxen으로 고쳐야 해요.

C

(1) mouse(쥐)의 복수인 mice(쥐들)가 알맞아요.

(2) 셀 수 없는 명사인 curry powder(카레 가루)의 한 숟가락은 a spoonful이 알맞아요.

D

(1) '토마토 세 개'는 three 다음에 복수인 tomatoes를 써요.

(2) '두 덩어리'는 two 다음에 복수인 loaves를 써요.

(3) '네 숟가락'은 four 다음에 복수인 spoonfuls를 써요.

(4) orange의 단수 표현은 orange 앞에 an을 써요

(5) '치즈 세 조각'에서 셀 수 없는 명사 치즈는 cheeses가 아니라 cheese로 써요.

Day 02 / 대명사

 바로! 확인문제 01

본문 16쪽

(1) this   (2) that   (3) these   (4) those   (5) this
(6) that   (7) these   (8) those

(1) 가까이 있는 하나의 사물을 가리키고, 우리말로 '이 것'에 해당하는 지시대명사는 this가 알맞아요.

(2) 멀리 있는 하나의 사물을 가리키고, 우리말로 '저것'에 해당하는 지시대명사는 that이 알맞아요.

(3) 가까이 있는 둘 이상의 사물을 가리키고, 우리말로 '이것들'에 해당하는 지시대명사는 these가 알맞아요.

(4) 멀리 있는 둘 이상의 사물을 가리키고, 우리말로 '저 것들'에 해당하는 지시대명사는 those가 알맞아요.

(5) 가까이 있는 한 사람을 가리키고, 우리말로 '이 사람'에 해당하는 지시대명사는 this가 알맞아요.

(6) 멀리 있는 하나의 사물을 가리키고, 우리말로 '저것'에 해당하는 지시대명사는 that이 알맞아요.

(7) 가까이 있는 둘 이상의 사물을 가리키고, 우리말로 '이것들'에 해당하는 지시대명사는 these가 알맞아요.

(8) 멀리 있는 둘 이상의 사람을 가리키고, 우리말로 '저 사람들'에 해당하는 지시대명사는 those가 알맞아요.

 바로! 확인문제 02

본문 17쪽

(1) 1인칭, I   (2) 2인칭, you   (3) 1인칭, we
(4) 3인칭, they

(1) '나는'은 1인칭 단수 주격대명사이고 I가 알맞아요.

(2) '너는'은 2인칭 단수 주격대명사이고 you가 알맞아요.

(3) '우리들은'은 1인칭 복수 주격대명사이고 we가 알맞아요.

(4) '그것들은'은 3인칭 복수 주격대명사이고 they가 알맞아요.

바로! 확인문제 03

본문 17쪽

(1) This   (2) That   (3) These   (4) Those   (5) You
(6) They   (7) You   (8) They

(1) 가까이 있는 한 사람을 가리킬 경우 지시대명사는 This가 알맞아요.

(2) 멀리 있는 하나의 사물을 가리킬 경우 지시대명사는

That이 알맞아요.

(3) 가까이 있는 둘 이상의 사물을 가리킬 경우 지시대명사는 These가 알맞아요.

(4) 멀리 있는 둘 이상의 사람을 가리킬 경우 지시대명사는 Those가 알맞아요.

(5) '너는'은 2인칭 단수 주격대명사인 You가 알맞아요.

(6) '그것들은'은 3인칭 복수 주격대명사인 They가 알맞아요.

(7) '너희들은'은 2인칭 복수 주격대명사인 You가 알맞아요.

(8) '그들은'은 3인칭 복수 주격대명사인 They가 알맞아요.

04

본문 18쪽

(1) my　(2) his　(3) your　(4) its　(5) our
(6) your　(7) their　(8) me　(9) her　(10) them

(1) '나의'라는 뜻의 1인칭 단수 소유격대명사는 my가 알맞아요.

(2) '그의'라는 뜻의 3인칭 단수 소유격대명사는 his가 알맞아요.

(3) '너의'라는 뜻의 2인칭 단수 소유격대명사는 your가 알맞아요.

(4) '그것의'라는 뜻의 3인칭 단수 소유격대명사는 its가 알맞아요.

(5) '우리들의'라는 뜻의 1인칭 복수 소유격대명사는 our가 알맞아요.

(6) '너희들의'라는 뜻의 2인칭 복수 소유격대명사는 your가 알맞아요.

(7) '그것들의'라는 뜻의 3인칭 복수 소유격대명사는 their가 알맞아요.

(8) '나를'이라는 뜻의 1인칭 단수 목적격대명사는 me가 알맞아요.

(9) '그녀를'이라는 뜻의 3인칭 단수 목적격대명사는 her가 알맞아요.

(10) '그것들을'이라는 뜻의 3인칭 복수 목적격대명사는 them이 알맞아요.

05

본문 19쪽

(1) my　(2) your　(3) her　(4) their　(5) him
(6) it　(7) you　(8) us

(1) '나의'라는 뜻의 1인칭 단수 소유격대명사는 my가 알맞

맞아요.

(2) '너의'라는 뜻의 2인칭 단수 소유격대명사는 your가 알맞아요.

(3) '그녀의'라는 뜻의 3인칭 단수 소유격대명사는 her가 알맞아요.

(4) '그것들의'라는 뜻의 3인칭 복수 소유격대명사는 their가 알맞아요.

(5) 전치사 to 다음에 '그에게'라는 뜻의 3인칭 목적격대명사는 him이 알맞아요.

(6) '그것을'이라는 뜻의 3인칭 단수 목적격대명사는 it이 알맞아요.

(7) '너희들을'이라는 뜻의 2인칭 복수 목적격대명사는 you가 알맞아요.

(8) '우리들을'이라는 뜻의 1인칭 복수 목적격대명사는 us가 알맞아요.

기본문제

본문 20쪽

Ⓐ (1) That　(2) These　(3) This　(4) his　(5) her
(6) Those　(7) We　(8) its　(9) our　(10) them

Ⓐ

(1) '저것'이라는 뜻의 멀리 있는 하나의 사물을 가리킬 경우 That을 써요.

(2) '이 사람들'이라는 뜻의 둘 이상의 가까이 있는 사람을 가리킬 경우 These를 써요.

(3) '이것'이라는 뜻의 가까이 있는 하나의 사물을 가리킬 경우 This를 써요.

(4) '그의'라는 뜻의 3인칭 단수 소유격대명사는 his를 써요.

(5) '그녀에게'라는 뜻의 3인칭 단수 목적격대명사는 her를 써요.

(6) '저것들'이라는 뜻의 먼 곳에 있는 둘 이상의 사물을 가리킬 경우 Those를 써요.

(7) '우리들은'이라는 뜻의 1인칭 복수 주격대명사는 We를 써요.

(8) '그것의'라는 뜻의 3인칭 단수 소유격대명사는 its를 써요.

(9) '우리들의'라는 뜻의 1인칭 복수 소유격대명사는 our를 써요.

(10) '그들을'이라는 뜻의 3인칭 복수 목적격대명사는 them을 써요.

Ⓐ (1) These 　 (2) their 　 (3) him 　Ⓑ (1) She
(2) his 　 (3) it 　Ⓒ (1) ① 　 (2) ③ 　Ⓓ (1) That
(2) We 　 (3) its 　 (4) it

Ⓐ

(1) 지시대명사 '이것들은'은 these가 알맞아요.

(2) 소유격대명사 '그들의'는 their가 알맞아요.

(3) 목적격대명사 '그에게'는 him이 알맞아요.

Ⓑ

(1) 문장의 주어 자리이므로 '그녀는'이라는 주격대명사
She로 고쳐야 해요.
(그녀는 나의 여동생이다.)

(2) bag이라는 명사를 꾸며주는 소유격 자리이므로 his
로 고쳐야 해요.
(이것은 그의 가방이다.)

(3) '그것을'이라는 목적격 자리이므로 it로 고쳐야 해요.
(그것을 내게 패스해.)

Ⓒ

(1) 문장의 주어 자리이므로 '그는'이라는 주격대명사 He
가 알맞아요.

(2) '너의'라는 뜻의 2인칭 소유격대명사가 와야 하므로
your가 알맞아요.

Ⓓ

(1) '저것은'이라는 뜻의 멀리 있는 하나의 사물을 가리킬
경우 지시대명사 That을 써요.

(2) '우리들은'이라는 뜻의 주격대명사 We를 써요.

(3) '그것의'라는 뜻의 소유격대명사 its를 써요.

(4) '그것을'이라는 뜻의 대명사는 it를 써요.

 바로! 확인문제 01 　　　　　 본문 22쪽

(1) am 　 (2) are 　 (3) is 　 (4) are 　 (5) are 　 (6) is
(7) was 　 (8) was 　 (9) were 　 (10) were

(1) 주어 I와 형용사 angry를 이어주면서 '~하다'의 뜻을
나타내는 be동사는 am이 알맞아요.

(2) 주어 They와 명사 cats를 이어주면서 '~이다'의 뜻을
나타내는 be동사는 are가 알맞아요.

(3) 주어 She와 명사 a teacher를 이어주면서 '~이다'의
뜻을 나타내는 be동사는 is가 알맞아요.

(4) 주어 We와 형용사 happy를 이어주면서 '~하다'의 뜻
을 나타내는 be동사는 are가 알맞아요.

(5) 주어 They와 명사 students를 이어주면서 '~이다'의
뜻을 나타내는 be동사는 are가 알맞아요.

(6) 주어 He와 장소를 나타내는 전치사구 in the room을
이어주면서 '~에 있다'의 뜻을 나타내는 be동사는 is가 알
맞아요.

(7) 주어 Dad와 장소를 나타내는 전치사구 in the park를
이어주면서 '~에 있었다'라는 과거의 뜻을 나타내는 be동
사는 was가 알맞아요.

(8) 주어 He와 형용사 sad를 이어주면서 '~했다'라는 과
거의 뜻을 나타내는 be동사는 was가 알맞아요.

(9) 주어 We와 형용사 brave를 이어주면서 '~했다'라는
과거의 뜻을 나타내는 be동사는 were가 알맞아요.

(10) 주어 You와 형용사 short를 이어주면서 '~했다'라는
과거의 뜻을 나타내는 be동사는 were가 알맞아요.

바로! 확인문제 02 　　　　　 본문 23쪽

(1) am 　 (2) is 　 (3) are 　 (4) are 　 (5) was
(6) were 　 (7) were 　 (8) were

(1) 주어 I와 명사 a man를 이어주면서 '~이다'의 뜻을 나
타내는 be동사는 am이 알맞아요.

(2) 주어 It과 명사 an ice cream을 이어주면서 '~이다'의
뜻을 나타내는 be동사는 is가 알맞아요.

(3) 주어 We와 명사 friends를 이어주면서 '~이다'의 뜻
을 나타내는 be동사는 are가 알맞아요.

(4) 주어 They와 명사 my family를 이어주면서 '~이다'의
뜻을 나타내는 be동사는 are가 알맞아요.

(5) 주어 I와 장소를 나타내는 전치사구 in the room을 이

어주면서 '~에 있었다'라는 과거의 뜻을 나타내는 be동사는 was가 알맞아요.

(6) 주어 You와 형용사 strong을 이어주면서 '~했다'라는 과거의 뜻을 나타내는 be동사는 were가 알맞아요.

(7) 주어 They와 명사 flowers를 이어주면서 '~이었다'라는 과거의 뜻을 나타내는 be동사는 were가 알맞아요.

(8) 주어 You와 명사 doctors를 이어주면서 '~였다'라는 과거의 뜻을 나타내는 be동사는 were가 알맞아요.

바로! 확인문제 03
본문 24쪽

(1) am not　(2) is not　(3) are not　(4) isn't
(5) was not　(6) were not　(7) wasn't　(8) Are you
(9) Is she　(10) Were you

(1) '나는 ~가 아니다'처럼 현재형을 부정할 때 be동사 am 뒤에 not을 붙인 am not이 알맞아요.

(2) '그녀는 ~가 아니다'처럼 현재형을 부정할 때 be동사 is 뒤에 not을 붙인 is not이 알맞아요.

(3) '우리들은 ~가 아니다'처럼 현재형을 부정할 때 be동사 are 뒤에 not을 붙인 are not이 알맞아요.

(4) '그는 ~에 있지 않다'처럼 현재형을 부정할 때 be동사 is 뒤에 not을 붙인 is not이 알맞아요. 이때 is와 not을 isn't로 줄여 쓸 수 있어요.

(5) '나는 ~하지 않았다'처럼 과거형을 부정할 때 be동사 was 뒤에 not을 붙인 was not이 알맞아요.

(6) '너는 ~가 아니었다'처럼 과거형을 부정할 때 be동사 were 뒤에 not을 붙인 were not이 알맞아요.

(7) '그녀는 ~에 있지 않았다'처럼 과거형을 부정할 때 be동사 was 뒤에 not을 붙인 was not이 알맞아요. 이때 was와 not을 wasn't로 줄여서 쓸 수 있어요.

(8) '너는 ~이니?'라는 의문문을 만들 때 You are의 위치를 바꾼 Are you ~?가 알맞아요.

(9) '그녀는 ~이니?'라는 의문문을 만들 때 She is의 위치를 바꾼 Is she ~?가 알맞아요.

(10) '너는 ~였니?'라는 과거 의문문을 만들 때 You were의 위치를 바꾼 Were you ~?가 알맞아요.

바로! 확인문제 04
본문 25쪽

(1) are　(2) were　(3) were not　(4) wasn't
(5) Are you　(6) Is he　(7) Were you　(8) I am

(1) 주어 You와 명사 a girl를 이어주면서 '~이다'의 뜻을 나타내는 be동사는 are가 알맞아요.

(2) 주어 They와 명사 doctors를 이어주면서 '~였다'라는

과거의 뜻을 나타내는 be동사는 were가 알맞아요.

(3) '너는 ~하지 않았다'처럼 과거형을 부정할 때 be동사 were 뒤에 not을 붙인 were not이 알맞아요.

(4) '그는 ~에 있지 않았다'처럼 과거형을 부정할 때 be동사 was 뒤에 not을 붙인 was not이 알맞아요. 이때 was와 not을 wasn't로 줄여서 쓸 수 있어요.

(5) '너는 ~이니?'라는 의문문을 만들 때 You are의 위치를 바꾼 Are you~?가 알맞아요.

(6) '그는 ~이니?'라는 의문문을 만들 때 He is의 위치를 바꾼 Is he ~?가 알맞아요.

(7) '너는 ~였니?'라는 과거 의문문을 만들 때 You were의 위치를 바꾼 Were you ~?가 알맞아요.

(8) '아니, 나는 배고프지 않아.'라고 부정의 대답을 할 때 No, I am not hungry.로 표현하므로 I am이 알맞아요.

기본문제
본문 26쪽

Ⓐ (1) am　(2) were　(3) were　(4) am, not
(5) are, not　(6) wasn't　(7) weren't　(8) Are, you
(9) Is, she　(10) Yes, am

Ⓐ

(1) 주어 I와 명사 a dancer를 이어주면서 '~이다'의 뜻을 나타내는 be동사는 am을 써요.

(2) 주어 You와 명사 a doctor를 이어주면서 '~였다'라는 과거의 뜻을 나타내는 be동사는 were를 써요.

(3) 주어 They와 장소를 나타내는 전치사구 in the classroom을 이어주면서 '~에 있었다'라는 과거의 뜻을 나타내는 be동사는 were를 써요.

(4) '나는 ~가 아니다'처럼 현재형을 부정할 때 be동사 am 뒤에 not을 붙인 am not을 써요.

(5) '우리들은 ~이 아니다'처럼 현재형을 부정할 때 be동사 are 뒤에 not을 붙인 are not을 써요.

(6) '그녀는 ~이 아니었다'처럼 과거형을 부정할 때 be동사 was 뒤에 not을 붙인 was not을 써요. 이때 was와 not을 wasn't로 줄여서 쓸 수 있어요.

(7) '그들은 ~이 아니었다'처럼 과거형을 부정할 때 be동사 were 뒤에 not을 붙인 were not을 써요. 이때 were와 not을 weren't로 줄여서 쓸 수 있어요.

(8) '너는 ~이니?'라는 의문문을 만들 때 You are의 위치를 바꾼 Are you ~?를 써요.

(9) '그녀는 ~이니?'라는 의문문을 만들 때 She is의 위치를 바꾼 Is she ~?를 써요.

(10) '응, 나는 ~해'라고 긍정의 대답을 할 때 Yes, I am.으로 표현하기에 Yes, am을 써요.

A (1) are 　(2) isn't 　(3) weren't 　**B** (1) is
(2) isn't 　(3) Are you 　**C** (1) ③ 　(2) ②
D (1) am 　(2) were 　(3) Are, you 　(4) Yes

A

(1) 주어 They와 명사 monkeys를 이어주면서 '~이다'의 뜻을 나타내는 be동사는 are가 알맞아요.

(2) '그것은 ~이 아니다'처럼 현재형을 부정할 때 be동사 is 뒤에 not을 붙인 is not이 알맞아요. 이때 is not은 isn't로 줄여서 쓸 수 있어요.

(3) '그들은 ~에 있지 않았다'처럼 과거형을 부정할 때 be동사 were 뒤에 not을 붙인 were not이 알맞아요. 이때 were와 not을 weren't로 줄여서 쓸 수 있어요.

B

(1) 주어 He와 어울리는 be동사는 is로 고쳐야 해요.
(그는 키가 크다.)

(2) 주어 She와 형용사 tired를 이어주면서 '~하지 않다'는 부정의 표현은 isn't로 고쳐야 해요.
(그녀는 피곤하지 않다.)

(3) 의문문이므로 You are의 위치를 바꾼 Are you로 고쳐야 해요.
(당신은 의사인가요?)

C

(1) Jenny and John이라는 복수 주어에 어울리는 be동사는 are가 알맞아요.

(2) 주어 It과 어울리며 과거형 '~가 아니었다'를 나타내는 wasn't가 알맞아요.

D

(1) 주어 I와 명사 Cinderella를 이어주면서 '~이다'의 뜻을 나타내는 be동사는 am을 써요.

(2) 주어 They와 형용사 angry를 이어주면서 '~했다'라는 과거의 뜻을 나타내는 be동사는 were를 써요.

(3) '너는 ~이니?'라는 의문문 만들 때 You are의 위치를 바꾼 Are you ~?를 써요.

(4) 긍정으로 대답할 때 Yes를 써요.

바로! 확인문제 01 　　　　　　　　　　본문 28쪽

(1) read 　(2) washes 　(3) dances 　(4) fix
(5) studies 　(6) doesn't 　(7) don't 　(8) stopped
(9) ran 　(10) didn't

(1) 3인칭 복수 주어 They 뒤에 오는 일반동사의 현재형은 s나 es를 붙이지 않으므로 read가 알맞아요.

(2) 3인칭 단수 주어 She 뒤에 오는 일반동사의 현재형은 s나 es를 붙이는데 wash의 경우 es를 붙인 washes가 알맞아요.

(3) 3인칭 단수 주어 He 뒤에 오는 일반동사의 현재형은 s나 es를 붙이는데 dance의 경우 s를 붙인 dances가 알맞아요.

(4) 1인칭 복수 주어 We 뒤에 오는 일반동사의 현재형은 s나 es를 붙이지 않으므로 fix가 알맞아요.

(5) 3인칭 단수 주어 He 뒤에 오는 일반동사의 현재형은 s나 es를 붙이는데 study의 경우 '자음+y'로 끝나기에 y를 i로 바꾸고 es를 붙인 studies가 알맞아요.

(6) 3인칭 단수 주어 He가 쓰인 현재형 문장의 부정은 일반동사 앞에 doesn't를 써야 알맞아요.

(7) 1인칭 단수 주어 I가 쓰인 현재형 문장의 부정은 일반동사 앞에 don't를 써야 알맞아요.

(8) 일반동사의 과거형은 뒤에 ed를 붙여 나타내는데 stop의 경우 철자가 '단모음+단자음'으로 끝나기에 마지막 자음인 p를 한 번 더 쓰고 ed를 붙인 stopped가 알맞아요.

(9) 일반동사 과거형은 규칙에 상관없이 형태가 변하는 불규칙 동사가 있는데 run의 과거형은 ran이 알맞아요.

(10) 과거형 문장의 부정은 일반동사 앞에 didn't를 써야 알맞아요.

바로! 확인문제 02 　　　　　　　　　　본문 29쪽

(1) eat 　(2) loved 　(3) cut 　(4) goes 　(5) doesn't,
clean 　(6) don't, run 　(7) cried 　(8) didn't, clean

(1) 3인칭 복수 주어 Tom and Jenny 뒤에 오는 일반동사의 현재형은 s나 es를 붙이지 않으므로 eat를 써요.

(2) 일반동사 뒤에 ed를 붙여 과거형을 나타내는데 love의 경우 e로 끝났기에 d만 붙여 loved를 써요.

(3) 일반동사 cut은 현재형과 과거형 철자가 똑같으므로 cut을 써요.

(4) 3인칭 단수 주어 He 뒤에 오는 일반동사의 현재형은 s나 es를 붙이는데 go의 경우 뒤에 es를 붙여 goes를 써요.

(5) 3인칭 단수 주어 Max가 쓰인 현재형 문장의 부정은 일반동사 clean 앞에 doesn't를 써요.

(6) 1인칭 단수 주어 I가 쓰인 현재형 문장의 부정은 일반동사 run 앞에 don't를 써요.

(7) 일반동사의 과거형은 뒤에 ed를 붙여 나타내는데 cry의 경우 '자음+y'로 끝나기에 y를 i로 바꾸고 ed를 붙인 cried를 써요.

(8) 과거형 문장의 부정은 일반동사 clean 앞에 didn't를 써요.

 03 본문 30쪽

(1) Does　(2) Do　(3) Does　(4) Do　(5) Did
(6) Did　(7) Did　(8) Did　(9) is cleaning　(10) were singing　(11) weren't going　(12) isn't drinking

(1) 일반동사의 현재 의문문은 주어가 3인칭 단수 she일 경우 문장 앞에 Does를 써요.

(2) 일반동사의 현재 의문문은 주어가 you일 경우 문장 앞에 Do를 써요.

(3) 일반동사의 현재 의문문은 주어가 3인칭 단수 he일 경우 문장 앞에 Does를 써요.

(4) 일반동사의 현재 의문문은 주어가 they일 경우 문장 앞에 Do를 써요.

(5) 일반동사의 과거 의문문은 주어와 상관없이 문장 앞에 Did를 써요.

(6) 일반동사의 과거 의문문은 주어와 상관없이 문장 앞에 Did를 써요.

(7) 일반동사의 과거 의문문은 주어와 상관없이 문장 앞에 Did를 써요.

(8) 일반동사의 과거 의문문은 주어와 상관없이 문장 앞에 Did를 써요.

(9) '청소하고 있는 중이다'라는 뜻의 현재진행형은 주어가 He일 때 is cleaning을 써요.

(10) '노래 부르는 있는 중이었다'라는 뜻의 과거진행형은 주어가 We일 때 were singing을 써요.

(11) '가고 있는 중이 아니었다'라는 뜻의 과거진행형의 부정은 주어가 They일 때 were not going(weren't going)을 써요.

(12) '마시는 중이 아니다'라는 뜻의 현재진행형 부정은 주어가 She일 때 is not drinking(isn't drinking)을 써요.

 04 본문 31쪽

(1) Do, sing　(2) Did, fix　(3) Did, drink　(4) Does, study　(5) was, eating　(6) is, going　(7) weren't, crying　(8) isn't, eating

(1) 일반동사의 현재 의문문은 주어가 they일 경우 문장 앞에 Do를 써요. 따라서 Do they sing?이 알맞아요.

(2) 일반동사의 과거 의문문은 주어와 상관없이 문장 앞에 Did를 써요. 따라서 Did you fix?가 알맞아요.

(3) 일반동사의 과거 의문문은 주어와 상관없이 문장 앞에 Did를 써요. 따라서 Did he drink?가 알맞아요.

(4) 일반동사의 현재 의문문은 주어가 3인칭 단수인 Mary일 경우 문장 앞에 Does를 써요. 따라서 Does Mary study English?가 알맞아요.

(5) '먹고 있는 중이었다'라는 뜻의 과거진행형은 주어가 He일 때 was eating을 써요.

(6) '가는 중이다'라는 뜻의 현재진행형은 주어가 She일 때 is going을 써요.

(7) '우는 중이 아니었다'라는 뜻의 과거진행형의 부정은 주어가 They일 때 weren't crying을 써요.

(8) '먹는 중이 아니다'라는 뜻의 현재진행형의 부정은 주어가 She일 때 isn't eating을 써요.

기본문제 본문 32쪽

Ⓐ (1) ate　(2) stopped　(3) are, studying
(4) cleaned　(5) was, eating　(6) Did, fix　(7) didn't, read　(8) drank　(9) are, crying　(10) Does, sing

Ⓐ

(1) 일반동사 eat의 과거형은 불규칙 변화로 ate를 써요.

(2) 일반동사 stop의 과거형은 철자가 '단모음+단자음'으로 끝나므로 마지막 자음 p를 한 번 더 쓰고 ed를 붙인 stopped를 써요.

(3) 주어가 복수인 My friend and I일 때 '공부하고 있는 중이다'라는 뜻의 현재진행형은 are studying을 써요.

(4) 일반동사 clean의 과거형은 ed를 붙인 cleaned를 써요.

(5) 주어가 I일 때 '먹는 중이었다'라는 뜻의 과거진행형은 was eating을 써요.

(6) 일반동사가 쓰인 과거 의문문은 주어와 상관없이 문장 앞에 Did를 쓰고 뒤에 오는 일반동사는 동사원형 fix를 써요.

(7) 과거형 문장의 부정은 일반동사 앞에 didn't를 쓰고

일반동사는 동사원형 read를 써요.,

(8) 일반동사 drink의 과거형은 불규칙 변화로 drank를 써요.

(9) 주어가 We일 때 '우는 중이다'라는 뜻의 현재진행형은 are crying을 써요.

(10) 일반동사의 현재의문문은 주어가 3인칭 단수 She일 경우 문장 앞에 Does를 쓰고 뒤에 오는 일반동사는 동사원형 sing을 써요.

실전문제
본문 33쪽

A (1) cries (2) studying (3) teaches (4) wash
B (1) ate (2) is (3) cut **C** (1) ④ (2) ②
D (1) reading (2) was, watching (3) fixed
(4) cleaned

A

(1) 3인칭 단수 주어 He 뒤에 오는 일반동사는 s나 es를 붙여 현재형을 나타내는데 cry의 경우 '자음＋y'로 끝나므로 y를 i로 바꾸고 es를 붙인 cries가 알맞아요.

(2) 과거진행형 문장이므로 study에 ing를 붙인 studying이 알맞아요.

(3) 3인칭 단수 주어 She 뒤에 오는 일반동사는 s나 es를 붙여 현재형을 나타내는데 teach의 경우 es를 붙인 teaches가 알맞아요.

(4) 과거의문문으로 '씻다'라는 뜻의 일반동사는 wash가 알맞아요.

B

(1) 일반동사 eat의 과거형은 불규칙 변화로 ate로 고쳐야 해요.
(그들은 먹었다.)

(2) 주어 He의 현재진행형 표현은 is reading이므로 am을 is로 고쳐야 해요.
(그는 읽는 중이다.)

(3) 일반동사 cut은 과거형과 현재형의 철자가 같으므로 cut로 고쳐야 해요.
(그녀는 잘랐다.)

C

(1) '뛰다'라는 뜻의 일반동사는 run이 알맞아요.

(2) 과거형 문장의 부정은 일반동사 앞에 didn't를 쓰고 뒤에는 일반동사의 동사원형이 와야 하므로 drink가 알맞아요.

D

(1) 과거진행형이므로 read 뒤에 ing를 붙인 reading을 써요.

(2) 3인칭 단수 주어인 My brother와 어울리는 과거진행형은 was watching을 써요.

(3) 일반동사 fix의 과거형은 ed를 붙인 fixed를 써요.

(4) 일반동사 clean의 과거형은 ed를 붙인 cleaned를 써요.

혼공 종합문제 (1)
본문 34쪽

1 (1) eggs (2) children (3) feet (4) women
2 (1) a spoonful of sugar (2) two cups of coffee
(3) three loaves of bread **3** (1) They (2) his
(3) us **4** their, my, our **5** (1) were (2) was
(3) were **6** (1) Did you clean? (2) It wasn't a
strawberry. (3) She was in the room. **7** (1) Are
(2) didn't (3) cried **8** (1) They are going.
(2) He was studying. **9** (1) were (2) this
(3) met (4) our (5) pieces

1 (1) 달걀이 네 개이므로 복수형은 eggs가 알맞아요.

(2) 아이가 세 명이므로 복수형은 children이 알맞아요.

(3) 발이 둘이므로 복수형은 feet가 알맞아요.

(4) 여자가 다섯 명이므로 복수형은 women이 알맞아요.

2 (1) 설탕 한 숟가락은 a spoonful과 of sugar를 연결해요.

(2) 커피 두 잔은 two cups와 of coffee를 연결해요.

(3) 빵 세 덩어리는 three loaves와 of bread를 연결해요.

3 (1) '그들은'에 해당하는 주격대명사는 They가 알맞아요.

(2) '그의'에 해당하는 소유격대명사는 his가 알맞아요.

(3) '우리들을'에 해당하는 목적격대명사는 us가 알맞아요.

4 〈보기〉에서 '~의'에 해당하는 소유격대명사는 their(그들의), my(나의), our(우리들의)가 있어요.

5 (1) 주어 They와 형용사 brave를 이어주면서 '~했다'의 뜻을 나타내는 be동사는 were가 알맞아요.

(2) 주어 He와 장소를 나타내는 전치사구 in the kitchen을 이어주면서 '~에 있었다'의 뜻을 나타내는 be동사는 was가 알맞아요.

(3) 복수 주어 Tom and Mary와 형용사 happy를 이어주면서 '~했다'의 뜻을 나타내는 be동사는 were가 알맞아요.

6 (1) 일반동사가 쓰인 과거의문문은 Did를 문장 맨 앞에 쓰고, 주어 you, 동사 clean을 써요.

(2) be동사가 쓰인 과거부정문은 주어 It 다음에 '~가 아니였다'는 wasn't, 마지막으로 a strawberry를 써요

(3) 주어 She 다음에 '~에 있었다'라는 was, 마지막으로 전치사구 in the room을 써요.

7 (1) '너는 학생이다.'라는 You are a student. 문장에 주어와 be동사의 위치를 바꾼 의문문은 Are you a student?가 알맞으므로 Are를 써요.

(2) 일반동사 과거형의 부정은 일반동사 앞에 didn't를 써요.

(3) '울다'라는 뜻인 cry의 과거형은 y를 i로 바꾸고 ed를 붙인 cried를 써요.

8 (1) 일반동사의 현재진행형은 'be동사의 현재형 + -ing'로 나타내요. 따라서 주어 They와 어울리는 be동사 are 뒤에 going을 써서 They are going.으로 써요.

(2) 일반동사의 과거진행형은 'be동사의 과거형 + -ing'로 나타내요. 따라서 주어 He와 어울리는 was 뒤에 studying을 써서 He was studying.으로 써요.

9 (1) 복수 주어 Tom and I와 장소를 나타내는 전치사구 in the park을 이어주면서 '~에 있었다'의 뜻을 나타내는 be동사는 were가 알맞아요.

(2) '이것'이라는 대명사는 this가 알맞아요.

(3) '만났다'는 과거형으로 '만나다'라는 뜻의 일반동사 meet의 과거형 met가 알맞아요.

(4) '우리들의'에 해당하는 소유격대명사는 our가 알맞아요.

(5) '조각'이라는 단위는 piece를 사용하는데 두 조각이므로 pieces가 알맞아요.

 01 본문 38쪽

(1) can dance (2) can go (3) can't swim
(4) Can she (5) may stop (6) may not
(7) may be (8) May I

(1) '춤출 수 있다'는 가능의 조동사 can 뒤에 동사원형을 써서 can dance가 알맞아요.

(2) '갈 수 있다'는 가능의 조동사 can 뒤에 동사원형을 써서 can go가 알맞아요.

(3) '수영할 수 없다'는 부정의 의미를 나타내는 can't 뒤에 동사원형을 써서 can't swim이 알맞아요.

(4) '달릴 수 있니?'라는 의문문은 '조동사 + 주어 + 동사원형'으로 나타내므로 Can she가 알맞아요.

(5) '멈춰도 된다'는 허락의 조동사 may 뒤에 동사원형을 써서 may stop이 알맞아요.

(6) '~하면 안 된다'라는 부정의 의미는 조동사 may 뒤에 not을 써서 may not이 알맞아요.

(7) '~일지도 모른다'는 추측의 조동사 may 뒤에 동사원형을 써서 may be가 알맞아요.

(8) '제가 ~해도 되나요?'라는 의문문은 허락의 조동사 May 뒤에 주어 I를 써서 May I가 알맞아요.

 02 본문 39쪽

(1) should wash (2) should run (3) Should we
(4) shouldn't

(1) '씻어야 한다'는 충고의 조동사 should 뒤에 동사원형을 써서 should wash가 알맞아요.

(2) '달려야 한다'는 충고의 조동사 should 뒤에 동사원형을 써서 should run이 알맞아요.

(3) '우리들은 ~해야 하나요?'라는 의문문은 조언의 조동사 Should 뒤에 주어 we를 써서 Should we가 알맞아요.

(4) '~하지 말아야 한다'는 충고의 조동사 should 뒤에 not을 쓰는데 줄여 쓰면 shouldn't가 알맞아요.

03 본문 39쪽

(1) can, swim (2) can't, fly (3) may, go, home
(4) not, watch, TV (5) Should, wash, my, hands
(6) Can, meet, them (7) may, be, hungry (8) read, this

(1) '수영할 수 있다'는 가능의 조동사 can 뒤에 동사원형 swim를 써요.

(2) '날 수 없다'는 부정의 의미를 나타내는 can't 뒤에 동사원형 fly를 써요.

(3) '집에 가도 된다'는 허락의 조동사 may 뒤에 동사원형 go을 쓰고 home을 써요.

(4) 'TV를 보면 안 된다'는 부정의 의미를 나타내는 may not 뒤에 watch TV를 써요.

(5) '내가 내 손을 씻어야 하나요?'라는 조언을 구하는 의문문은 Should I 뒤에 wash my hands를 써요.

(6) '우리들은 그들을 만날 수 있나요?'라는 의문문은 Can we 뒤에 meet them을 써요.

(7) '배고플지도 모른다'는 추측의 조동사 may 뒤에 be동사의 원형 be와 hungry를 써요.

(8) '이것을 읽지 말아야 한다'는 부정의 의미는 나타내는 shouldn't 뒤에 read this를 써요.

 04 본문 40쪽

(1) be (2) will wait (3) be (4) eat (5) won't
(6) Will (7) be (8) Will Tom and Mary

(1) '~가 될 것이다'는 조동사 will 뒤에 동사원형을 써서 be가 알맞아요.

(2) '기다릴 것이다'는 조동사 will 뒤에 동사원형을 써서 will wait가 알맞아요.

(3) '~가 될 것이다'는 조동사 will 뒤에 동사원형을 써서 be가 알맞아요.

(4) '~을 먹지 않을 것이다'라는 부정의 의미는 won't 뒤에 동사원형을 써서 eat이 알맞아요.

(5) '~가 되지 않을 것이다'라는 부정의 의미는 won't가 알맞아요.

(6) '~가 될 거야?'라는 의문문은 Will을 문장 맨 앞에 쓰고 주어를 쓰는 것이 알맞아요.

(7) '~가 되어 줄래?'라는 의문문은 Will you 뒤에 동사원형을 쓰므로 be가 알맞아요.

(8) Will 뒤에 주어 Tom and Mary를 써서 의문문을 표현하는 것이 알맞아요.

 05 본문 41쪽

(1) wear (2) drink (3) be (4) Must I

(1) 조동사 must 뒤에는 동사원형이 와야 하므로 wear가 알맞아요.

(2) 부정의 의미를 나타내는 must not 뒤에는 동사원형이 와야 하므로 drink가 알맞아요.

(3) 조동사 must 뒤에는 동사원형이 와야 하므로 be가 알맞아요.

(4) 의문문은 주어와 must의 위치를 바꿔 Must I가 알맞아요.

 06 본문 41쪽

(1) will, be, a, singer (2) will, study (3) won't, play
(4) Will, read, book (5) must, stop, here (6) must, not, jump (7) must, wear, gloves (8) must, be, a, doctor

(1) '가수가 될 것이다'는 will 뒤에 동사원형 be를 쓰고 a singer를 써요.

(2) '공부할 것이다'는 will 뒤에 동사원형 study를 써요.

(3) '놀지 않을 것이다'는 won't 뒤에 동사원형 play를 써요.

(4) '너는 그 책을 읽을 거니?'라는 의문문은 Will you 뒤에 read the book을 써요.

(5) '여기에서 반드시 멈춰야 한다'는 must 뒤에 동사원형 stop 그리고 here를 써요.

(6) '절대 점프해서는 안 된다'는 must not 뒤에 동사원형 jump를 써요.

(7) '반드시 장갑을 껴야 한다'는 조동사 must 뒤에 동사원형 wear를 쓰고 gloves를 써요.

(8) '의사인 게 틀림없다'라는 강한 추측의 표현은 조동사 must 뒤에 동사원형 be를 쓰고 a doctor를 써요.

 기본문제 본문 42쪽

Ⓐ (1) will, wait (2) should, watch (3) must, be, hungry (4) Can, jump (5) may, be, a, singer
(6) won't, clean (7) may, watch, TV (8) must, wear, gloves (9) May, go, home (10) can't, swim

(1) '기다릴 것이다'는 조동사 will 뒤에 동사원형 wait를 써요.

(2) '봐야 한다'는 조언을 나타내는 조동사 should 뒤에 동사원형 watch를 써요.

(3) '배고픈 게 틀림없다'는 강한 추측의 뜻을 나타내는 조동사 must 뒤에 동사원형 be와 hungry를 써요.

(4) '너는 점프할 수 있니?'라는 의문문은 Can you 뒤에 동사원형 jump를 써요.

(5) '가수일지도 모른다'는 추측의 조동사 may 뒤에 동사원형 be와 a singer를 써요.

(6) '청소하지 않을 것이다'는 won't 뒤에 동사원형 clean을 써요.

(7) 'TV를 봐도 된다'는 허락의 조동사 may 뒤에 동사원형 watch와 TV를 써요.

(8) '반드시 장갑을 껴야 한다'는 강한 의무를 나타내는 must 뒤에 동사원형 wear와 gloves를 써요.

(9) '제가 집에 가도 되나요?'라는 의문문은 May I 뒤에 동사원형 go와 home을 써요.

(10) '수영할 수 없다'는 부정의 의미를 나타내는 can't 뒤에 동사원형 swim을 써요.

must는 can으로 고쳐야 해요.

(2) '반드시 ~해서는 안 된다'는 강한 의무의 조동사 must에 not을 써야 하므로 may는 must로 고쳐야 해요.

(3) '~해도 된다'는 허락의 조동사 may를 써야 하므로 must는 may로 고쳐야 해요.

(4) '~할 것이다'는 의지의 조동사 will을 써야 하므로 should는 will로 고쳐야 해요

(5) '~해야 한다'는 충고의 조동사 should를 써야 하므로 can은 should로 고쳐야 해요.

실전문제
본문 43쪽

A (1) should   (2) will   (3) may   (4) must
B (1) stop   (2) should not(shouldn't)   (3) be
C (1) ④   (2) ①   D (1) can   (2) must
(3) may   (4) will   (5) should

A

(1) 조언을 나타내는 조동사는 should가 알맞아요.

(2) 미래형을 나타내는 조동사는 will이 알맞아요.

(3) 허락을 나타내는 조동사는 may가 알맞아요.

(4) 강한 의무를 나타내는 조동사는 must가 알맞아요.

B

(1) 조동사 must 뒤에는 동사원형을 써야 하므로 stop으로 고쳐야 해요.
(그는 여기서 반드시 멈춰야만 한다.)

(2) '~해서는 안 된다'라는 의미는 조동사 should 뒤에 not을 써야 하므로 should not(shouldn't)으로 고쳐야 해요.
(너는 이것을 읽지 말아야 한다.)

(3) 조동사 must 뒤에는 동사원형을 써야 하므로 be로 고쳐야 해요.
(그는 의사임에 틀림없다.)

C

(1) '반드시 ~해야 한다'는 강한 의무를 나타내는 조동사는 must가 알맞아요.

(2) '~할 수 있다'는 가능을 나타내는 조동사는 can이 알맞아요.

D

(1) '할 수 있다'는 가능의 조동사 can을 써야 하므로

바로! 확인문제 01
본문 44쪽

(1) a tall　(2) an old　(3) a big　(4) a young
(5) a yellow　(6) two　(7) a new　(8) small

(1) 명사 man을 꾸며주는 형용사 tall의 발음이 자음으로 시작하므로 a tall이 알맞아요.

(2) 명사 building을 꾸며주는 형용사 old의 발음이 모음으로 시작하므로 an old가 알맞아요.

(3) 명사 orange를 꾸며주는 형용사 big의 발음이 자음으로 시작하므로 a big이 알맞아요.

(4) 명사 woman을 꾸며주는 형용사 young의 발음이 자음으로 시작하므로 a young이 알맞아요.

(5) 명사 car를 꾸며주는 형용사 yellow의 발음이 자음으로 시작하므로 a yellow가 알맞아요.

(6) 명사 monkeys를 꾸며주는 '두 마리'라는 뜻의 two가 알맞아요.

(7) 명사 bag을 꾸며주는 형용사 new의 발음이 자음으로 시작하므로 a new가 알맞아요.

(8) 명사 tomatoes를 꾸며주는 '작은'이라는 뜻의 small이 알맞아요.

바로! 확인문제 02
본문 45쪽

(1) are young　(2) is heavy　(3) seems sad
(4) become tired

(1) '주어＋동사＋형용사'로 구성되는 문장으로, 주어 You 뒤에 be동사 are, 그리고 형용사 young을 쓰는 것이 알맞아요.

(2) '주어＋동사＋형용사'로 구성되는 문장으로, 주어 The ox 뒤에 be동사 is, 그리고 형용사 heavy를 쓰는 것이 알맞아요.

(3) '주어＋동사＋형용사'로 구성되는 문장으로, 주어 He 뒤에 동사 seems, 그리고 형용사 sad를 쓰는 것이 알맞아요.

(4) '주어＋동사＋형용사'로 구성되는 문장으로, 주어 I 뒤에 동사 become, 그리고 형용사 tired를 쓰는 것이 알맞아요.

바로! 확인문제 03
본문 45쪽

(1) three　(2) good　(3) small　(4) old　(5) red
(6) young　(7) short　(8) nice

(1) 형용사 '세 마리의'는 three가 알맞아요.

(2) 형용사 '좋은'은 good이 알맞아요.

(3) 형용사 '작은'은 small이 알맞아요.

(4) 형용사 '나이 든'은 old가 알맞아요.

(5) 형용사 '(색깔이) 빨간'은 red가 알맞아요.

(6) 형용사 '젊은'은 young이 알맞아요.

(7) 형용사 '(키가) 작은'은 short가 알맞아요.

(8) 형용사 '멋진'은 nice가 알맞아요.

바로! 확인문제 04
본문 46쪽

(1) nicely　(2) sadly　(3) easily　(4) happily
(5) fast　(6) much　(7) hard　(8) early
(9) always　(10) never　(11) sometimes　(12) often

(1) '멋지게'라는 뜻의 부사는 형용사 nice 뒤에 ly를 붙인 nicely가 알맞아요.

(2) '슬프게'라는 뜻의 부사는 형용사 sad 뒤에 ly를 붙인 sadly가 알맞아요.

(3) '쉽게'라는 뜻의 부사는 형용사 easy의 맨 끝 철자 y를 i로 바꾼 후 ly를 붙인 easily가 알맞아요.

(4) '행복하게'라는 뜻의 부사는 형용사 happy의 맨 끝 철자 y를 i로 바꾼 후 ly를 붙인 happily가 알맞아요.

(5) '빨리'라는 뜻의 부사는 형용사 fast와 철자가 같아 fast로 쓰는 것이 알맞아요.

(6) '많이'라는 뜻의 부사는 형용사 much와 철자가 같아 much로 쓰는 것이 알맞아요.

(7) '열심히'라는 뜻의 부사는 형용사 hard와 철자가 같아 hard로 쓰는 것이 알맞아요.

(8) '일찍'이라는 뜻의 부사는 형용사 early와 철자가 같아 early로 쓰는 것이 알맞아요.

(9) '항상'이라는 뜻의 빈도부사는 always가 알맞아요.

(10) '절대 ～하지 않는'이라는 뜻의 빈도부사는 never가 알맞아요.

(11) '때때로'라는 뜻의 빈도부사는 sometimes가 알맞아요.

(12) '종종'이라는 뜻의 빈도부사는 often이 알맞아요.

(1) happily   (2) kindly   (3) Luckily   (4) very
(5) early   (6) long   (7) hard   (8) often

(1) '행복하게'라는 뜻의 부사는 happily가 알맞아요.
(2) '친절하게'라는 뜻의 부사는 kindly가 알맞아요.
(3) '운이 좋게도'라는 뜻의 부사는 Luckily가 알맞아요.
(4) '매우'라는 뜻의 부사는 very가 알맞아요.
(5) '일찍'이라는 뜻의 부사는 early가 알맞아요.
(6) '오래'라는 뜻의 부사는 long이 알맞아요.
(7) '열심히'라는 뜻의 부사는 hard가 알맞아요.
(8) '종종'이라는 뜻의 빈도부사는 often이 알맞아요.

 기본문제 본문 48쪽

Ⓐ (1) good, friends   (2) new, car   (3) old, building
(4) pretty(beautiful), girl   (5) big, orange   (6) nicely
(7) hard   (8) easily   (9) high   (10) never

(1) '좋은 친구들'은 형용사 good과 명사 friends를 써요.
(2) '새 차'는 형용사 new와 명사 car를 써요.
(3) '오래된 빌딩'은 형용사 old와 명사 building을 써요.
(4) '예쁜 소녀'는 형용사 pretty 또는 beautiful과 명사 girl을 써요.
(5) '큰 오렌지'는 형용사 big과 명사 orange를 써요.
(6) '멋지게'라는 뜻의 부사는 nicely를 써요.
(7) '열심히'라는 뜻의 부사는 hard를 써요.
(8) '쉽게'라는 뜻의 부사는 easily를 써요.
(9) '높이'라는 뜻의 부사는 high를 써요.
(10) '절대 ~하지 않는'이라는 뜻의 빈도부사는 never를 써요.

 실전문제 본문 49쪽

Ⓐ (1) strong   (2) tired   (3) luckily   Ⓑ (1) an old
(2) eggs   (3) a big   Ⓒ (1) ④   (2) ④   Ⓓ (1) tall
(2) pretty(beautiful)   (3) usually   (4) tired
(5) always   (6) kindly

Ⓐ
(1) 형용사 '힘이 센'은 strong이 알맞아요.

(2) 형용사 '피곤한'은 tired가 알맞아요.
(3) 부사 '운이 좋게'는 luckily가 알맞아요.

Ⓑ
(1) 형용사 old는 발음이 모음으로 시작하므로 a를 an으로 고쳐야 해요.
(2) 달걀이 두 개이므로 egg를 eggs로 고쳐야 해요.
(3) 형용사 big은 발음이 자음으로 시작하므로 an을 a로 고쳐야 해요.

Ⓒ
(1) '열심히'라는 뜻의 부사는 hard가 알맞아요.
(2) '보통'이라는 뜻의 빈도부사는 usually가 알맞아요.

Ⓓ
(1) '키가 큰'이라는 뜻의 형용사는 tall이 알맞아요.
(2) '예쁜'이라는 뜻의 형용사는 pretty나 beautiful이 알맞아요.
(3) '보통'이라는 뜻의 빈도부사는 usually가 알맞아요.
(4) '피곤한'이라는 뜻의 형용사는 tired가 알맞아요.
(5) '항상'이라는 뜻의 빈도부사는 always가 알맞아요.
(6) '친절하게'라는 뜻의 부사는 kindly가 알맞아요.

01 본문 50쪽

(1) at 8 (2) in summer (3) in Korea (4) in the classroom (5) at night (6) on Tuesday (7) at home (8) in her room

(1) 시간 앞에는 전치사 at을 쓰므로 at 8이 알맞아요.

(2) 계절 앞에는 전치사 in을 쓰므로 in summer가 알맞아요.

(3) 나라 이름 앞에는 전치사 in을 쓰므로 in Korea가 알맞아요.

(4) 장소 앞에는 전치사 in을 쓰므로 in the classroom이 알맞아요.

(5) 하루 중 특정한 때 앞에는 at을 쓰므로 at night가 알맞아요.

(6) 요일 앞에는 전치사 on을 쓰므로 on Tuesday가 알맞아요.

(7) 집이라는 특정 공간에 있을 때 전치사 at을 쓰므로 at home이 알맞아요.

(8) 장소 앞에는 전치사 in을 쓰므로 in her room이 알맞아요.

02 본문 51쪽

(1) in January (2) in the kitchen (3) in the (4) at the

(1) 월 앞에는 전치사 in을 쓰므로 in January가 알맞아요.

(2) 장소 앞에는 전치사 in을 쓰므로 in the kitchen이 알맞아요.

(3) '오후에'라는 표현에는 전치사 in을 쓰므로 in the가 알맞아요.

(4) '은행'이라는 특정 공간에 있을 때는 전치사 at을 쓰므로 at the가 알맞아요.

03 본문 51쪽

(1) up (2) in (3) next to (4) on (5) under (6) between

(1) '~위로'는 전치사 up이 알맞아요.

(2) '~안에'는 전치사 in이 알맞아요.

(3) '~옆에'는 전치사 next to가 알맞아요.

(4) '~위에'는 전치사 on가 알맞아요.

(5) '~아래에'는 전치사 under가 알맞아요.

(6) '~사이에'는 전치사 between이 알맞아요.

04 본문 52쪽

(1) and (2) or (3) and (4) and (5) or (6) or (7) and (8) and

(1) 두 개의 단어를 '그리고(와)'로 연결하는 접속사는 and가 알맞아요.

(2) 두 개의 단어를 '또는'으로 연결하는 접속사는 or가 알맞아요.

(3) 두 개의 단어를 '그리고(과)'로 연결하는 접속사는 and가 알맞아요.

(4) 두 개의 단어를 '그리고(과)'로 연결하는 접속사는 and가 알맞아요.

(5) 두 개의 단어를 '또는'으로 연결하는 접속사는 or가 알맞아요.

(6) 두 개의 단어를 '또는'으로 연결하는 접속사는 or가 알맞아요.

(7) 두 개의 단어를 '그리고(과)'로 연결하는 접속사는 and가 알맞아요.

(8) 두 개의 단어를 '그리고(과)'로 연결하는 접속사는 and가 알맞아요.

05 본문 53쪽

(1) and (2) or (3) but (4) but

(1) '그리고'는 접속사 and가 알맞아요.

(2) '또는'는 접속사 or가 알맞아요.

(3) '그러나'는 접속사 but이 알맞아요.

(4) '그러나'는 접속사 but이 알맞아요.

06 본문 53쪽

(1) a nice (2) exciting games (3) he is (4) lovely she is (5) What a (6) How nice (7) How exciting (8) What a

(1) What으로 시작하는 감탄문은 'What + a + 형용사 + 명사' 순으로 나타내므로 a nice가 알맞아요.

(2) What으로 시작하는 감탄문은 'What＋a＋형용사＋명사' 순으로 나타내는데 명사가 복수일 경우 a는 생략해요. 따라서 exciting games가 알맞아요.

(3) How로 시작하는 감탄문은 'How＋형용사/부사＋주어＋동사' 순으로 나타내므로 he is가 알맞아요.

(4) How로 시작하는 감탄문은 'How＋형용사/부사＋주어＋동사' 순으로 나타내므로 lovely she is가 알맞아요.

(5) What으로 시작하는 감탄문은 'What＋a＋형용사＋명사' 순으로 나타내므로 What a가 알맞아요.

(6) How로 시작하는 감탄문은 'How＋형용사/부사＋주어＋동사' 순으로 나타내므로 How nice가 알맞아요.

(7) How로 시작하는 감탄문은 'How＋형용사/부사＋주어＋동사' 순으로 나타내므로 How exciting이 알맞아요.

(8) What으로 시작하는 감탄문은 'What＋a＋형용사＋명사' 순으로 나타내므로 What a가 알맞아요.

기본문제

본문 54쪽

Ⓐ (1) in, summer　(2) on, Sunday(s)　(3) at, home　(4) in, the, kitchen　(5) was, under　(6) dance, and　(7) or, Canada　(8) apples, but, she　(9) an, exciting, game　(10) handsome, he, is

(1) 계절 앞에 전치사 in을 사용하므로 in summer로 써요.

(2) 요일 앞에 전치사 on을 사용하므로 on Sunday(s)로 써요.

(3) '집'이라는 특정 공간에 있을 때 전치사 at을 사용하므로 at home으로 써요.

(4) 장소 앞에는 전치사 in을 사용하므로 in the kitchen으로 써요.

(5) '아래에 있었다'는 be동사 과거형 was와 '아래에'라는 뜻의 전치사 under를 사용하여 was under로 써요.

(6) '춤추다'라는 동사 dance와 '그리고'라는 접속사 and를 써요.

(7) '또는'이라는 접속사 or와 Canada를 써요.

(8) 사과 apples 뒤에 '그러나'를 뜻하는 접속사 but, 그리고 주어 she를 써요.

(9) What으로 시작하는 감탄문은 'What＋a＋형용사＋명사' 순으로 나타내는데 형용사 exciting의 발음이 모음으로 시작하므로 an을 써서 an exciting game으로 써요.

(10) How로 시작하는 감탄문은 'How＋형용사/부사＋주어＋동사' 순으로 나타내므로 handsome he is로 써요.

실전문제

본문 55쪽

Ⓐ (1) behind　(2) down　(3) between　Ⓑ (1) and　(2) or　(3) but　Ⓒ (1) ⑤　(2) ③　Ⓓ (1) at, 7(seven)　(2) in, the, kitchen　(3) on, Sunday　(4) How

Ⓐ

(1) 전치사 '~뒤에'는 behind가 알맞아요.

(2) 전치사 '~아래로'는 down이 알맞아요.

(3) 전치사 '~사이에'는 between이 알맞아요.

Ⓑ

(1) 소년과 소녀 모두를 봤으므로 or를 and로 고쳐야 해요.

(2) 물 또는 우유를 마실 수 있기에 but을 or로 고쳐야 해요.

(3) 접속사 앞뒤 문장이 반대의 내용을 나타내므로 and를 but으로 고쳐야 해요.

Ⓒ

(1) a 뒤에 형용사와 명사가 오는 감탄문의 감탄사는 What이 알맞아요.

(2) 년도 앞에는 전치사 in을 쓰므로 in 1954가 알맞아요.

Ⓓ

(1) '7시에'는 전치사 at을 사용하여 at 7(seven)으로 써요.

(2) '부엌에'는 전치사 in을 사용하여 in the kitchen으로 써요.

(3) '일요일에'는 전치사 on을 사용하여 on Sunday로 써요.

(4) 형용사 lovely 뒤에 주어와 동사가 오는 감탄문의 감탄사는 How를 써요.

1 (1) sadly (2) nicely (3) happily (4) much
2 (1) small bags (2) red tomatoes (3) heavy boxes **3** (1) under (2) behind (3) between
4 never, always, sometimes **5** (1) may (2) must
(3) Can **6** (1) How lovely she is! (2) My mom works at the bank. (3) This car looks nice.
7 (1) What (2) often (3) or **8** (1) My dad often snores. (2) This is a new bag. **9** (1) next
(2) and (3) Will (4) how (5) good

1 (1) '슬프게'라는 뜻의 부사는 형용사 sad에 ly를 붙인 sadly가 알맞아요.

(2) '멋지게'라는 뜻의 부사는 형용사 nice에 ly를 붙인 nicely가 알맞아요.

(3) '행복하게'라는 뜻의 부사는 형용사 happy의 마지막 철자 y를 i로 바꾼 후 ly를 붙인 happily가 알맞아요.

(4) '많이'라는 뜻의 부사는 형용사 much와 철자가 똑같아요.

2 (1) 형용사 small(작은)과 명사 bags(가방들)를 연결해요.

(2) 형용사 red(빨간)와 명사 tomatoes(토마토들)를 연결해요.

(3) 형용사 heavy(무거운)와 명사 boxes(상자들)를 연결해요.

3 (1) '~아래에'는 전치사 under가 알맞아요.

(2) '~뒤에'는 전치사 behind가 알맞아요.

(3) '~사이에'는 전치사 between이 알맞아요.

4 〈보기〉에서 never(절대 ~아닌), always(항상), sometimes(때때로)가 빈도부사이지요.

5 (1) '~일지도 모른다'라는 추측의 조동사 may가 알맞아요.

(2) '절대 ~해서는 안 된다'는 조동사 must 뒤에 not을 붙여 나타내므로 must가 알맞아요.

(3) '~할 수 있다'는 가능의 조동사 Can이 알맞아요.

6 (1) How로 시작하는 감탄문은 'How+형용사/부사+주어+동사' 순으로 나타내므로 How, lovely, she, is 순으로 써요.

(2) 주어 My mom, 동사 works, 그리고 장소를 나타내는 전치사구 at the bank 순으로 써요.

(3) 주어 This car, 동사 looks, 뒤에 형용사 nice 순으로 써요.

7 (1) 빈칸 뒤로 'an+형용사+명사' 순으로 이어지는 감탄문이므로 감탄사는 What이 알맞아요.

(2) '종종'을 의미하는 빈도부사는 often이 알맞아요.

(3) '또는'을 의미하는 접속사는 or가 알맞아요.

8 (1) '종종'을 의미하는 빈도부사 often은 일반동사 앞에 와야 하므로 My dad often snores.로 써요.

(2) '새로운'을 의미하는 형용사 new는 명사 앞에서 명사를 꾸며주므로 This is a new bag.으로 써요.

9 (1) '~옆에'을 뜻의 전치사는 next to이므로 next가 알맞아요.

(2) '그리고'라는 뜻의 접속사는 and가 알맞아요.

(3) '~되어 줄래?'라는 표현은 조동사 Will이 알맞아요.

(4) '형용사+주어+동사'로 표현되는 감탄문의 감탄사는 how가 알맞아요.

(5) '좋은'이라는 뜻의 형용사는 good이 알맞아요.

Day 08 / 주어＋be동사

 바로! 확인문제 01 본문 60쪽

(1) am　(2) are　(3) was　(4) were　(5) was
(6) will be　(7) were not　(8) will not be　(9) are not
(10) in Korea　(11) in 2010　(12) in the hospital

(1) 주어 I와 어울리는 be동사는 am이 알맞아요.

(2) 주어 You와 어울리는 be동사는 are가 알맞아요.

(3) 주어 Suzy와 어울리는 be동사의 과거형은 was가 알맞아요.

(4) 주어 We와 어울리는 be동사의 과거형은 were가 알맞아요.

(5) 주어 I와 어울리는 be동사의 과거형은 was가 알맞아요.

(6) '~가 될 것이다'라는 미래형은 will be가 알맞아요.

(7) 주어 You 뒤에 '~가 아니었다'라는 과거형의 부정은 were not이 알맞아요.

(8) '~가 되지 않을 것이다'라는 미래형의 부정은 will not be가 알맞아요.

(9) 주어 You 뒤에 '~가 아니다'라는 부정은 are not이 알맞아요.

(10) '한국에서'라는 장소를 나타내는 전치사구는 in Korea가 알맞아요.

(11) '2010년에'라는 시간을 나타내는 전치사구는 in 2010이 알맞아요.

(12) '병원에서'라는 장소를 나타내는 전치사구는 in the hospital이 알맞아요.

바로! 확인문제 02 본문 61쪽

(1) I am not a student.　(2) You were a nurse.
(3) I will be a teacher.　(4) She will not be a singer.
(5) She will be a singer in Korea.　(6) I was a teacher in 2015.　(7) She was not a nurse in the hospital.
(8) They are students in 2021.

(1) '주어＋be동사＋명사'로 구성되는 문장으로, 주어 I 뒤에 be동사의 부정 am not, 그리고 a student를 써요.
(나는 학생이 아니다.)

(2) '주어＋be동사＋명사'로 구성되는 문장으로, 주어 You 뒤에 be동사의 과거형 were, 그리고 a nurse를 써요.
(너는 간호사였다.)

(3) '주어＋be동사＋명사'로 구성되는 문장으로, 주어 I 뒤에 미래형 will be, 그리고 a teacher를 써요.
(나는 선생님이 될 것이다.)

(4) '주어＋be동사＋명사'로 구성되는 문장으로, 주어 She 뒤에 미래형의 부정 will not be, 그리고 a singer를 써요.
(그녀는 가수가 되지 않을 것이다.)

(5) '주어＋be동사＋명사＋수식'으로 구성되는 문장으로, 주어 She 뒤에 미래형 will be, 그리고 a singer를 쓰고, 마지막으로 전치사구 in Korea를 써요.
(그녀는 한국에서 가수가 될 것이다.)

(6) '주어＋be동사＋명사＋수식'으로 구성되는 문장으로, 주어 I 뒤에 be동사의 과거형 was, 그리고 a teacher를 쓰고, 마지막으로 전치사구 in 2015를 써요.
(나는 2015년에 선생님이었다.)

(7) '주어＋be동사＋명사＋수식'으로 구성되는 문장으로, 주어 She 뒤에 be동사의 과거형의 부정 was not, 그리고 a nurse를 쓰고, 마지막으로 전치사구 in the hospital을 써요.
(그녀는 병원에서 간호사가 아니었다.)

(8) '주어＋be동사＋명사＋수식'으로 구성되는 문장으로, 주어 They 뒤에 be동사 are, 그리고 students를 쓰고, 마지막으로 전치사구 in 2021을 써요.
(그들은 2021년에 학생이다.)

바로! 확인문제 03 본문 62쪽

(1) is smart　(2) are not tired　(3) will be tall
(4) was not strong　(5) was young　(6) will not be old
(7) very hungry　(8) very smart　(9) sometimes hungry　(10) were always tired　(11) will never be strong　(12) is usually lucky

(1) 주어 He 뒤에 be동사 is, 그리고 형용사 smart를 쓰는 것이 알맞아요.

(2) 주어 We 뒤에 be동사의 부정 are not, 그리고 형용사 tired를 쓰는 것이 알맞아요.

(3) 주어 You 뒤에 be동사의 미래형 will be, 그리고 형용사 tall을 쓰는 것이 알맞아요.

(4) 주어 She 뒤에 be동사의 과거형 부정 was not, 그리고 형용사 strong을 쓰는 것이 알맞아요.

(5) 주어 Tony 뒤에 be동사의 과거형 was, 그리고 형용사 young을 쓰는 것이 알맞아요.

(6) be동사의 미래형 부정은 will not 뒤에 be동사의 원형 be를 쓰고, 그리고 형용사 old를 쓰는 것이 알맞아요.

(7) 형용사의 의미를 강조하기 위해 부사 very는 형용사 hungry 앞에 쓰는 것이 알맞아요.

(8) 형용사의 의미를 강조하기 위해 부사 very는 형용사

smart 앞에 쓰는 것이 알맞아요.

(9) 빈도부사 sometimes는 be동사 were 뒤에 위치하므로 sometimes hungry를 쓰는 것이 알맞아요.

(10) 빈도부사 always는 be동사 were 뒤에 위치하므로 were always tired를 쓰는 것이 알맞아요.

(11) 빈도부사 never는 조동사 will 뒤에 위치하므로 will never be strong을 쓰는 것이 알맞아요.

(12) 빈도부사 usually는 be동사 is 뒤에 위치하므로 is usually lucky를 쓰는 것이 알맞아요.

바로! 확인문제 04
본문 63쪽

(1) I am happy. (2) He is not tall. (3) You were not strong. (4) She will not be old. (5) I am never tired. (6) She is always happy. (7) You were very strong. (8) She was sometimes hungry.

(1) '주어+be동사+형용사'로 구성되는 문장으로, 주어 I 뒤에 be동사 am, 그리고 형용사 happy를 써요.
(나는 행복하다.)

(2) '주어+be동사+형용사'로 구성되는 문장으로, 주어 He 뒤에 be동사의 부정 is not, 그리고 형용사 tall을 써요.
(그는 키가 크지 않다.)

(3) '주어+be동사+형용사'로 구성되는 문장으로, 주어 You 뒤에 be동사의 부정 were not, 그리고 형용사 strong을 써요.
(너는 힘이 세지 않았다.)

(4) '주어+be동사+형용사'로 구성되는 문장으로, 주어 She 뒤에 미래형 부정 will not be, 그리고 형용사 old를 써요.
(그녀는 늙지 않을 것이다.)

(5) '주어+be동사+빈도부사+형용사'로 구성되는 문장으로, 주어 I 뒤에 be동사 am, 빈도부사 never, 그리고 형용사 tired를 써요.
(나는 절대 피곤하지 않다.)

(6) '주어+be동사+빈도부사+형용사'로 구성되는 문장으로, 주어 She 뒤에 be동사 is, 빈도부사 always, 그리고 형용사 happy를 써요.
(그녀는 항상 행복하다.)

(7) '주어+be동사+부사+형용사'로 구성되는 문장으로, 주어 You 뒤에 be동사 were, 부사 very, 형용사 strong을 써요.
(너는 매우 힘이 셌다.)

(8) '주어+be동사+빈도부사+형용사'로 구성되는 문장으로, 주어 She 뒤에 be동사 was, 빈도부사 sometimes, 형용사 hungry를 써요.
(그녀는 때때로 배고팠다.)

기본문제
본문 64쪽

Ⓐ (1) was, nurse (2) will, be, singer (3) was, teacher (4) was, tall (5) very, smart (6) were, always Ⓑ (1) are not tomatoes (2) He will be (3) not be, singer, Korea (4) is not tired (5) is very safe (6) will never be old

Ⓐ

(1) 주어가 She이므로 '~였다'는 be동사의 과거형 was, '간호사'는 nurse를 써요.

(2) '~가 될 것이다'는 미래형 will be, '가수'는 singer를 써요.

(3) 주어가 I이므로 '~였다'는 be동사의 과거형 was, '선생님'은 teacher를 써요.

(4) 주어가 He이므로 '~했다'는 be동사의 과거형 was, '키가 큰'은 tall을 써요.

(5) 형용사를 꾸며주는 부사 '매우'는 very, '똑똑한'은 smart를 써요.

(6) 주어가 We이므로 '~했다'는 be동사 과거형 were, '항상'은 빈도부사 always를 써요.

Ⓑ

(1) '토마토들이 아니다'는 be동사의 부정 are not, 그리고 tomatoes를 써요.

(2) '그는 ~가 될 것이다'라는 표현은 He will be를 써요.

(3) '~가 되지 않을 것이다'라는 미래형의 부정은 will 뒤에 not be를 쓰고, '가수'는 singer, '한국'은 Korea를 써요.

(4) '피곤하지 않다'는 주어 She 뒤에 be동사의 현재형 부정 is not, 그리고 tired를 써요.

(5) '매우 안전하다'는 주어가 It이므로 be동사 is, 그리고 very safe를 써요.

(6) '절대 늙지 않을 것이다'라는 미래형의 부정은 will 뒤에 never be, 그리고 old를 써요.

실전문제
본문 65쪽

Ⓐ (1) was (2) will (3) tired (4) very
Ⓑ (1) am not (2) be (3) were Ⓒ (1) ③ (2) ③
Ⓓ (1) We weren't students in 2010. (2) The boy will be a police officer. (3) She was always hungry. (4) They are very sad.

Ⓐ

(1) be동사 am의 과거형은 was가 알맞아요.

(2) '~가 될 것이다'라는 미래형은 will이 알맞아요.

(3) 형용사 '피곤한'은 tired가 알맞아요.

(4) 부사 '매우'는 very가 알맞아요.

B

(1) be동사의 부정은 be동사 뒤에 not을 쓰므로 am not으로 고쳐야 해요.
(나는 학생이 아니다.)

(2) 조동사 will 뒤에는 동사원형을 쓰므로 be로 고쳐야 해요.
(그녀는 한국에서 가수가 될 것이다.)

(3) '작년'의 일이므로 are의 과거형 were로 고쳐야 해요.
(너는 힘이 세지 않았다.)

C

(1) 조동사 will의 부정은 뒤에 not을 쓰므로 ③이 알맞아요.

(2) 빈도부사 never는 조동사 will 뒤에 쓰므로 ③이 알맞아요.

D

(1) '주어+be동사+명사+수식'으로 구성되는 문장으로, '우리들은 ~가 아니었다'라는 부정은 We weren't를 쓰고 뒤에 students, 그리고 in 2010을 써요.

(2) '주어+be동사+명사'로 구성되는 문장으로, '그 소년은 ~가 될 것이다'라는 미래형은 The boy will be를 쓰고, 뒤에 a police officer를 써요.

(3) '주어+be동사+빈도부사+형용사'로 구성되는 문장으로, '그녀는 ~했다'라는 과거형은 She was를 쓰고 빈도부사 always, 그리고 hungry를 써요.

(4) '주어+be동사+부사+형용사'로 구성되는 문장으로, '그들은 ~하다'는 They are를 쓰고, very sad를 써요.

Day 09 / 주어+일반동사

바로! 확인문제 01   본문 66쪽

(1) go (2) will listen (3) ran (4) are eating
(5) get up (6) will sleep (7) was going
(8) listened (9) don't (10) don't (11) didn't
(12) are not (13) doesn't get up (14) will not sleep
(15) was not going (16) didn't listen

(1) 일반동사 '간다'는 현재형인 go가 알맞아요.

(2) '들을 것이다'라는 미래형은 'will+동사원형'인 will listen이 알맞아요.

(3) 일반동사 '달리다(run)'의 과거형은 ran이 알맞아요.

(4) '먹는 중이다'라는 현재진행형은 are eating이 알맞아요.

(5) 주어 I 뒤에 오는 일반동사의 현재형은 s나 es를 붙이지 않으므로 get up이 알맞아요.

(6) '잘 것이다'라는 미래형은 'will+동사원형'인 will sleep이 알맞아요.

(7) 주어가 3인칭 단수이므로 '가는 중이었다'라는 과거진행형은 was going이 알맞아요.

(8) 일반동사 '듣다(listen)'의 과거형은 listened가 알맞아요.

(9) 주어가 I일 경우 일반동사 현재형의 부정은 일반동사 앞에 don't를 쓰는 것이 알맞아요.

(10) 주어가 You일 경우 일반동사 현재형의 부정은 일반동사 앞에 don't를 쓰는 것이 알맞아요.

(11) 일반동사 과거형의 부정은 주어 인칭에 관계없이 일반동사 앞에 didn't를 쓰는 것이 알맞아요.

(12) 현재진행형의 부정은 'be동사+not+일반동사+-ing'으로 나타내므로 are not을 쓰는 것이 알맞아요.

(13) 주어가 3인칭 단수이므로 일반동사 현재형의 부정은 일반동사 앞에 doesn't를 쓰고 동사원형이 와야 하므로 doesn't get up이 알맞아요.

(14) 미래형의 부정은 will 뒤에 not을 써서 will not sleep이 알맞아요.

(15) 과거진행형의 부정은 'be동사의 과거형+not+일반동사+-ing'으로 나타내므로 was not going이 알맞아요.

(16) 일반동사의 과거형 부정은 주어 인칭에 관계없이 일반동사 앞에 didn't를 쓰고 동사원형이 와야 하므로 didn't listen이 알맞아요.

(1) She runs.   (2) You don't listen.   (3) I got up.
(4) Suzy didn't run.   (5) He is listening.   (6) I didn't
get up.   (7) She will run.   (8) She will not run.

---

(1) '주어＋일반동사'로 구성되는 문장으로, 주어 She 뒤
에 일반동사 runs를 써요.
(그녀는 달린다.)

(2) '주어＋일반동사'로 구성되는 문장으로, 주어 You 뒤
에 일반동사의 부정 don't listen을 써요.
(너는 듣지 않는다.)

(3) '주어＋일반동사'로 구성되는 문장으로, 주어 I 뒤에
일반동사의 과거형 got up을 써요.
(나는 일어났다.)

(4) '주어＋일반동사'로 구성되는 문장으로, 주어 Suzy
뒤에 일반동사의 과거형 부정 didn't run을 써요.
(Suzy는 달리지 않았다.)

(5) '주어＋일반동사'로 구성되는 문장으로, 주어 He 뒤
에 현재진행형 is listening을 써요.
(그는 듣고 있는 중이다.)

(6) '주어＋일반동사'로 구성되는 문장으로, 주어 I 뒤에
일반동사의 과거형 부정 didn't get up을 써요.
(나는 일어나지 않았다.)

(7) '주어＋일반동사'로 구성되는 문장으로, 주어 She 뒤
에 미래형 will run을 써요.
(그녀는 달릴 것이다.)

(8) '주어＋일반동사'로 구성되는 문장으로, 주어 She 뒤
에 미래형 부정 will not run을 써요.
(그녀는 달리지 않을 것이다.)

(1) nicely   (2) fast   (3) high   (4) hard   (5) happily
(6) well   (7) often   (8) always   (9) in the kitchen
(10) at night   (11) at 7(seven)   (12) on Sunday
(13) at school   (14) at the bank   (15) in Seoul
(16) in the classroom

---

(1) 부사 '멋지게'는 nicely가 알맞아요.

(2) 부사 '빨리'는 fast가 알맞아요.

(3) 부사 '높게'는 high가 알맞아요.

(4) 부사 '열심히'는 hard가 알맞아요.

(5) 부사 '행복하게'는 happily가 알맞아요.

(6) 부사 '잘'은 well이 알맞아요.

(7) 빈도부사 '종종'은 often이 알맞아요.

(8) 빈도부사 '항상'은 always가 알맞아요.

(9) 전치사구 '부엌에서'는 in the kitchen이 알맞아요.

(10) 전치사구 '밤에'는 at night가 알맞아요.

(11) 전치사구 '7시에'는 at 7(seven)이 알맞아요.

(12) 전치사구 '일요일에'는 on Sunday가 알맞아요.

(13) 전치사구 '학교에서'는 at school이 알맞아요.

(14) 전치사구 '은행에서'는 at the bank가 알맞아요.

(15) 전치사구 '서울에'는 in Seoul이 알맞아요.

(16) 전치사구 '교실에서'는 in the classroom이 알맞아요.

(1) She gets up at 8.   (2) He danced hard.
(3) I sleep at night.   (4) He always jogs.
(5) Mom waited at home.   (6) You listened happily.
(7) She reads in her room.   (8) She is singing happily.

---

(1) '주어＋일반동사＋수식'으로 구성되는 문장으로, 주
어 She 뒤에 일반동사 gets up, 그리고 전치사구 at 8을
써요.
(그녀는 8시에 일어난다.)

(2) '주어＋일반동사＋수식'으로 구성되는 문장으로, 주
어 He 뒤에 일반동사 danced, 그리고 부사 hard를 써요.
(그는 열심히 춤췄다.)

(3) '주어＋일반동사＋수식'으로 구성되는 문장으로, 주어
I 뒤에 일반동사 sleep, 그리고 전치사구 at night을 써요.
(나는 밤에 잔다.)

(4) '주어＋빈도부사＋일반동사'로 구성되는 문장으로,
주어 He 뒤에 빈도부사 always, 그리고 일반동사 jogs를
써요.
(그는 항상 조깅을 한다.)

(5) '주어＋일반동사＋수식'으로 구성되는 문장으로, 주
어 Mom 뒤에 일반동사 waited, 그리고 전치사구 at home
을 써요.
(엄마는 집에서 기다리셨다.)

(6) '주어＋일반동사＋수식'으로 구성되는 문장으로, 주어
You 뒤에 일반동사 listened, 그리고 부사 happily를 써요.
(너는 행복하게 들었다.)

(7) '주어＋일반동사＋수식'으로 구성되는 문장으로, 주
어 She 뒤에 일반동사 reads, 그리고 전치사구 in her
room을 써요.
(그녀는 방에서 읽는다.)

(8) '주어＋일반동사＋수식'으로 구성되는 문장으로, 주
어 She 뒤에 일반동사의 현재진행형 is singing, 그리고 부
사 happily를 써요.
(그녀는 행복하게 노래 부르고 있는 중이다.)

Ⓐ (1) fast　(2) dancing, nicely　(3) jog, park
(4) They, 8(eight)　(5) get, up, at　(6) always,
breakfast, kitchen　Ⓑ (1) didn't run　(2) We danced
(3) are jogging in the park　(4) will study, 11(eleven)
(5) often runs in the park　(6) always have breakfast at
8(eight)

Ⓐ

(1) '빨리'는 부사는 fast를 써요.

(2) '춤추는 중'은 진행형 dancing, '멋지게'는 부사 nicely
를 써요.

(3) '조깅한다'는 jog, '공원'은 park를 써요.

(4) '그들은'은 They, 그리고 '8'은 8(eight)을 써요

(5) '일어난다'는 get up, 시간 앞에는 전치사 at을 써요.

(6) '항상'은 빈도부사 always, '아침 식사'는 breakfast, 그
리고 '부엌'은 kitchen을 써요.

Ⓑ

(1) '달리지 않았다'라는 일반동사의 과거형 부정은 didn't
run을 써요.

(2) 주어인 '우리들은'은 We, '춤추었다'는 danced이므로
We danced를 써요.

(3) '조깅중이다'라는 진행형은 are jogging, '공원에서'는
in the park이므로 are jogging in the park를 써요.

(4) '공부할 것이다'라는 미래형은 will study, '11'은 11
(eleven)을 써요.

(5) '종종'은 빈도부사 often, '달린다'는 runs, '공원에서'
는 in the park이므로 often runs in the park를 써요.

(6) '항상'은 빈도부사 always, '아침을 먹는다'는 have
breakfast, '8시에'는 at 8(eight)이므로 always have
breakfast at 8을 써요.

Ⓐ (1) listened　(2) doesn't　(3) jogging　(4) at
night　Ⓑ (1) is　(2) sitting　(3) in the classroom
Ⓒ (1) ②　(2) ③　Ⓓ (1) He gets up in his room.
(2) You often get up early.　(3) We are studying at
school.　(4) They study hard.

Ⓐ

(1) '들었다'는 과거형인 listened가 알맞아요.

(2) 주어가 3인칭 단수 Carl이므로 일반동사의 현재형 부
정은 doesn't가 알맞아요.

(3) '조깅하고 있는 중'인 진행형은 jogging이 알맞아요.

(4) '밤에'를 뜻하는 전치사구는 at night이 알맞아요.

Ⓑ

(1) 주어가 3인칭 단수 My sister이므로 is로 고쳐야 해요.
(내 여동생은 달리고 있는 중이다.)

(2) be동사 is 뒤에 진행형을 나타내야 하므로 sitting으로
고쳐야 해요.
(그녀는 의자 위에 앉아 있는 중이다.)

(3) 장소를 나타내는 the classroom 앞에는 전치사 in을
써서 in the classroom으로 고쳐야 해요.
(그들은 교실에서 공부하고 있는 중이다.)

Ⓒ

(1) 빈도부사 usually는 일반동사 get 앞에 위치하는 것이
알맞아요.

(2) 빈도부사 always는 조동사 will 뒤에 위치하는 것이
알맞아요.

Ⓓ

(1) '주어+일반동사+수식'으로 구성되는 문장으로, '그
는'은 He, '일어난다'는 gets up, '그의 방에서'는 in his
room을 써요.

(2) '주어+빈도부사+일반동사+수식'으로 구성되는 문
장으로, '너는'은 You, '종종'은 often, 그리고 '일어난다'는
get up, '일찍'은 early를 써요.

(3) '주어+일반동사+수식'으로 구성되는 문장으로, '우
리들은'은 We, '공부하는 중이다'는 are studying, '학교에
서'는 at school을 써요.

(4) '주어+일반동사+수식'으로 구성되는 문장으로, '그
들은'은 They, '공부한다'는 study, '열심히'는 hard를 써요.

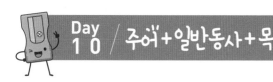

바로! 확인문제 이   본문 72쪽

(1) teach children   (2) eats apples   (3) is
(4) will clean   (5) can eat   (6) can clean   (7) don't
clean   (8) doesn't eat   (9) didn't teach   (10) isn't
cleaning   (11) will not   (12) are not

(1) '주어＋일반동사＋목적어'로 구성되는 문장으로, You
뒤에 teach children이 알맞아요.

(2) '주어＋일반동사＋목적어'로 구성되는 문장으로, He
뒤에 eats apples가 알맞아요.

(3) 주어 Sarah와 어울리는 현재진행형의 be동사는 is가
알맞아요.

(4) '청소할 것이다'는 미래를 나타내는 조동사 will 다음
에 동사원형을 써서 will clean이 알맞아요..

(5) '먹을 수 있다'는 가능을 나타내는 조동사 can 다음에
동사원형을 써서 can eat이 알맞아요.

(6) '청소할 수 있다'는 가능을 나타내는 조동사 can 다음
에 동사원형을 써서 can clean이 알맞아요.

(7) 주어가 We일 때 일반동사 앞에 don't을 써서 부정을
나타내므로 don't clean이 알맞아요.

(8) 주어가 3인칭 단수인 He일 때 일반동사 앞에 doesn't
를 써서 부정을 나타내므로 doesn't eat이 알맞아요.

(9) 주어와 상관없이 일반동사 앞에 didn't를 써서 과거형
의 부정을 나타내므로 didn't teach가 알맞아요.

(10) 주어 She와 어울리는 현재진행형의 부정은 isn't
cleaning이 알맞아요.

(11) '~하지 않을 것이다'는 미래형의 부정으로 will not이
알맞아요.

(12) 주어 They와 어울리는 현재진행형의 부정은 are not
이 알맞아요.

바로! 확인문제 02   본문 73쪽

(1) I clean the room.   (2) I cleaned the room.   (3) He
is eating apples.   (4) She teaches English.   (5) I don't
clean the room.   (6) You didn't eat apples.   (7) She
will not teach English.   (8) She is not teaching children.

(1) '주어＋일반동사＋목적어'로 구성되는 문장으로, 주어
I 뒤에 일반동사 clean, 그리고 목적어 the room을 써요.
(나는 방을 청소한다.)

(2) '주어＋일반동사＋목적어'로 구성되는 문장으로, 주
어 I 뒤에 일반동사 cleaned, 그리고 목적어 the room을
써요.
(나는 방을 청소했다.)

(3) '주어＋일반동사＋목적어'로 구성되는 문장으로, 주
어 He 뒤에 현재진행형 is eating, 그리고 목적어 apples를
써요.
(그는 사과를 먹고 있는 중이다.)

(4) '주어＋일반동사＋목적어'로 구성되는 문장으로, 주
어 She 뒤에 일반동사 teaches, 그리고 목적어 English를
써요.
(그녀는 영어를 가르친다.)

(5) '주어＋일반동사＋목적어'로 구성되는 문장으로, 주
어 I 뒤에 부정을 나타내는 don't clean, 그리고 목적어 the
room을 써요.
(나는 그 방을 청소하지 않는다.)

(6) '주어＋일반동사＋목적어'로 구성되는 문장으로, 주
어 You 뒤에 과거형의 부정인 didn't eat, 그리고 목적어
apples를 써요.
(너는 사과를 먹지 않았다.)

(7) '주어＋일반동사＋목적어'로 구성되는 문장으로, 주
어 She 뒤에 미래형의 부정 will not teach, 그리고 목적어
English를 써요.
(그녀는 영어를 가르치지 않을 것이다.)

(8) '주어＋일반동사＋목적어'로 구성되는 문장으로, 주
어 She 뒤에 현재진행형의 부정 is not teaching, 그리고
목적어 children을 써요.
(그녀는 아이들을 가르치는 중이 아니다.)

바로! 확인문제 03   본문 74쪽

(1) the room fast   (2) on the bench   (3) children now
(4) the room slowly   (5) tomorrow   (6) don't
(7) will not   (8) isn't teaching   (9) didn't eat
(10) won't

(1) '주어＋일반동사＋목적어＋수식'으로 구성되는 문장
으로, 목적어 the room, 그리고 부사 fast를 써서 the room
fast가 알맞아요.

(2) 전치사구 '벤치 위에서'는 on the bench가 알맞아요.

(3) '주어＋일반동사＋목적어＋수식'으로 구성되는 문장
으로, 목적어 children, 그리고 부사 now를 써서 children
now가 알맞아요.

(4) '주어＋일반동사＋목적어＋수식'으로 구성되는 문
장으로, 목적어 the room, 그리고 부사 slowly를 써서 the
room slowly가 알맞아요.

(5) '내일'은 tomorrow가 알맞아요.

(6) 주어가 You일 때 일반동사의 부정은 일반동사 앞에 don't을 쓰는 것이 알맞아요.

(7) '~하지 않을 것이다'라는 미래형의 부정은 will not이 알맞아요.

(8) 주어 He와 어울리는 현재진행형의 부정은 isn't teaching이 알맞아요.

(9) 일반동사 과거형의 부정은 일반동사 앞에 didn't를 쓰므로 didn't eat이 알맞아요.

(10) '~하지 않을 것이다'라는 미래형의 부정은 will not을 쓰는데 줄여서 쓰면 won't가 알맞아요.

 바로! 확인문제 04

본문 75쪽

(1) I cleaned the room yesterday.　(2) She will teach children tomorrow.　(3) I am cleaning the room slowly.　(4) He isn't eating apples now.　(5) I am cleaning the room fast.　(6) She will teach children next year.　(7) You didn't eat apples on the bench.　(8) She is teaching English in the classroom.

(1) '주어＋일반동사＋목적어＋수식'으로 구성되는 문장으로, 주어 I 뒤에 cleaned, 목적어 the room, 그리고 부사 yesterday를 써요.

(2) '주어＋일반동사＋목적어＋수식'으로 구성되는 문장으로, 주어 She 뒤에 미래형 will teach, 목적어 children, 그리고 부사 tomorrow를 써요

(3) '주어＋일반동사＋목적어＋수식'으로 구성되는 문장으로, 주어 I 뒤에 현재진행형 am cleaning, 목적어 the room, 그리고 부사 slowly를 써요.

(4) '주어＋일반동사＋목적어＋수식'으로 구성되는 문장으로, 주어 He 뒤에 현재진행형의 부정 isn't eating, 목적어 apples, 그리고 부사 now를 써요.

(5) '주어＋일반동사＋목적어＋수식'으로 구성되는 문장으로, 주어 I 뒤에 현재진행형 am cleaning, 목적어 the room, 그리고 부사 fast를 써요.

(6) '주어＋일반동사＋목적어＋수식'으로 구성되는 문장으로, 주어 She 뒤에 미래형 will teach, 목적어 childen, 그리고 수식어 next year를 써요.

(7) '주어＋일반동사＋목적어＋수식'으로 구성되는 문장으로, 주어 You 뒤에 과거형의 부정 didn't eat, 목적어 apples, 그리고 전치사구 on the bench를 써요.

(8) '주어＋일반동사＋목적어＋수식'으로 구성되는 문장으로, 주어 She 뒤에 현재진행형 is teaching, 목적어 English, 그리고 전치사구 in the classroom을 써요.

 기본문제

본문 76쪽

Ⓐ (1) doesn't, eat, apples　(2) can, teach, children　(3) cleaning, room　(4) ate, on, the, bench　(5) is, not, now　(6) doesn't, cookies, fast　Ⓑ (1) will not(won't) eat　(2) can eat　(3) are not(aren't) teaching　(4) ate, on the bench　(5) is teaching, in the classroom　(6) will not(won't) clean, fast

Ⓐ

(1) 3인칭 단수 주어 He에 어울리는 부정문의 표현 '먹지 않는다'는 doesn't eat, 그리고 목적어 '사과들'은 apples를 써요.

(2) '가르칠 수 있다'는 can teach, 그리고 목적어 '아이들을'은 children을 써요.

(3) '청소하는 중이다'라는 진행형은 cleaning, 그리고 목적어 '방을'은 room을 써요.

(4) '먹었다'는 과거형인 ate, 그리고 '벤치 위에서'는 on the bench를 써요.

(5) 3인칭 단수 주어 He에 어울리는 현재진행형의 부정은 is not, 그리고 '지금'은 now를 써요.

(6) 3인칭 단수 주어 She에 어울리는 현재형의 부정은 일반동사 앞에 doesn't, 목적어 '쿠키들은'은 cookies, 그리고 '빠르게'는 fast를 써요.

Ⓑ

(1) '먹지 않을 것이다'라는 미래형의 부정은 will not (won't) 뒤에 eat를 써요.

(2) '먹을 수 있다'는 가능을 나타내는 조동사 can 뒤에 eat를 써요.

(3) 주어 They와 어울리는 '가르치는 중이 아니다'라는 현재진행형의 부정은 are not(aren't) teaching을 써요.

(4) '먹었다'라는 과거동사는 ate, 그리고 '벤치 위에서'는 on the bench를 써요.

(5) 주어 She와 어울리는 '가르치는 중이다'라는 현재진행형은 is teaching, 그리고 '교실에서'는 in the classroom을 써요.

(6) '청소하지 않을 것이다'라는 미래형의 부정은 will not (won't) clean, 그리고 '빠르게'는 fast를 써요.

Ⓐ (1) cleaned   (2) can   (3) doesn't   (4) yesterday
Ⓑ (1) cleaning   (2) is not(isn't)   (3) teach
Ⓒ (1) ⑤   (2) ③   Ⓓ (1) You cleaned the classroom yesterday.   (2) He is teaching children in the park.
(3) We will have dinner in the kitchen.   (4) David can finish his homework fast.

Ⓐ

(1) '청소했다'는 과거형 cleaned가 알맞아요.

(2) 가능을 나타내는 조동사는 can이 알맞아요.

(3) 주어 Tom이 3인칭 단수이므로 일반동사 clean을 부정하는 표현은 doesn't가 알맞아요.

(4) '어제'는 yesterday가 알맞아요.

Ⓑ

(1) be동사 am이 쓰였으므로 현재진행형이 되려면 cleaning으로 고쳐야 해요.
(나는 그 방을 느리게 청소하고 있는 중이다.)

(2) 먹고 있는 중이 아니므로 부정인 is not(isn't)으로 고쳐야 해요.
(그는 사과를 먹는 중이 아니다.)

(3) 조동사 will 뒤에는 동사원형이 와야 하므로 teach로 고쳐야 해요.
(그녀는 아이들을 가르칠 것이다.)

Ⓒ

(1) 수식어인 부사 slowly는 문장 맨 마지막에 위치하므로 ⑤가 알맞아요.

(2) 진행형은 'be동사 + 일반동사 + -ing'로 표현하므로 eating의 위치는 be동사 다음인 ③이 알맞아요.

Ⓓ

(1) '주어 + 일반동사 + 목적어 + 수식'으로 구성되는 문장으로, '너는 청소했다'라는 You cleaned 뒤에 목적어 the classroom, 그리고 부사 yesterday를 써요.

(2) '주어 + 일반동사 + 목적어 + 수식'으로 구성되는 문장으로, '그는 가르치는 중이다'라는 He is teaching 뒤에 목적어 children, 그리고 전치사구 in the park를 써요.

(3) '주어 + 일반동사 + 목적어 + 수식'으로 구성되는 문장으로, '우리들은 먹을 것이다'라는 We will have 뒤에 목적어 dinner, 그리고 전치사구 in the kitchen을 써요.

(4) '주어 + 일반동사 + 목적어 + 수식'으로 구성되는 문장으로, 'David은 끝낼 수 있다'라는 David can finish 뒤에 목적어 his homework, 그리고 부사 fast를 써요.

 Day 11 / 주어 + 일반동사 + ~에게 + ~을

(1) me a letter   (2) bought   (3) telling us   (4) gave
(5) were teaching him   (6) Anna the book
(7) doesn't buy   (8) don't give him   (9) aren't telling
(10) won't

(1) 간접목적어 me, 직접목적어 a letter를 써서 me a letter가 알맞아요.

(2) '사 주었다'는 buy의 과거형 bought가 알맞아요.

(3) is 뒤에 telling을 써서 현재진행형을 나타내고 그 뒤에 간접목적어는 us를 쓰는 것이 알맞아요.

(4) '주었다'는 give의 과거형 gave가 알맞아요.

(5) '가르치는 중이었다'라는 과거진행형은 were teaching을 쓰고, 그 뒤에 간접목적어 him을 쓰는 것이 알맞아요.

(6) 간접목적어 Anna, 직접목적어 the book을 써서 Anna the book이 알맞아요.

(7) 주어가 3인칭 단수인 He에 어울리는 일반동사 현재형 buy의 부정은 doesn't buy가 알맞아요.

(8) 주어 I에 어울리는 일반동사 현재형 give의 부정인 don't give를 쓰고, 그 뒤에 간접목적어 him을 쓰는 것이 알맞아요.

(9) 주어 You에 어울리는 현재진행형의 부정은 aren't telling이 알맞아요.

(10) '~ 않을 것이다'라는 미래형 부정은 will not을 쓰는데 줄여서 쓰면 won't가 알맞아요.

(1) I give him a book.   (2) Ms. Kim is teaching us English.   (3) You send me a letter.   (4) She didn't give him a book.   (5) She won't teach us English.
(6) My dad bought me an ice cream.   (7) Suzy will lend him her pencil.   (8) We didn't tell her the story.

(1) '주어 + 일반동사 + 간접목적어 + 직접목적어'로 구성되는 문장으로, I give 뒤에 간접목적어 him, 그리고 직접목적어 a book을 써요.
(나는 그에게 책을 준다.)

(2) '주어 + 일반동사 + 간접목적어 + 직접목적어'로 구성되는 문장으로, Ms. Kim is teaching 뒤에 간접목적어 us, 그리고 직접목적어 English를 써요.
(김 선생님은 우리들에게 영어를 가르치는 중이다.)

(3) '주어＋일반동사＋간접목적어＋직접목적어'로 구성되는 문장으로, You send 뒤에 간접목적어 me, 그리고 직접목적어 a letter를 써요.
(너는 나에게 편지를 보낸다.)

(4) '주어＋일반동사＋간접목적어＋직접목적어'로 구성되는 문장으로, She didn't give 뒤에 간접목적어 him, 그리고 직접목적어 a book을 써요.
(그녀는 그에게 책을 주지 않았다.)

(5) '주어＋일반동사＋간접목적어＋직접목적어'로 구성되는 문장으로, She won't teach 뒤에 간접목적어 us, 그리고 직접목적어 English를 써요.
(그녀는 우리들에게 영어를 가르치지 않을 것이다.)

(6) '주어＋일반동사＋간접목적어＋직접목적어'로 구성되는 문장으로, My dad bought 뒤에 간접목적어 me, 그리고 직접목적어 an ice cream을 써요.
(나의 아빠는 나에게 아이스크림을 사 주셨다.)

(7) '주어＋일반동사＋간접목적어＋직접목적어'로 구성되는 문장으로, Suzy will lend 뒤에 간접목적어 him, 그리고 직접목적어 her pencil을 써요.
(Suzy는 그에게 그녀의 연필을 빌려줄 것이다.)

(8) '주어＋일반동사＋간접목적어＋직접목적어'로 구성되는 문장으로, We didn't tell 뒤에 간접목적어 her, 그리고 직접목적어 the story를 써요.
(우리들은 그녀에게 그 이야기를 말하지 않았다.)

 03 본문 80쪽

(1) happily　(2) at the airport　(3) in the park
(4) the book happily　(5) at the supermarket
(6) in the classroom　(7) angrily　(8) a present
yesterday　(9) won't buy　(10) in the kitchen
(11) not showing me　(12) bring her the bag

(1) '행복하게'는 부사 happily가 알맞아요.

(2) '공항에서'는 전치사구 at the airport가 알맞아요.

(3) '공원에서'는 전치사구 in the park가 알맞아요.

(4) 직접목적어 the book, 그리고 부사 happily 순으로 쓰는 것이 알맞아요.

(5) '슈퍼마켓에서'는 전치사구 at the supermarket이 알맞아요.

(6) '교실에서'는 전치사구 in the classroom이 알맞아요.

(7) '화가 나서'는 부사 angrily가 알맞아요.

(8) 직접목적어 a present, 그리고 부사 yesterday 순으로 쓰는 것이 알맞아요.

(9) 미래형의 부정은 won't 뒤에 동사원형 buy를 쓰는 것이 알맞아요.

(10) '부엌에서'는 전치사구 in the kitchen이 알맞아요.

(11) 일반동사 현재진행형의 부정은 be동사 뒤에 not showing을 쓰고, 뒤에 간접목적어 me를 쓰는 것이 알맞아요.

(12) 미래형의 부정 won't 뒤에는 동사원형 bring을 쓰고, 뒤에 간접목적어 her, 직접목적어 the bag를 쓰는 것이 알맞아요.

 04 본문 81쪽

(1) I tell him the story angrily.　(2) He didn't show me the picture happily.　(3) My mom was telling me the story in the kitchen.　(4) She is teaching them English here.　(5) Suzy gave me a letter yesterday.
(6) Mr. Smith won't teach them English happily.

(1) '주어＋일반동사＋간접목적어＋직접목적어＋수식'으로 구성되는 문장으로, I tell 뒤에 간접목적어 him, 그리고 직접목적어 the story를 쓰고, 마지막으로 부사 angrily를 써요.
(나는 그에게 그 이야기를 화가 나서 말해준다.)

(2) '주어＋일반동사＋간접목적어＋직접목적어＋수식'으로 구성되는 문장으로, He didn't show 뒤에 간접목적어 me, 그리고 직접목적어 the picture, 마지막으로 부사 happily를 써요.
(그는 나에게 그 사진을 행복하게 보여주지 않았다.)

(3) '주어＋일반동사＋간접목적어＋직접목적어＋수식'으로 구성되는 문장으로, My mom was telling 뒤에 간접목적어 me, 그리고 직접목적어 the story, 마지막으로 전치사구 in the kitchen을 써요.
(나의 엄마는 나에게 그 이야기를 부엌에서 말해 주는 중이었다.)

(4) '주어＋일반동사＋간접목적어＋직접목적어＋수식'으로 구성되는 문장으로, She is teaching 뒤에 간접목적어 them 그리고 직접목적어 English, 마지막으로 부사 here를 써요.
(그녀는 그들에게 영어를 여기서 가르치는 중이다.)

(5) '주어＋일반동사＋간접목적어＋직접목적어＋수식'으로 구성되는 문장으로, Suzy gave 뒤에 간접목적어 me, 그리고 직접목적어 a letter, 마지막으로 부사 yesterday를 써요.
(Suzy가 내게 편지를 어제 주었다.)

(6) '주어＋일반동사＋간접목적어＋직접목적어＋수식'으로 구성되는 문장으로, Mr. Smith won't teach 뒤에 간접목적어 them, 그리고 직접목적어 English, 마지막으로 부사 happily를 써요.
(Smith 선생님은 그들에게 영어를 행복하게 가르치지 않을 것이다.)

Ⓐ (1) lend, me, yesterday　(2) telling, truth
(3) will, bring, tomorrow　(4) bought, her　(5) was, them　(6) won't, give, angrily　Ⓑ (1) buys, water, supermarket　(2) don't buy him, park　(3) didn't bring me the bag, airport　(4) lent, pencil, classroom　(5) will send her, tomorrow　(6) were telling, story here

Ⓐ

(1) '빌려주다'는 현재형 lend, '나에게'는 me, '어제'는 yesterday를 써요.

(2) '말하는 중이다'는 진행형 telling, '진실'은 truth를 써요.

(3) '가져다 줄 것이다'는 미래형 will bring, '내일'은 tomorrow를 써요.

(4) '사 주었다'는 과거형 bought, '그녀에게'는 her를 써요.

(5) I와 어울리는 과거진행형의 be동사는 was, '그들에게'는 them을 써요.

(6) '주지 않을 것이다'는 미래형의 부정 won't give, '화가 나서'는 angrily를 써요.

Ⓑ

(1) 주어가 3인칭 단수이므로 '사 준다'는 buys, '물을' water, 그리고 '슈퍼마켓'은 supermarket을 써요.

(2) '그에게 사 주지 않는다'는 현재형의 부정 don't buy him, '공원'은 park를 써요.

(3) '나에게 그 가방을 가져다주지 않았다'는 과거형의 부정 didn't bring me the bag, '공항'은 airport를 써요.

(4) '빌려주었다'는 과거형 lent, '연필'은 pencil, '교실'은 classroom을 써요.

(5) '그녀에게 보낼 것이다'는 미래형 will send her, '내일'은 tomorrow를 써요.

(6) '말하는 중이었다'는 과거진행형 were telling, '이야기'는 story, '여기에서'는 here를 써요.

Ⓐ (1) angrily　(2) bring　(3) lending　Ⓑ (1) gave (2) happily　(3) in　Ⓒ (1) ③　(2) ④　Ⓓ (1) She lent me a bag yesterday.　(2) My friends are telling him the truth at the airport.　(3) He will buy her orange juice tomorrow.　(4) They aren't teaching us math.

Ⓐ

(1) '화가 나서'는 부사 angrily가 알맞아요.

(2) '가져다주다'는 동사 bring이 알맞아요.

(3) '빌려주는 중이다'라는 진행형 동사는 lending이 알맞아요.

Ⓑ

(1) '어제'는 과거의 일이므로 gives를 과거형 gave로 고쳐야 해요.
(내 여동생은 어제 내게 편지를 주었다.)

(2) '행복하게'라는 부사가 쓰여야 하므로 happy를 happily로 고쳐야 해요.
(Smith 선생님은 우리들에게 영어를 행복하게 가르치지 않을 것이다.)

(3) '교실에서'는 전치사구 in the classroom이므로 under를 in으로 고쳐야 해요.
(그녀는 교실에서 그에게 연필을 빌려줄 것이다.)

Ⓒ

(1) 간접목적어 him(그에게)은 동사 바로 뒤에 위치하므로 ③이 알맞아요.

(2) 간접목적어 them(그들에게)은 동사 바로 뒤에 위치하므로 ④가 알맞아요.

Ⓓ

(1) '주어＋일반동사＋간접목적어＋직접목적어＋수식'으로 구성되는 문장으로, She lent 뒤에 간접목적어 me, 직접목적어 a bag, 그리고 부사 yesterday를 써요.

(2) '주어＋일반동사＋간접목적어＋직접목적어＋수식'으로 구성되는 문장으로, My friends are telling 뒤에 간접목적어 him, 직접목적어 the truth, 그리고 전치사구 at the airport를 써요.

(3) '주어＋일반동사＋간접목적어＋직접목적어＋수식'으로 구성되는 문장으로, He will buy 뒤에 간접목적어 her, 직접목적어 orange juice, 그리고 부사 tomorrow를 써요.

(4) '주어＋일반동사＋간접목적어＋직접목적어'로 구성되는 문장으로, They aren't teaching 뒤에 간접목적어 us, 직접목적어 math를 써요.

혼공 종합문제 (3)

1 (1) doesn't　(2) are, not　(3) will, not
2 (1) He sings.　(2) We are studying.　(3) She will get up.　**3** (1) were　(2) was　(3) will, be
4 showed, bought, sent　**5** (1) always
(2) sometimes　(3) never　**6** (1) I didn't clean the room fast.　(2) Tom is teaching children in the classroom.　(3) They made us some cookies yesterday.　**7** (1) send, me　(2) give, book
(3) us, English　**8** (1) We can eat apples now.
(2) She will not(won't) teach English.　**9** (1) gave
(2) made　(3) on　(4) in　(5) very

1 (1) 주어가 3인칭 단수인 He이므로 일반동사 현재형의 부정은 동사 앞에 doesn't를 써야 알맞아요.

(2) 주어가 We이므로 현재진행형의 부정은 are not이 알맞아요.

(3) 미래형의 부정은 will not이 알맞아요.

2 (1) 주어가 3인칭 단수인 He이므로 일반동사의 현재형은 동사 뒤에 s나 es를 붙여야 해요. 따라서 sings와 연결하는 것이 알맞아요.
(그는 노래 부른다.)

(2) be동사 are와 studying을 연결하여 현재진행형을 나타내는 것이 알맞아요.
(우리들은 공부하고 있는 중이다.)

(3) 조동사 will 뒤에는 동사원형인 get up을 연결하는 것이 알맞아요.
(그녀는 일어날 것이다.)

3 (1) 주어 We와 어울리는 be동사의 과거형은 were가 알맞아요.

(2) 주어 I와 어울리는 be동사의 과거형은 was가 알맞아요.

(3) 미래형인 '~가 될 것이다'는 will be가 알맞아요.

4 간접목적어와 직접목적어를 나란히 쓸 수 있는 동사는 showed, bought, sent가 알맞아요.

5 (1) '항상'이라는 뜻의 빈도부사는 always가 알맞아요.

(2) '때때로'라는 뜻의 빈도부사는 sometimes가 알맞아요.

(3) '절대 ~하지 않는'이라는 뜻의 빈도부사는 never가 알맞아요.

6 (1) '나는 청소하지 않았다'라는 I didn't clean 뒤에 목적어 the room, 부사 fast를 써요.

(2) 'Tom은 가르치는 중이다'라는 Tom is teaching 뒤에 목적어 children, 전치사구 in the classroom을 써요.

(3) '그들은 만들어주었다'라는 They made 뒤에 간접목적어 us, 직접목적어 some cookies, 마지막으로 부사 yesterday를 써요.

7 (1) 과거형 부정을 나타내는 didn't 뒤에는 동사원형이 와야 하므로 '보내다'는 send, 간접목적어는 me(나에게)를 써요.

(2) 미래형 부정을 나타내는 won't 뒤에는 동사원형이 와야 하므로 '주다'는 give, '책'은 book을 써요.

(3) 간접목적어인 '우리들에게'는 us, 직접목적어인 '영어'는 English를 써요.

8 (1) 가능의 조동사 can을 일반동사 eat 앞에 오게 하여 We can eat apples now.로 써요.
(우리들은 지금 사과를 먹을 수 있다.)

(2) 미래형의 부정은 will not을 일반동사 teach 앞에 쓰는데 will 뒤에는 동사원형이 온다는 것을 주의하여 She will not(won't) teach English.로 써요.
(그녀는 영어를 가르치지 않을 것이다.)

9 (1) '주었다'을 뜻하는 give의 과거형 gave가 알맞아요.

(2) '만들어주었다'를 뜻하는 make의 과거형 made가 알맞아요.

(3) '~위에'를 뜻하는 전치사 on이 알맞아요.

(4) '~에서'를 뜻하는 전치사 in이 알맞아요.

(5) '매우'를 뜻하는 부사는 very가 알맞아요.

Day 12 / 주어 + make + ~

바로! 확인문제 01

본문 88쪽

(1) me sad　(2) us strong　(3) makes him　(4) make them rich　(5) will　(6) should make　(7) don't　(8) didn't make　(9) didn't make Anna　(10) make me　(11) won't make us　(12) make them hungry

(1) '나를 슬프게 한다.'는 make 뒤에 목적어 me, 그리고 형용사 sad를 써야 알맞아요.

(2) '우리들을 힘이 세지게 했다'는 made 뒤에 목적어 us, 그리고 형용사 strong을 써야 알맞아요.

(3) '그를 ~하게 한다'는 3인칭 단수 주어인 She와 어울리는 동사 makes, 그리고 목적어 him을 써야 알맞아요.

(4) '그들을 부자가 되게 할 것이다'는 will 뒤에 make, 목적어 them, 그리고 형용사 rich를 써야 알맞아요.

(5) '~할 것이다'는 미래형 will을 써야 알맞아요.

(6) '만들어야 한다'는 조언의 조동사 should와 make를 써야 알맞아요.

(7) 주어가 I일 때 일반동사 현재형의 부정은 동사 앞에 don't를 써야 알맞아요.

(8) 일반동사 과거형의 부정은 일반동사 앞에 didn't를 써야 하므로 didn't make가 알맞아요.

(9) 'Anna를 ~하게 하지 않았다'는 didn't make 뒤에 목적어 Anna를 써야 알맞아요.

(10) 조동사 뒤에 동사원형 make, 그리고 목적어 me를 써야 알맞아요.

(11) '우리들을 ~하게 하지 않을 것이다'를 뜻하는 won't make 뒤에 목적어 us를 써야 알맞아요.

(12) 조동사 뒤에 동사원형 make, 그리고 목적어 them, 마지막으로 형용사 hungry를 써야 알맞아요.

바로! 확인문제 02

본문 89쪽

(1) You make me sad.　(2) I didn't make her happy.　(3) She doesn't make them hungry.　(4) I made her strong.　(5) She won't make me rich.　(6) He should make her smart.　(7) The movie made us bored.　(8) I shouldn't make him hungry.

(1) '주어 + make + 목적어 + 형용사'로 구성되는 문장으로, You make 뒤에 목적어 me, 그리고 형용사 sad를 써요. (너는 나를 슬프게 한다.)

(2) '주어 + make + 목적어 + 형용사'로 구성되는 문장으로, I didn't make 뒤에 목적어 her, 그리고 형용사 happy를 써요. (나는 그녀를 행복하게 하지 않았다.)

(3) '주어 + make + 목적어 + 형용사'로 구성되는 문장으로, She doesn't make 뒤에 목적어 them, 그리고 형용사 hungry를 써요. (그녀는 그들을 배고프게 하지 않는다.)

(4) '주어 + made + 목적어 + 형용사'로 구성되는 문장으로, I made 뒤에 목적어 her, 그리고 형용사 strong를 써요. (나는 그녀를 힘이 세지게 했다.)

(5) '주어 + make + 목적어 + 형용사'로 구성되는 문장으로, She won't make 뒤에 목적어 me, 그리고 형용사 rich를 써요. (그녀는 나를 부자로 만들지 않을 것이다.)

(6) '주어 + make + 목적어 + 형용사'로 구성되는 문장으로, He should make 뒤에 목적어 her, 그리고 형용사 smart를 써요. (그는 그녀를 똑똑하게 만들어야 한다.)

(7) '주어 + made + 목적어 + 형용사'로 구성되는 문장으로, The movie made 뒤에 목적어 us, 그리고 형용사 bored를 써요. (그 영화는 우리들을 지루하게 했다.)

(8) '주어 + make + 목적어 + 형용사'로 구성되는 문장으로, I shouldn't make 뒤에 목적어 him, 그리고 형용사 hungry를 써요. (나는 그를 배고프게 해서는 안 된다.)

바로! 확인문제 03

본문 90쪽

(1) always make　(2) on the beach　(3) in front of　(4) usually　(5) never make him　(6) sometimes makes　(7) didn't make　(8) happy at school　(9) last year　(10) usually make

(1) 빈도부사 always는 일반동사 make 앞에 써서 always make가 알맞아요.

(2) '해변에서'는 전치사구 on the beach가 알맞아요.

(3) '~앞에서'는 전치사 in front of가 알맞아요.

(4) '보통'을 뜻하는 빈도부사는 usually가 알맞아요.

(5) 일반동사 make 앞에 빈도부사 never를 쓰고, 뒤에 목적어 him을 써야 알맞아요.

(6) 주어가 Alice가 3인칭 단수이므로 일반동사 make에 s를 붙인 makes를 써요. 빈도부사는 일반동사 앞에 쓰므로 sometimes makes가 알맞아요.

(7) 일반동사 과거형의 부정은 일반동사 앞에 didn't를 쓰므로 didn't make가 알맞아요.

(8) '주어＋make＋목적어＋형용사＋수식'으로 구성되는 문장으로, 목적어 her 뒤에 형용사 happy 그리고 전치사구 at school을 써야 알맞아요.

(9) '작년'을 뜻하는 부사구는 last year가 알맞아요.

(10) 빈도부사 usually는 일반동사 make 앞에 쓰므로 usually make가 알맞아요.

 바로!확인문제 04 본문 91쪽

(1) You made me angry in the restaurant. (2) I don't always make her calm. (3) She made him sad in front of me. (4) He doesn't always make us bored. (5) We made her tired on the beach. (6) She didn't make him sad last year. (7) She made them hungry in the kitchen. (8) You usually make me happy.

(1) '주어＋made＋목적어＋형용사＋수식'로 구성되는 문장으로, You made 뒤에 목적어 me, 형용사 angry, 그리고 전치사구 in the restaurant을 써요.
(너는 식당에서 나를 화나게 했다.)

(2) '주어＋빈도부사＋make＋목적어＋형용사'로 구성되는 문장으로, I don't always make 뒤에 목적어 her, 그리고 형용사 calm을 써요.
(나는 항상 그녀를 차분하게 하지는 않는다.)

(3) '주어＋made＋목적어＋형용사＋수식'으로 구성되는 문장으로, She made 뒤에 목적어 him, 형용사 sad, 그리고 전치사구 in front of me를 써요.
(그녀는 내 앞에서 그를 슬프게 했다.)

(4) '주어＋빈도부사＋make＋목적어＋형용사'로 구성되는 문장으로, He doesn't always make 뒤에 목적어 us, 그리고 형용사 bored를 써요.
(그는 항상 우리들을 지루하게 하지는 않는다.)

(5) '주어＋made＋목적어＋형용사＋수식'으로 구성되는 문장으로, We made 뒤에 목적어 her, 형용사 tired, 그리고 전치사구 on the beach를 써요.
(우리들은 해변가에서 그녀를 피곤하게 했다.)

(6) '주어＋make＋목적어＋형용사＋수식'으로 구성되는 문장으로, She didn't make 뒤에 목적어 him, 형용사 sad, 그리고 부사구 last year를 써요.
(그녀는 작년에 그를 슬프게 하지 않았다.)

(7) '주어＋made＋목적어＋형용사＋수식'으로 구성되는 문장으로, She made 뒤에 목적어 them, 형용사 hungry, 그리고 전치사구 in the kitchen을 써요.
(그녀는 부엌에서 그들을 배고프게 했다.)

(8) '주어＋빈도부사＋make＋목적어＋형용사'로 구성되는 문장으로, You usually make 뒤에 목적어 me, 그리고 형용사 happy를 써요.
(너는 보통 나를 행복하게 한다.)

기본문제 본문 92쪽

Ⓐ (1) makes, strong (2) didn't, park (3) make, tired (4) sometimes, happy (5) don't, hungry (6) should, front Ⓑ (1) will not(won't) make him tired, school (2) always makes them bored (3) made us calm, year (4) don't make her hungry, restaurant (5) made me smart (6) never make him angry

Ⓐ

(1) '~하게 하다'는 make, '힘이 센'은 strong을 써요.

(2) '~하지 않았다'는 일반동사 과거형을 부정하는 didn't, '공원'은 park를 써요.

(3) '~하게 할 것이다'는 will 다음에 동사원형 make, '피곤한'은 tired를 써요.

(4) '때때로'는 sometimes, '행복한'은 happy를 써요.

(5) '~하지 않는다'는 일반동사 현재형을 부정하는 don't, '배고픈'은 hungry를 써요.

(6) '~해야 한다'는 should, '앞'은 front를 써요.

Ⓑ

(1) '주어＋make＋목적어＋형용사＋수식'으로 구성되는 문장으로, '~하지 않을 것이다'는 will not(won't) make, 목적어 him, 형용사 tired를 쓰고, 그리고 '학교'는 school을 써요.

(2) '주어＋빈도부사＋make＋목적어＋형용사'로 구성되는 문장으로, always makes 뒤에 목적어 them, 그리고 형용사 bored를 써요.

(3) '주어＋made＋목적어＋형용사＋수식'으로 구성되는 문장으로, made 뒤에 목적어 us, 형용사 calm을 쓰고, 그리고 '해'는 year를 써요.

(4) '주어＋make＋목적어＋형용사＋수식'으로 구성되는 문장으로, don't make 뒤에 목적어 her, 형용사 hungry를 써요. 그리고 '식당'은 restaurant를 써요.

(5) '주어＋made＋목적어＋형용사'로 구성되는 문장으로, made 뒤에 목적어 me 그리고 형용사 smart를 써요.

(6) '주어＋빈도부사＋make＋목적어＋형용사'로 구성되는 문장으로, never make 뒤에 목적어 him 그리고 형용사 angry를 써요.

실전문제 본문 93쪽

Ⓐ (1) makes (2) often (3) kitchen

Ⓑ (1) in (2) calm (3) make Ⓒ (1) ③ (2) ②

Ⓓ (1) She makes us smart. (2) They made me tired last year. (3) We never make him angry. (4) Mr. Smith won't make them hungry in the restaurant.

Ⓐ

(1) 주어가 3인칭 단수이므로 make에 s를 붙인 makes가 알맞아요.

(2) '종종'을 뜻하는 빈도부사는 often이 알맞아요.

(3) '부엌'은 kitchen이 알맞아요.

Ⓑ

(1) '~앞에'라는 전치사는 in front of이므로 on을 in으로 고쳐야 해요.
(그녀는 내 앞에서 그를 행복하게 했다.)

(2) '주어＋빈도부사＋make＋목적어＋형용사'로 구성되는 문장으로, calmly를 형용사 calm으로 고쳐야 해요.
(나는 때때로 그녀를 차분하게 한다.)

(3) 조동사 뒤에는 동사원형을 쓰므로 made를 make로 고쳐야 해요.
(그녀는 나를 부자가 되게 하지 않을 것이다.)

Ⓒ

(1) '주어＋빈도부사＋make＋목적어＋형용사'로 구성되는 문장으로, sometimes 뒤에 makes가 들어가야 해요.

(2) '주어＋made＋목적어＋형용사＋수식'으로 구성되는 문장으로, 주어 She 뒤에 일반동사 made가 들어가야 해요.

Ⓓ

(1) '주어＋make＋목적어＋형용사'로 구성되는 문장으로, She makes 뒤에 목적어 us, 그리고 형용사 smart를 써요.

(2) '주어＋made＋목적어＋형용사＋수식'으로 구성되는 문장으로, They made 뒤에 목적어 me, 형용사 tired, 그리고 last year를 써요.

(3) '주어＋빈도부사＋make＋목적어＋형용사'로 구성되는 문장으로, We never make 뒤에 목적어 him, 그리고 형용사 angry를 써요.

(4) '주어＋make＋목적어＋형용사＋수식'으로 구성되는 문장으로, Mr. Smirth won't make 뒤에 목적어 them, 형용사 hungry, 그리고 전치사구 in the restaurant을 써요.

Day 13 / 주어＋make/have/let＋~

바로 확인문제 01 본문 94쪽

(1) make her (2) let me (3) had them (4) do
(5) will let me (6) don't make (7) didn't let (8) will not let

(1) 주어 뒤에 동사, 목적어 순으로 써야 하므로 make her가 알맞아요.

(2) 주어 뒤에 동사, 목적어 순으로 써야 하므로 let me가 알맞아요.

(3) 주어 뒤에 동사, 목적어 순으로 써야 하므로 had them이 알맞아요.

(4) 사역동사가 쓰인 문장의 목적격보어는 동사원형을 써야 하므로 do가 알맞아요.

(5) 주어 뒤에 동사, 목적어 순으로 써야 하므로 will let me이 알맞아요.

(6) 주어가 You일 때 일반동사 현재형의 부정은 동사 앞에 don't를 써야 하므로 don't make가 알맞아요.

(7) 과거형 문장의 부정은 동사 앞에 didn't를 써야 하므로 didn't let이 알맞아요.

(8) 미래를 나타내는 조동사 will의 부정은 뒤에 not, 그리고 동사원형을 써야 하므로 will not let이 알맞아요.

바로 확인문제 02 본문 95쪽

(1) I make her wash her hands. (2) She lets us use the computers. (3) I had him do his homework.
(4) You will have me clean the room. (5) They don't have me study English. (6) He doesn't let us go outside. (7) He didn't make us speak in English.
(8) She will not let us use her computers.

(1) '주어＋사역동사＋목적어＋동작'으로 구성되는 문장으로, I make 뒤에 목적어 her, 그리고 wash her hands를 써요.
(나는 그녀에게 그녀의 손을 씻게 한다.)

(2) '주어＋사역동사＋목적어＋동작'으로 구성되는 문장으로, She lets 뒤에 목적어 us, 그리고 use the computers를 써요.
(그녀는 우리들에게 그 컴퓨터들을 사용하게 허락한다.)

(3) '주어＋사역동사＋목적어＋동작'으로 구성되는 문장으로, I had 뒤에 목적어 him, 그리고 do his homework를 써요.

(나는 그에게 그의 숙제를 하게 했다.)

(4) '주어＋사역동사＋목적어＋동작'으로 구성되는 문장으로, You will have 뒤에 목적어 me, 그리고 clean the room를 써요.
(너는 나에게 그 방을 청소하게 할 것이다.)

(5) '주어＋사역동사＋목적어＋동작'으로 구성되는 문장으로, They don't have 뒤에 목적어 me, 그리고 study English를 써요.
(그들은 나에게 영어를 공부하게 하지 않는다.)

(6) '주어＋사역동사＋목적어＋동작'으로 구성되는 문장으로, He doesn't let 뒤에 목적어 us, 그리고 go outside를 써요.
(그는 우리에게 밖에 나가는 것을 허락하지 않는다.)

(7) '주어＋사역동사＋목적어＋동작'으로 구성되는 문장으로, He didn't make 뒤에 목적어 us, 그리고 speak in English를 써요.
(그는 우리에게 영어로 말하게 하지 않았다.)

(8) '주어＋사역동사＋목적어＋동작'으로 구성되는 문장으로, She will not let 뒤에 목적어 us, 그리고 use her computers를 써요.
(그녀는 우리에게 그녀의 컴퓨터들을 사용하게 허락하지 않을 것이다.)

바로! 확인문제 03

본문 96쪽

(1) homework hard　(2) fast　(3) in the room
(4) the room slowly　(5) speak in English　(6) doesn't let　(7) didn't have her　(8) let me　(9) will not make
(10) not let me

(1) his 뒤에 명사 homework, 그리고 '열심히'라는 뜻의 부사 hard를 쓰는 것이 알맞아요.

(2) '빠르게'라는 부사는 fast가 알맞아요.

(3) '그 방에서'는 전치사구 in the room이 알맞아요.

(4) 목적어 the room, 그리고 '천천히'라는 뜻의 부사 slowly를 쓰는 것이 알맞아요.

(5) '영어로 말하다'는 speak in English가 알맞아요.

(6) 주어가 3인칭 단수 She이므로 let의 부정은 앞에 doesn't를 써서 doesn't let이 알맞아요.

(7) 일반동사 과거형의 부정은 didn't를 쓰므로 didn't have, 그리고 목적어 her를 쓰는 것이 알맞아요.

(8) didn't 뒤에는 동사원형 let, 그리고 목적어 me를 쓰는 것이 알맞아요.

(9) 조동사 will의 부정은 not을 쓰고, 그 뒤에 동사원형이 와야 하므로 will not make가 알맞아요.

(10) 조동사 will의 부정은 not을 쓰고, 그 뒤에 동사원형

let, 그리고 목적어 me를 쓰는 것이 알맞아요.

바로! 확인문제 04

본문 97쪽

(1) I made him do his homework hard.　(2) She had them speak in English in the classroom.　(3) I made him clean the room fast.　(4) I will make her teach English in the classroom.　(5) They don't have me study hard.
(6) I didn't make her wash her hands fast.　(7) She didn't let us use the computers yesterday.　(8) He will not let me eat apples on the bench.

(1) '주어＋사역동사＋목적어＋동작＋수식'으로 구성되는 문장으로, I made 뒤에 목적어 him, 그리고 do his homework 마지막으로 hard를 써요.
(나는 그에게 그의 숙제를 열심히 하게 했다.)

(2) '주어＋사역동사＋목적어＋동작＋수식'으로 구성되는 문장으로, She had 뒤에 목적어 them, 그리고 speak in English, 마지막으로 in the classroom을 써요.
(그녀는 그들에게 교실에서 영어로 말하게 했다.)

(3) '주어＋사역동사＋목적어＋동작＋수식'으로 구성되는 문장으로, I made 뒤에 목적어 him, 그리고 clean the room, 마지막으로 fast를 써요.
(나는 그에게 빠르게 그 방을 청소하게 했다.)

(4) '주어＋사역동사＋목적어＋동작＋수식'으로 구성되는 문장으로, I will make 뒤에 목적어 her, 그리고 teach English, 마지막으로 in the classroom을 써요.
(나는 그녀에게 교실에서 영어를 가르치게 할 것이다.)

(5) '주어＋사역동사＋목적어＋동작＋수식'으로 구성되는 문장으로, They don't have 뒤에 목적어 me, 그리고 study, 마지막으로 hard를 써요.
(그들은 나에게 열심히 공부하게 하지 않는다.)

(6) '주어＋사역동사＋목적어＋동작＋수식'으로 구성되는 문장으로, I didn't make 뒤에 목적어 her, 그리고 wash her hands, 마지막으로 fast를 써요.
(나는 그녀에게 그녀의 손을 빠르게 씻도록 하지 않았다.)

(7) '주어＋사역동사＋목적어＋동작＋수식'으로 구성되는 문장으로, She didn't let 뒤에 목적어 us, 그리고 use the computers, 마지막으로 yesterday를 써요.
(그녀는 어제 우리들에게 그 컴퓨터들을 사용하게 허락하지 않았다.)

(8) '주어＋사역동사＋목적어＋동작＋수식'으로 구성되는 문장으로, He will not let 뒤에 목적어 me, 그리고 eat apples, 마지막으로 on the bench를 써요.
(그는 나에게 벤치 위에서 사과들을 먹는 것을 허락하지 않을 것이다.)

Ⓐ (1) make, me   (2) had, you   (3) will, let, him
(4) doesn't, have, hard   (5) will, not, let, on, the, bench
Ⓑ (1) make you wash   (2) let her speak   (3) will let
you, on the bench   (4) makes me do, hard   (5) didn't
have us clean, fast

Ⓐ

(1) '~하게 하다'는 make, '나에게'는 me를 써요.

(2) '~하게 했다'는 had, '너에게'는 you를 써요.

(3) '~하게 허락할 것이다'는 will let, '그에게'는 him을 써요.

(4) '~하게 하지 않는다'는 doesn't have, '열심히'는 hard를 써요.

(5) '~하게 허락하지 않을 것이다'라는 will not let, '벤치 위에서'는 on the bench를 써요.

Ⓑ

(1) '~하게 한다'는 make, 목적어 you, '씻다'는 wash를 써요.

(2) '허락했다'는 let, 목적어 her, '말하다'는 speak를 써요.

(3) '허락할 것이다'는 will let, 목적어 you를 쓰고, '벤치 위에서'는 on the bench를 써요.

(4) '~하게 한다'는 makes, 목적어 me, '하다'는 do를 쓰고, '열심히'는 hard를 써요.

(5) '~하게 하지 않았다' didn't have, 목적어 us, '청소하다'는 clean을 쓰고, '빠르게'는 fast를 써요.

Ⓐ (1) let   (2) didn't, have   Ⓑ (1) made   (2) let
(3) didn't have   Ⓒ (1) ①   (2) ⑤   Ⓓ (1) She
makes us run in the park.   (2) My dad made me do my
homework hard.   (3) He didn't let them eat pizza.
(4) I will not let her wash her hands.

Ⓐ

(1) '허락하다'는 현재형 let이 알맞아요.

(2) '~하게 하지 않았다'는 과거형의 부정인 didn't have가 알맞아요.

Ⓑ

(1) 어제의 일이므로 make의 과거형 made로 고쳐야 해요.
(나는 어제 그들에게 쿠키를 먹도록 했다.)

(2) doesn't 뒤에는 동사원형이 와야 하므로 lets를 let으로 고쳐야 해요.
(그는 우리들이 아침에 밖에 나가는 것을 허락하지 않는다.)

(3) 과거동사 had를 부정으로 바꿔야 하기에 had를 didn't have로 고쳐야 해요.
(나는 지난주에 그들에게 영어로 말하게 하지 않았다.)

Ⓒ

(1) 부정을 나타내는 didn't는 일반동사 make 앞에 위치하므로 ①이 알맞아요.

(2) 전치사구는 문장 맨 뒤에 위치하므로 ⑤가 알맞아요.

Ⓓ

(1) '주어＋사역동사＋목적어＋동작＋수식'으로 구성되는 문장으로, She makes 뒤에 목적어 us, 그리고 run, 마지막으로 in the park를 써요.

(2) '주어＋사역동사＋목적어＋동작＋수식'으로 구성되는 문장으로, My dad made 뒤에 목적어 me, 그리고 do my homework, 마지막으로 hard를 써요.

(3) '주어＋사역동사＋목적어＋동작'으로 구성되는 문장으로, He didn't let 뒤에 목적어 them, 그리고 eat pizza를 써요

(4) '주어＋사역동사＋목적어＋동작'으로 구성되는 문장으로, I will not let 뒤에 목적어 her, 그리고 wash her hands를 써요.

Day 14 / 주어+get/help ~

바로!
확인문제 01 본문 100쪽

(1) him to stand up　(2) us to cook　(3) got
(4) helped me　(5) will get us　(6) don't get
(7) doesn't help　(8) didn't get you　(9) is not helping
(10) not get you

(1) 일반동사 get 뒤에 목적어 him, 목적격보어 to stand
up 순으로 써야 알맞아요.

(2) 일반동사 help 뒤에 목적어 us, 목적격보어 to cook
순으로 써야 알맞아요.

(3) 과거형 문장이므로 get의 과거형인 got을 써야 알맞
아요.

(4) 과거형 문장이므로 help의 과거형 helped 뒤에 목적
어 me를 써야 알맞아요.

(5) 미래형 문장이므로 will get 뒤에 목적어 us를 써야 알
맞아요.

(6) 일반동사 get의 부정은 앞에 don't를 써서 don't get이
알맞아요.

(7) 주어가 3인칭 단수 She이므로 일반동사 help의 부정
은 앞에 doesn't를 써서 doesn't help가 알맞아요.

(8) 과거형의 부정은 일반동사 앞에 didn't를 쓰므로
didn't get이 알맞고, 그 뒤에 목적어 you를 써야 알맞아
요.

(9) 주어가 3인칭 단수 My mom이므로 현재진행형의 부
정은 be동사 is 뒤에 not을 써야 알맞아요.

(10) 미래형의 부정은 조동사 will 뒤에 not을 쓰고, 그 뒤
에 get you를 써야 알맞아요.

바로!
확인문제 02 본문 101쪽

(1) I get him to stand up.　(2) He helps me to cook.
(3) I was helping him to do his homework.　(4) She will
help us dance.　(5) Tom doesn't get us to go outside.
(6) I didn't get him to stand up.　(7) I am not helping
you to study.　(8) She will not help us to dance.

(1) '주어+get+목적어+목적격보어'로 구성되는 문장으
로, I get 뒤에 목적어 him, 그리고 목적격보어 to stand up
을 써요.
(나는 그가 일어서게 한다.)

(2) '주어+help+목적어+목적격보어'로 구성되는 문장
으로, He helps 뒤에 목적어 me, 그리고 목적격보어 to

cook을 써요.
(그는 내가 요리하는 것을 도와준다.)

(3) '주어+help+목적어+목적격보어'로 구성되는 문장
으로, I was helping 뒤에 목적어 him, 그리고 목적격보어
to do his homework를 써요.
(나는 그가 그의 숙제하는 것을 도와주는 중이었다.)

(4) '주어+help+목적어+목적격보어'로 구성되는 문장
으로, She will help 뒤에 목적어 us, 그리고 목적격보어
dance를 써요.
(그녀는 우리들이 춤추는 것을 도와줄 것이다.)

(5) '주어+get+목적어+목적격보어'로 구성되는 문장
으로, Tom doesn't get 뒤에 목적어 us, 그리고 목적격보
어 to go outside를 써요.
(Tom은 우리들이 밖에 나가게 하지 않는다.)

(6) '주어+get+목적어+목적격보어'로 구성되는 문장
으로, I didn't get 뒤에 목적어 him, 그리고 목적격보어 to
stand up을 써요.
(나는 그가 일어나게 하지 않았다.)

(7) '주어+help+목적어+목적격보어'로 구성되는 문장
으로, I am not helping 뒤에 목적어 you, 그리고 목적격보
어 to study를 써요.
(나는 네가 공부하는 것을 도와주는 중이 아니다.)

(8) '주어+help+목적어+목적격보어'로 구성되는 문장
으로, She will not help 뒤에 목적어 us, 그리고 목적격보
어 to dance를 써요.
(그녀는 우리들이 춤추는 것을 도와주지 않을 것이다.)

바로!
확인문제 03 본문 102쪽

(1) to stand up fast　(2) to study English hard
(3) apples on the bench　(4) a book in the morning
(5) don't get　(6) didn't help me　(7) not helping
(8) not help you

(1) 목적어 you 뒤에 목적격보어 to stand up, 그리고 부
사 fast가 와야 알맞아요.

(2) 목적어 me 뒤에 목적격보어 to study English, 그리고
부사 hard가 와야 알맞아요.

(3) 일반동사 eat 뒤에 목적어 apples, 그리고 전치사구
on the bench가 와야 알맞아요.

(4) 일반동사 read 뒤에 목적어 a book, 그리고 전치사구
in the morning이 와야 알맞아요.

(5) 일반동사 get의 앞에 don't를 써서 부정은 don't get이
알맞아요.

(6) 일반동사 help의 과거형 부정은 앞에 didn't를 써서
didn't help이고, 뒤에 목적어 me를 써야 알맞아요.

(7) 현재진행형 부정은 be동사 are 뒤에 not이 와야 하므

로 not helping을 써야 알맞아요.

(8) 조동사 will의 부정은 will 뒤에 not을 쓰고, 동사원형 help, 그리고 you를 써야 알맞아요.

(1) I get her to clean the room.   (2) She helped us to dance last week.   (3) He is helping her to read a book in the morning.   (4) He will get her to sleep in the room.   (5) I don't get them to dance nicely.   (6) She didn't help us to use her computers yesterday.   (7) You are not helping me to cook in the kitchen.   (8) He will not get me to stand up fast.

(1) '주어＋get＋목적어＋목적격보어'로 구성되는 문장으로, I get 뒤에 목적어 her, 그리고 목적격보어 to clean the room을 써요.
(나는 그녀가 그 방을 청소하게 한다.)

(2) '주어＋help＋목적어＋목적격보어＋수식'으로 구성되는 문장으로, She helped 뒤에 목적어 us, 그리고 목적격보어 to dance, 마지막으로 부사구 last week를 써요.
(그녀는 지난주에 우리들이 춤추는 것을 도와주었다.)

(3) '주어＋help＋목적어＋목적격보어＋수식'으로 구성되는 문장으로, He is helping 뒤에 목적어 her, 그리고 목적격보어 to read a book, 마지막으로 전치사구 in the morning을 써요.
(그는 그녀가 아침에 책을 읽게 도와주는 중이다.)

(4) '주어＋get＋목적어＋목적격보어＋수식'으로 구성되는 문장으로, He will get 뒤에 목적어 her, 그리고 목적격보어 to sleep, 마지막으로 전치사구 in the room을 써요.
(그는 그녀가 방에서 잠을 자게 할 것이다.)

(5) '주어＋get＋목적어＋목적격보어＋수식'으로 구성되는 문장으로, I don't get 뒤에 목적어 them, 그리고 목적격보어 to dance, 마지막으로 부사 nicely를 써요.
(나는 그들이 멋지게 춤을 추게 하지 않는다.)

(6) '주어＋help＋목적어＋목적격보어＋수식'으로 구성되는 문장으로, She didn't help 뒤에 목적어 us, 그리고 목적격보어 to use her computers, 마지막으로 부사 yesterday를 써요.
(그녀는 어제 우리들이 그녀의 컴퓨터들을 사용하게 도와주지 않았다.)

(7) '주어＋help＋목적어＋목적격보어＋수식'으로 구성되는 문장으로, You are not helping 뒤에 목적어 me, 그리고 목적격보어 to cook, 마지막으로 전치사구 in the kitchen을 써요.
(너는 내가 부엌에서 요리하는 것을 도와주는 중이 아니다.)

(8) '주어＋get＋목적어＋목적격보어＋수식'으로 구성되는 문장으로, He will not get 뒤에 목적어 me, 그리고 목적격보어 to stand up, 마지막으로 부사 fast를 써요.

(그는 내가 빨리 일어나게 하지 않을 것이다.)

Ⓐ (1) get, to cook   (2) help, dance   (3) will get, to sing   (4) doesn't get, fast   (5) is not helping, hard (6) will not(won't) get, at night   Ⓑ (1) get him to sing (2) got us to   (3) is helping her   (4) will help me (5) are not helping you   (6) will not(won't) get me

Ⓐ

(1) '~하게 한다'는 get, '요리하게'는 목적격보어로 to cook을 써요.

(2) '도와준다'는 help, '춤추다'는 목적격보어로 (to) dance를 써요.

(3) '~하게 할 것이다'는 will get, '노래하게'는 목적격보어로 to sing을 써요.

(4) 주어가 3인칭 단수이므로 '~하게 하지 않는다'는 doesn't get, '빠르게'는 부사 fast를 써요.

(5) 주어가 3인칭 단수이므로, '도와주는 중이 아니다'는 is not helping, '열심히'는 부사 hard를 써요.

(6) '~하게 하지 않을 것이다'는 will not(won't) get, '밤에'는 전치사구 at night를 써요.

Ⓑ

(1) '주어＋get＋목적어＋목적격보어'로 구성되는 문장으로, 동사 get, 목적어 him, 그리고 목적격보어 to sing을 써요.

(2) '주어＋get＋목적어＋목적격보어＋수식'으로 구성되는 문장으로, 과거형으로 동사는 get의 과거형 got, 목적어 us, 그리고 목적격보어는 'to＋동사원형'이 와야 하므로 to를 써요.

(3) '주어＋help＋목적어＋목적격보어'로 구성되는 문장으로, 3인칭 단수 주어와 어울리는 현재진행형 is helping, 목적어 her를 써요.

(4) '주어＋help＋목적어＋목적격보어'로 구성되는 문장으로, 미래형 will help, 목적어 me를 써요.

(5) '주어＋help＋목적어＋목적격보어'로 구성되는 문장으로 주어 They와 어울리는 현재진행형의 부정 are not helping, 목적어 you를 써요.

(6) '주어＋get＋목적어＋목적격보어＋수식'으로 구성되는 문장으로, 미래형의 부정 will not(won't) get, 목적어 me를 써요.

A (1) doesn't help   (2) will not get   **B** (1) didn't get   (2) didn't help   **C** (1) ②   (2) ⑤   **D** (1) She gets me to read a book in the classroom.   (2) We are helping you cook in the kitchen.   (3) Tom didn't help them to dance last night.   (4) I will not get her to sing in the park.

A

(1) 주어가 3인칭 단수 She이므로 부정의 표현은 doesn't help가 알맞아요.

(2) '~하게 하지 않을 것이다'라는 미래형의 부정은 will not 뒤에 동사원형 get을 써야 알맞아요.

B

(1) 과거의 일의 부정이므로 get은 didn't get으로 고쳐야 해요.
(그는 내가 빨리 일어서게 하지 않았다.)

(2) 과거의 일의 부정이므로 helped는 didn't help로 고쳐야 해요.
(그녀는 우리들이 춤추는 것을 도와주지 않았다.)

C

(1) 현재진행형의 부정은 be동사 are 뒤에 not을 써야 알맞아요.

(2) 수식어인 next year는 문장 맨 뒤에 써야 알맞아요.

D

(1) '주어＋get＋목적어＋목적격보어＋수식'으로 구성되는 문장으로, She gets 뒤에 목적어 me, 그리고 목적격보어 to read a book, 마지막으로 전치사구 in the classroom을 써요.

(2) '주어＋help＋목적어＋목적격보어＋수식'으로 구성되는 문장으로, We are helping 뒤에 목적어 you, 그리고 목적격보어 cook, 마지막으로 전치사구 in the kitchen을 써요.

(3) '주어＋help＋목적어＋목적격보어＋수식'으로 구성되는 문장으로, Tom didn't help 뒤에 목적어 them, 그리고 목적격보어 to dance, 마지막으로 수식어 last night를 써요.

(4) '주어＋get＋목적어＋목적격보어＋수식'으로 구성되는 문장으로, I will not get 뒤에 목적어 her, 그리고 목적격보어 to sing, 마지막으로 전치사구 in the park를 써요.

1 (1) made   (2) will have   (3) got   (4) will help   **2** (1) I make her wash her hands.   (2) She lets us use her computer.   (3) You had them speak in English.   **3** (1) calm   (2) him   (3) hungry   **4** got, helped, told   **5** (1) ②   (2) ②   (3) ④   **6** (1) He should make them rich.   (2) It didn't make me bored.   **7** (1) doesn't   (2) will, help   (3) fast   **8** (1) He doesn't help me to study English.   (2) She will get me to read a book.   **9** (1) to cook   (2) study   (3) let   (4) use   (5) to wash

1 (1) make의 과거형은 made가 알맞아요.

(2) have의 미래형은 will have가 알맞아요.

(3) get의 과거형은 got이 알맞아요.

(4) help의 미래형은 will help가 알맞아요.

2 (1) 주어 I 뒤에 make her, 그리고 wash her hands를 연결하는 것이 알맞아요.

(2) 주어 She 뒤에 lets us, 그리고 use her computer를 연결하는 것이 알맞아요.

(3) 주어 You 뒤에 had them, 그리고 speak in English를 연결하는 것이 알맞아요.

3 (1) '차분한'을 뜻하는 형용사 calm이 알맞아요.

(2) '그를'을 뜻하는 목적어 him이 알맞아요.

(3) '배고픈'을 뜻하는 형용사 hungry가 알맞아요.

4 '주어＋동사＋목적어＋목적격보어'로 구성되는 문장으로, 목적격보어 자리에 'to＋동사원형'이 오는 동사는 got, helped, told가 알맞아요.

5 (1) 부정을 나타내는 didn't는 일반동사 let 앞에 위치해야 하므로 ②가 알맞아요.

(2) make는 조동사 will 뒤에 위치해야 하므로 ②가 알맞아요.

(3) teach는 목적어 her 뒤의 목적격보어 자리에 위치해야 하므로 ④가 알맞아요.

6 (1) '주어＋make＋목적어＋목적격보어'로 구성되는 문장으로, He should make 뒤에 목적어 them, 그리고 목적격보어 rich를 써요.

(2) '주어＋make＋목적어＋목적격보어'로 구성되는 문장으로, It didn't make 뒤에 목적어 me, 그리고 목적격보어 bored를 써요.

7 (1) 주어가 3인칭 단수 He이므로 일반동사 현재형 get의 부정은 앞에 doesn't가 알맞아요.

(2) '도와줄 것이다'라는 미래형으로 will help가 알맞아요.

(3) '빠르게'를 뜻하는 부사는 fast가 알맞아요.

8 (1) 주어가 3인칭 단수 He이므로 일반동사 helps의 부정은 doesn't help이므로 He doesn't help me to study English.로 써요.
(그는 내가 영어 공부하는 것을 도와주지 않는다.)

(2) 미래형은 조동사 will 뒤에 동사원형을 써야 하므로 을 will get으로 고쳐 She will get me to read a book.으로 써요.
(그녀는 내가 책을 읽게 할 것이다.)

9 (1) 동사가 help인 경우 목적격보어는 동사원형이나 'to + 동사원형'을 쓰므로 '요리하다'는 to cook이 알맞아요.

(2) 동사가 make인 경우 목적격보어는 동사원형을 쓰므로 '공부하다'는 study가 알맞아요.

(3) '허락하다'를 뜻하는 동사는 let이 알맞아요.

(4) 동사가 let인 경우 목적격보어는 동사원형을 쓰므로 '사용하다'는 use가 알맞아요.

(5) 동사가 get일 경우 목적격보어는 'to + 동사원형'을 쓰므로 '씻다'는 to wash가 알맞아요.

Day 15 / 필수동사 (1)

01

(1) Come (2) Come (3) come (4) come
(5) came (6) came (7) come (8) go (9) go
(10) went (11) go (12) by (13) went
(14) camping

(1) 명령문은 문장 맨 앞에 동사원형을 쓰므로 Come이 알맞아요.

(2) 명령문은 문장 맨 앞에 동사원형을 쓰므로 Come이 알맞아요.

(3) 의문문으로 Can you 뒤에는 동사원형을 쓰므로 come이 알맞아요.

(4) 과거의문문을 나타내는 did you 뒤에는 동사원형을 쓰므로 come이 알맞아요.

(5) '왔다'는 과거형이므로 came이 알맞아요.

(6) '왔다'는 과거형이므로 came이 알맞아요.

(7) 주어가 복수인 Dreams이므로 현재형을 나타낼 때 동사원형 come이 알맞아요.

(8) 제안을 나타내는 Let's 뒤에는 동사원형을 써야 하므로 go가 알맞아요.

(9) 과거의문문을 나타내는 Did you 뒤에는 동사원형을 쓰므로 go가 알맞아요.

(10) '갔었다'는 과거형이므로 went가 알맞아요.

(11) '간다'는 현재형이므로 go가 알맞아요.

(12) '~로 가다'는 'by + 교통수단'으로 나타내므로 by가 알맞아요.

(13) '갔다'는 과거형이므로 went가 알맞아요.

(14) '~하러 가다'는 'go -ing'로 나타내므로 camping이 알맞아요.

02

(1) Can you come to the festival? (2) Dreams come true. (3) Let's go outside. (4) She came from Busan. (5) I go to school by bus. (6) I went shopping with my mother.

(1) 의문문이므로 Can you 뒤에 동사원형 come, 그리고 to the festival?을 써요.
(너는 축제에 올 수 있니?)

(2) 주어 Dreams 뒤에 '이루어진다'는 뜻의 come true를

써요.
(꿈은 이루어진다.)

(3) 제안을 나타내는 Let's 뒤에는 동사원형이 와야 하므로 Let's go outside.로 써요
(밖으로 나가자.)

(4) 주어 She 뒤에 '~에서 왔다'는 뜻인 came from, 그리고 Busan을 써요.
(그녀는 부산에서 왔다.)

(5) 주어 I 뒤에 go to school, 그리고 교통수단을 나타내는 by bus를 써요.
(나는 버스를 타고 학교에 간다.)

(6) 주어 I 뒤에 '쇼핑하러 갔다'는 뜻인 went shopping, 그리고 with my mother를 써요.
(나는 나의 어머니와 함께 쇼핑하러 갔다.)

03 본문 112쪽

(1) start (2) start (3) started (4) started
(5) started (6) to dance (7) started (8) singing
(9) Take (10) takes (11) took (12) take
(13) take (14) took (15) took (16) taxi

(1) 조동사 will 뒤에는 동사원형을 써야 하므로 start가 알맞아요.

(2) 조동사 can 뒤에는 동사원형을 써야 하므로 start가 알맞아요.

(3) '시작했다'는 과거형이므로 started가 알맞아요.

(4) '시작했다'는 과거형이므로 started가 알맞아요.

(5) '시작했다'는 과거형이므로 started가 알맞아요.

(6) '~을 시작하다'는 'start to+동사원형'이나 'start+동사+-ing'로 나타내므로 to dance가 알맞아요.

(7) '시작했다'는 과거형이므로 started가 알맞아요.

(8) '~을 시작했다'는 'started to+동사원형'나 'started+동사+-ing'로 나타내므로 singing이 알맞아요.

(9) 명령문은 문장 맨 앞에 동사원형을 쓰므로 Take가 알맞아요.

(10) 주어가 3인칭 단수이고, 현재형이므로 takes가 알맞아요.

(11) '가지고 갔다'는 과거형이므로 took가 알맞아요.

(12) '사진을 찍는다'는 take a picture로 나타내므로 주어 I 다음에 현재형 take가 알맞아요.

(13) '주문을 받다'는 take order로 나타내는데 의문문을 나타내는 May I 뒤에는 동사원형 take가 알맞아요.

(14) '약을 먹다'는 take the medicine으로 나타내는데 과거형이므로 took가 알맞아요.

(15) take 뒤에 교통수단을 쓰면 '~을 타다'라는 뜻인데 과거형이므로 took가 알맞아요.

(16) take 다음에 교통수단을 쓰면 '~을 타다'라는 뜻이 되므로 taxi가 알맞아요.

04 본문 113쪽

(1) Let's start the game. (2) The phone started to ring.
(3) I will take him. (4) I took the bus to school.
(5) My mom took me to the airport. (6) They started to take a picture.

(1) 제안을 나타내는 Let's 뒤에 동사원형을 써야 하므로 Let's start 뒤에 the game을 써요.
(그 게임을 시작하자.)

(2) 주어 The phone, 동사 started 뒤에 to ring을 써요.
(전화가 울리기 시작했다.)

(3) 주어 I, 미래형 will take 뒤에 목적어 him을 써요.
(나는 그를 데리고 갈 것이다.)

(4) 주어 I, '버스를 타고 갔다'는 뜻인 took the bus, 그리고 to school을 써요.
(나는 버스를 타고 학교에 갔다.)

(5) 주어 My mom, 동사 took 뒤에 목적어 me, 그리고 전치사구 to the airport를 써요.
(나의 엄마는 나를 공항에 데리고 가셨다.)

(6) 주어 They 뒤에 '~하는 것을 시작했다'는 뜻인 started to, 그리고 '사진을 찍다'라는 뜻인 take a picture를 써요.
(그들은 사진을 찍기 시작했다.)

기본문제 본문 114쪽

Ⓐ (1) came (2) come (3) go (4) went, by
(5) go, shopping (6) start (7) started (8) started
(9) take (10) took

Ⓐ

(1) '왔다'를 뜻하는 과거형 came을 써요.

(2) 주어 Dreams는 복수이므로 현재형을 나타내는 동사원형 come을 써요

(3) 제안을 나타내는 Let's 뒤에는 동사원형이 오므로 go를 써요

(4) '갔다'를 뜻하는 go의 과거형 went, 그리고 교통수단 bus 앞에는 by를 써요

(5) '~하러 가다'는 'go -ing'로 나타내므로 '쇼핑하러 간

다'는 go shopping을 써요

(6) 제안을 나타내는 Let's 뒤에는 동사원형이 오므로 start를 써요.

(7) '시작했다'를 뜻하는 과거형 started를 써요.

(8) '시작했다'를 뜻하는 과거형 started를 써요.

(9) 조동사 will 다음에 '데리고 가다'를 뜻하는 동사원형 take를 써요.

(10) take the taxi는 '택시를 타다'를 뜻하는데 과거형 문장이므로 과거형 took를 써요.

D

(1) '~하러 갔다'는 과거형이므로 went shopping을 써요.

(2) 명령문은 동사원형을 문장 맨 앞에 쓰므로 Come을 써요.

(3) 제안을 나타내는 Let's 뒤에 동사원형이 오므로 start를 써요.

(4) '데리고 갔다'는 과거형이므로 take의 과거형 took를 써요.

실전문제
본문 115쪽

A (1) come   (2) went   (3) Take   **B** (1) come
(2) fishing   (3) take   **C** (1) He came to the front.
(2) I went on a trip.   (3) The game starts at 1.
(4) My mom took me to Seoul.   **D** (1) went, shopping
(2) Come   (3) start   (4) took

A

(1) '이루어지다'는 come true이므로 come이 알맞아요.

(2) '갔다'를 뜻하는 과거형 동사로 went가 알맞아요.

(3) '약을 먹다'를 뜻하는 동사로 Take가 알맞아요.

B

(1) 의문문을 만드는 조동사 Can 뒤에는 동사원형이 와야 하므로 come으로 고쳐야 해요.
(너는 축제에 올 수 있니?)

(2) '~하러 가다'는 'go -ing'로 나타내므로 fishing으로 고쳐야 해요
(나는 나의 아버지와 함께 낚시하러 갔다.)

(3) 의문문을 만드는 조동사 May 뒤에는 동사원형이 와야 하므로 take로 고쳐야 해요.
(주문하시겠습니까?)

C

(1) 주어 He, 동사 came 그리고 to the front를 연결해요.

(2) 주어 I, 동사 went 그리고 on a trip을 연결해요.

(3) 주어 The game, 동사 starts 그리고 at 1을 연결해요.

(4) 주어 My mom, 동사 took 그리고 me to Seoul을 연결해요.

바로! 확인문제 01   본문 116쪽

(1) talk   (2) talk   (3) talks   (4) talked   (5) talk to
(6) talked about   (7) talked about   (8) talk about
(9) stopped   (10) stopped   (11) stop   (12) can't
stop   (13) can't stop eating   (14) couldn't stop

(1) want to 뒤에는 동사원형을 써야 하므로 talk가 알맞아요.

(2) 조동사 can 뒤에는 동사원형을 써야 하므로 talk가 알맞아요.

(3) 주어 He는 3인칭 단수이므로 일반동사 뒤에 s를 붙인 talks가 알맞아요.

(4) '말했다'는 과거형으로 talked가 알맞아요.

(5) '~에게 말하다'는 talk to가 알맞아요.

(6) '~에 대해 말했다'는 과거형으로 talked about가 알맞아요.

(7) '~에 대해 말했다'는 과거형으로 talked about가 알맞아요.

(8) 조동사 can 뒤에는 동사원형을 써야 하므로 talk about가 알맞아요.

(9) '멈췄다'는 과거형으로 stopped가 알맞아요.

(10) '멈췄다'는 과거형으로 stopped가 알맞아요.

(11) 의문문을 만드는 조동사 Can you 뒤에는 동사원형을 써야 하므로 stop이 알맞아요

(12) '~을 멈출 수 없다'는 'can't stop+동사+-ing'로 표현하므로 can't stop이 알맞아요.

(13) '~을 멈출 수 없다'는 'can't stop+동사+-ing'로 표현하므로 '먹는 것을 멈출 수 없다'는 can't stop eating이 알맞아요.

(14) '~을 멈출 수 없었다'는 과거형이므로 couldn't stop이 알맞아요.

바로! 확인문제 02   본문 117쪽

(1) I want to talk to you.   (2) Can you talk loudly?
(3) You talked about the book yesterday.   (4) I stopped the car.   (5) She can't stop shopping.   (6) I can't stop running.

(1) 주어 I 뒤에 '~을 하고 싶다'라는 뜻인 want to를 쓰고 동사원형 talk to, 그리고 you를 써요.

(나는 너와 이야기하고 싶다.)

(2) 의문문을 만드는 Can you 뒤에 동사원형 talk, 그리고 loudly를 써요.
(너는 크게 말할 수 있니?)

(3) 주어 You 뒤에 '~에 대해 말했다'는 뜻인 talked about, 그리고 the book, 마지막으로 yesterday를 써요.
(너는 어제 그 책에 대해 말했다.)

(4) 주어 I 뒤에 stopped, 그리고 목적어 the car를 써요.
(나는 그 차를 멈췄다.)

(5) 주어 She 뒤에는 '~을 멈출 수 없다'는 표현인 can't stop shopping을 써요.
(그녀는 쇼핑하는 것을 멈출 수 없다.)

(6) 주어 I 뒤에는 '~을 멈출 수 없다'는 표현인 can't stop running을 써요.
(나는 달리는 것을 멈출 수 없다.)

바로! 확인문제 03   본문 118쪽

(1) watching   (2) watches   (3) watch   (4) watched
(5) see   (6) see   (7) see   (8) saw   (9) walk
(10) walk   (11) walk   (12) walk   (13) walked
(14) walks   (15) walked   (16) walk

(1) 현재진행형은 'be+일반동사+-ing'로 표현하므로 watching이 알맞아요.

(2) 주어 She는 3인칭 단수이므로 일반동사 watch에 es를 붙인 watches가 알맞아요.

(3) 의문문을 만드는 Can I 뒤에는 동사원형이 와야 하므로 watch가 알맞아요.

(4) last night은 과거를 나타내기에 과거형 동사 watched가 알맞아요.

(5) 조동사 can의 부정인 can't 뒤에는 동사원형을 써야 하므로 see가 알맞아요.

(6) 조동사 can 뒤에는 동사원형을 써야 하므로 see가 알맞아요.

(7) 과거의문문을 만드는 Did you 뒤에는 동사원형을 써야 하므로 see가 알맞아요.

(8) '봤다'는 과거형으로 see의 과거형 saw가 알맞아요.

(9) '걸어가다'는 현재형으로 walk가 알맞아요.

(10) 조동사 can 뒤에는 동사원형을 써야 하므로 walk가 알맞아요.

(11) 조동사 can't 뒤에는 동사원형을 써야 하므로 walk가 알맞아요.

(12) 의문문을 만드는 Shall we 뒤에는 동사원형을 써야 하므로 walk가 알맞아요.

(13) '걸었다'는 과거형으로 walk의 과거형 walked가 알맞아요.

(14) 주어 She는 3인칭 단수이므로 동사 walk에 s를 붙인 walks가 알맞아요.

(15) '걸어서 바래다주었다'는 과거형으로 walk의 과거형은 walked가 알맞아요.

(16) 조동사 will 뒤에는 동사원형을 써야 하므로 walk가 알맞아요.

 04 본문 119쪽

(1) We are watching TV.　(2) Can I watch this movie?
(3) Jane saw him in the morning.　(4) I can't see anything.　(5) I walked to school last year.　(6) I walked my puppy yesterday.

(1) 주어 We 뒤에 현재진행형 are watching, 그리고 목적어 TV를 써요.
(우리들은 TV를 보고 있는 중이다.)

(2) 의문문을 만드는 Can I 뒤에 동사원형 watch, 목적어 this movie를 써요.
(제가 이 영화 봐도 될까요?)

(3) 주어 Jane 뒤에 동사 saw, 목적어 him, 그리고 전치사구 in the morning을 써요.
(Jane은 아침에 그를 보았다.)

(4) 주어 I 뒤에 '볼 수 없다'는 뜻인 can't see 그리고 목적어 anything을 써요.
(나는 아무것도 볼 수 없다.)

(5) 주어 I 뒤에 동사 walked, 전치사구 to school, 그리고 수식어 last year를 써요.
(나는 작년에 학교에 걸어갔다.)

(6) 주어 I 뒤에 동사 walked, 목적어 my puppy, 그리고 부사 yesterday를 써요.
(나는 어제 나의 강아지를 산책시켰다.)

 기본문제 본문 120쪽

Ⓐ (1) talk, to　(2) talked, about　(3) stopped
(4) can't, stop, studying　(5) were, watching
(6) walked　Ⓑ (1) talked about you　(2) stop the car
(3) can't stop dancing　(4) will watch the show
(5) cannot(can't) see anything　(6) walk my dog

Ⓐ

(1) '~에게 말하다'는 talk to를 써요.

(2) '~대해 말했다'는 과거형이므로 talked about을 써요.

(3) '멈췄다'는 과거형이므로 stopped를 써요.

(4) '~하는 것을 멈출 수 없다'는 'can't stop + 동사 + -ing'로 표현하므로 can't stop studying을 써요.

(5) '~를 보고 있는 중이었다'라는 과거진행형이므로 주어 We와 어울리는 were watching을 써요.

(6) '걸었다'는 과거형이므로 walked가 알맞아요.

Ⓑ

(1) '~대해 말했다'는 과거형 talked about, 그리고 you를 써요.

(2) '그 차를 멈추다'를 뜻하는 일반동사 stop, 목적어 the car를 써요.

(3) '~하는 것을 멈출 수 없다'는 'can't stop + 동사 + -ing'로 표현하므로 '춤추는 것을 멈출 수 없다'는 can't stop dancing을 써요.

(4) '그 쇼를 볼 것이다'는 미래형으로 will watch, 그리고 목적어 the show를 써요.

(5) '아무것도 볼 수 없다'는 cannot(can't) see, 그리고 목적어 anything을 써요.

(6) '나의 개를 산책시킨다'는 walk 뒤에 목적어 my dog를 써요.

실전문제 본문 121쪽

Ⓐ (1) talked　(2) stopped　(3) watch　Ⓑ (1) talked about　(2) shopping　(3) watch　Ⓒ (1) You can't see anything.　(2) Let's stop the car.　(3) She watched a movie.　(4) My mom walked fast.　Ⓓ (1) walked　(2) stopped　(3) watched　(4) about

Ⓐ

(1) '말했다'는 과거형으로 talked가 알맞아요.

(2) '멈췄다'는 과거형으로 stopped가 알맞아요.

(3) 조동사 will 뒤에는 동사원형이 오므로 watch가 알맞아요.

Ⓑ

(1) '~대해 말했다'는 talked about이므로 to를 about으로 고쳐야 해요.
(그는 그 책에 대해 말했다.)

(2) '~하는 것을 멈출 수 없다'는 'can't stop + 동사 + -ing'로 표현하므로 shop을 shopping으로 고쳐야 해요.
(그녀는 쇼핑하는 것을 멈출 수 없다.)

(3) 조동사 will 뒤에는 동사원형을 써야 하므로 watching 을 watch로 고쳐야 해요.
(나는 그 영화를 볼 것이다.)

C

(1) 주어 You, 동사 can't see, 그리고 anything을 연결해요.

(2) Let's 뒤에 동사원형 stop, 그리고 the car를 연결해요.

(3) 주어 She 뒤에 동사 watched, 그리고 a movie를 연결해요.

(4) 주어 My mom 뒤에 동사 walked, 그리고 fast를 연결해요.

D

(1) '걸어갔다'는 과거형으로 walked를 써요.

(2) '멈췄다'는 과거형으로 stopped를 써요.

(3) TV를 '보았다'는 과거형으로 watched를 써요.

(4) '~에 대해'를 뜻하는 전치사는 about을 써요.

Day 17 / 필수동사 (3)

바로! 확인문제 **01**
본문 122쪽

(1) likes　(2) like　(3) like　(4) liked　(5) like
(6) liked　(7) like　(8) thinks　(9) think　(10) think about　(11) think　(12) thought　(13) thought about
(14) thinks about

(1) 주어 He는 3인칭 단수이므로 일반동사는 뒤에 s를 붙인 likes가 알맞아요.

(2) 조동사 will 뒤에는 동사원형을 써야 하므로 like가 알맞아요.

(3) 의문문을 만드는 Do you 뒤에는 동사원형이 와야 하므로 like가 알맞아요.

(4) '좋아했다'는 과거형으로 like의 과거형인 liked가 알맞아요.

(5) '~처럼'을 뜻하는 전치사는 like가 알맞아요.

(6) '좋아했다'는 과거형으로 like의 과거형인 liked가 알맞아요.

(7) '~처럼'을 뜻하는 전치사는 like가 알맞아요.

(8) 주어 She는 3인칭 단수이므로 일반동사는 뒤에 s를 붙인 thinks가 알맞아요.

(9) 의문문을 만드는 do you 뒤에는 동사원형을 써야 하므로 think가 알맞아요.

(10) 제안을 나타내는 Let's 뒤에는 동사원형을 써야 하므로 '~에 대해 생각하다'는 think about가 알맞아요.

(11) '생각한다'는 현재형이므로 think가 알맞아요.

(12) '생각했다'는 과거형으로 think의 과거형은 thought가 알맞아요.

(13) '~에 대해 생각했다'는 과거형이므로 think about의 과거형인 thought about가 알맞아요.

(14) 주어 He는 3인칭 단수이고 '~에 대해서 생각하다'는 현재형이므로 일반동사 뒤에 s를 붙인 thinks about가 알맞아요.

바로! 확인문제 **02**
본문 123쪽

(1) Do you like pizza?　(2) I like dancing.　(3) He walks like a duck.　(4) She thought it was difficult.
(5) I thought it was delicious.　(6) I don't think so.

(1) 의문문을 만드는 Do you 뒤에 동사 like, 그리고 목적 어 pizza를 써요.

(너는 피자를 좋아하니?)

(2) 주어 I 뒤에 like, dancing을 써요.
(나는 춤추는 것을 좋아한다.)

(3) 주어 He 뒤에 walks, 전치사 like 그리고 a duck을 써요.
(그는 오리처럼 걷는다.)

(4) '주어+동사' 순으로 She thought를 먼저 쓰고, 뒤에 또 다른 문장인 it was difficult를 써요.
(그녀는 그것이 어렵다고 생각했다.)

(5) '주어+동사' 순으로 I thought를 먼저 쓰고, 뒤에 또 다른 문장인 it was delicious를 써요.
(나는 그것이 맛있다고 생각했다.)

(6) 주어 I 뒤에 부정인 don't think, 그리고 so를 써요.
(나는 그렇게 생각하지 않는다.)

 03 본문 124쪽

(1) make　(2) made　(3) making　(4) made
(5) make　(6) made　(7) make　(8) making
(9) want　(10) wants　(11) wanted to　(12) want to
(13) wanted to　(14) want to　(15) want to
(16) want to

(1) 조동사 will 뒤에는 동사원형을 써야 하므로 make가 알맞아요.

(2) '만들었다'는 과거형이므로 make의 과거형인 made가 알맞아요.

(3) '만들고 있는 중이다'를 뜻하는 현재진행형은 is 뒤에 making이 알맞아요.

(4) '이부자리를 정리했다'는 과거형이므로 make의 과거형인 made가 알맞아요.

(5) 과거형의 부정은 didn't 뒤에 동사원형을 써야 하므로 make가 알맞아요.

(6) '만들었다'는 과거형이므로 make의 과거형인 made가 알맞아요.

(7) 의문문을 만드는 Did you 뒤에는 동사원형을 써야 하므로 make가 알맞아요.

(8) '만드는 중이었다'를 뜻하는 과거진행형은 were 뒤에 making이 알맞아요.

(9) 의문문을 만드는 Do you 뒤에는 동사원형을 써야 하므로 want가 알맞아요.

(10) 주어 Mary는 3인칭 단수이므로 동사는 뒤에 s를 붙인 wants가 알맞아요.

(11) '~을 하고 싶다'는 'want to+동사원형'으로 나타내는데 이 문장은 과거형이므로 wanted to가 알맞아요.

(12) 과거형의 부정은 didn't 뒤에 동사원형이 와야 하는데 이 문장은 '~을 하고 싶지 않다'는 뜻이므로 want to

가 알맞아요.

(13) '~이 되고 싶다'는 'want to be+직업'으로 표현하는데 이 문장은 과거형이므로 wanted to가 알맞아요.

(14) 의문문을 만드는 Do you 뒤에는 동사원형이 와야 하므로 want to가 알맞아요.

(15) 의문문을 만드는 do you 뒤에는 동사원형이 와야 하는데 '~을 하고 싶다'는 'want to+동사원형'으로 나타내므로 want to가 알맞아요.

(16) 과거형의 부정은 didn't 뒤에 동사원형이 와야 하므로 want to가 알맞아요.

 04 본문 125쪽

(1) Did you make the bed this morning?　(2) We want to play outside.　(3) I made a sandwich.　(4) I wanted to be a singer.　(5) Do you want some ice cream?
(6) She is making dinner.

(1) 의문문을 만드는 Did you 뒤에 '이부자리를 정리하다'는 뜻인 make the bed, 그리고 this morning을 써요.
(너는 오늘 아침에 이부자리를 정리했니?)

(2) 주어 We 뒤에 '놀고 싶다'는 뜻인 want to play, 그리고 outside를 써요.
(우리들은 밖에서 놀기를 원한다.)

(3) 주어 I 뒤에 동사 made, 그리고 a sandwich을 써요.
(나는 샌드위치를 만들었다.)

(4) 주어 I 뒤에 '~이 되고 싶었다'는 뜻인 wanted to be 그리고 a singer을 써요.
(나는 가수가 되기를 원했다.)

(5) 의문문을 만드는 Do you 뒤에 동사 want, 그리고 some ice cream을 써요.
(아이스크림 좀 먹을래?)

(6) 주어 She 뒤에 현재진행형 is making을 쓰고, 그리고 dinner를 써요.
(그녀는 저녁을 만들고 있는 중이다.)

 기본문제 본문 126쪽

Ⓐ (1) like　(2) thought, about　(3) made　(4) want, to　(5) didn't, want, be　(6) liked　Ⓑ (1) didn't make dinner　(2) don't think about　(3) will like, pizza
(4) make the bed　(5) think it is expensive　(6) do, want to eat

A

(1) '~처럼'을 뜻하는 전치사는 like를 써요.

(2) '~에 대해 생각했다'는 과거형으로 thought about를 써요.

(3) '만들었다'는 과거형으로 made를 써요.

(4) '~을 하고 싶어 한다'는 want to를 써요.

(5) '~가 되고 싶지 않았다'는 과거형 부정의 표현으로 didn't want를 쓰고 to 뒤에는 동사원형 be를 써요.

(6) '~을 좋아했다'는 과거형으로 liked를 써요.

B

(1) '저녁을 만들지 않았다'는 과거형 부정의 표현이므로 didn't 뒤에 make dinner를 써요.

(2) '~에 대해 생각하지 않는다'는 부정의 표현으로 don't 뒤에 think about를 써요.

(3) '좋아할 것이다'는 미래형으로 will like, '피자'는 pizza를 써요.

(4) 의문문을 만드는 Did he 뒤에는 동사원형이 와야 하므로 '이부자리를 정리하다'라는 뜻의 make the bed를 써요.

(5) 동사 think 뒤에 '그것은 비싸다'라는 뜻의 문장인 it is expensive를 써요.

(6) 의문문을 만드는 do를 쓰고, 뒤에 '먹고 싶다'는 want to eat를 써요.

로 think로 고쳐야 해요.
(나는 그렇게 생각하지 않는다.)

(3) 의문문을 만드는 Did you 뒤에는 동사원형을 써야 하므로 make로 고쳐야 해요.
(너는 오늘 아침에 이부자리를 정리했니?)

C

(1) 주어 Lora, 동사 thinks about, 그리고 their plan을 연결해요.

(2) 주어 She, 동사 wants to, 그리고 leave를 연결해요.

(3) 주어 They, 동사 didn't like, 그리고 reading을 연결해요.

(4) 주어 He, 동사 made, 그리고 a snowman을 연결해요.

D

(1) '~을 좋아한다'는 'like +-ing'로 나타내므로 like watching을 써요.

(2) '~을 만드는 중이었다'는 과거진행형이므로 making dinner를 써요.

(3) '~하기를 원하다'는 'want to + 동사원형'으로 나타내므로 want to eat를 써요.

(4) '생각하다'는 think, '맛있는'은 delicious를 써요.

실전문제

본문 127쪽

A (1) wanted　(2) like　(3) thought　**B** (1) be
(2) think　(3) make　**C** (1) Lora thinks about their plan.　(2) She wants to leave.　(3) They didn't like reading.　(4) He made a snowman.　**D** (1) like, watching　(2) making, dinner　(3) want, to, eat
(4) think, delicious

A

(1) '원했다'는 과거형이므로 wanted가 알맞아요.

(2) '~처럼'을 뜻하는 전치사는 like가 알맞아요.

(3) '생각했다'는 과거형이므로 thought가 알맞아요.

B

(1) want to 뒤에는 동사원형을 써야 하므로 be로 고쳐야 해요.
(나는 가수가 되기를 원한다.)

(2) 부정을 나타내는 don't 뒤에는 동사원형을 써야 하므

Day 18 / 필수동사 (4)

01 본문 128쪽

(1) ask　(2) ask　(3) asked　(4) asked　(5) ask
(6) asked for　(7) asked for　(8) asked for
(9) feels　(10) felt　(11) feel　(12) feel
(13) feel like　(14) studying

(1) want to 뒤에는 동사원형이 와야 하므로 ask가 알맞아요.

(2) 의문문을 만드는 Can I 뒤에는 동사원형이 와야 하므로 ask가 알맞아요.

(3) '물었다'는 과거형으로 ask의 과거형인 asked가 알맞아요.

(4) '물었다'는 과거형으로 ask의 과거형인 asked가 알맞아요.

(5) 의문문을 만드는 Can I 뒤에는 동사원형이 와야 하므로 ask가 알맞아요.

(6) '~을 요청했다'는 과거형으로 asked for가 알맞아요.

(7) '~을 요청했다'는 과거형으로 asked for가 알맞아요.

(8) '~을 요청했다'는 과거형으로 asked for가 알맞아요.

(9) 주어 He는 3인칭 단수이므로 일반동사 뒤에 s를 붙인 feels가 알맞아요.

(10) '느꼈다'는 과거형으로 feel의 과거형인 felt가 알맞아요.

(11) 부정을 나타내는 doesn't 뒤에는 동사원형이 와야 하므로 feel이 알맞아요.

(12) 부정을 나타내는 didn't 뒤에는 동사원형이 와야 하므로 feel이 알맞아요.

(13) '~하고 싶다'는 현재형으로 feel like가 알맞아요.

(14) '~하고 싶다'는 'feel like + 동사 + -ing'로 나타내므로 studying이 알맞아요.

02 본문 129쪽

(1) Can I ask you a question?　(2) Can I ask you a favor?　(3) I asked for a glass of water.　(4) I feel safe now.　(5) I feel like watching a movie.　(6) I don't feel like studying.

(1) 의문문을 만드는 Can I 뒤에 ask you, 그리고 a question을 써요.
(제가 당신에게 질문해도 되나요?)

(2) 의문문을 만드는 Can I 뒤에 ask you, 그리고 a favor를 써요.
(제가 당신에게 부탁 좀 해도 될까요?)

(3) 주어 I 뒤에 asked for, 그리고 a glass of water를 써요.
(나는 물 한 잔을 요청했다.)

(4) 주어 I 뒤에 feel safe, 그리고 now를 써요.
(나는 지금 안전하다고 느낀다.)

(5) 주어 I 뒤에 feel like, 그리고 watching a movie를 써요.
(나는 영화를 보고 싶다.)

(6) 주어 I 뒤에 don't feel like, 그리고 studying을 써요.
(나는 공부하고 싶지 않다.)

03 본문 130쪽

(1) got　(2) get　(3) get　(4) got　(5) get
(6) get　(7) gets　(8) got　(9) play　(10) played
(11) playing　(12) play　(13) are playing　(14) play
(15) play　(16) the piano

(1) '샀다'는 과거형이므로 get의 과거형인 got이 알맞아요.

(2) 과거의문문을 만드는 did Tom 뒤에는 동사원형이 와야 하므로 get이 알맞아요.

(3) '얻는다'는 현재형이므로 get이 알맞아요.

(4) '생각이 났다'는 과거형이므로 get의 과거형인 got이 알맞아요.

(5) '이해한다'는 현재형이므로 get이 알맞아요.

(6) 과거의문문을 만드는 Did you 뒤에는 동사원형이 와야 하므로 get이 알맞아요.

(7) 주어 He는 3인칭 단수이므로 일반동사 뒤에 s를 붙인 gets가 알맞아요.

(8) '받았다'는 과거형이므로 get의 과거형인 got이 알맞아요.

(9) 제안을 나타내는 Let's 뒤에는 동사원형이 와야 하므로 play가 알맞아요.

(10) '놀았다'는 과거형이므로 play의 과거형인 played가 알맞아요.

(11) 현재진행형이므로 is 뒤에는 playing이 알맞아요.

(12) 의문문을 만드는 Can you 뒤에는 동사원형이 와야 하므로 play가 알맞아요.

(13) 현재진행형이므로 are playing이 알맞아요.

(14) wanted to 뒤에는 동사원형이 와야 하므로 play가 알맞아요.

(15) 조동사 can 뒤에는 동사원형이 와야 하므로 play가 알맞아요.

(16) play 뒤에 악기 이름을 쓸 때, 악기 이름 앞에는 the 를 써야 하므로 the piano가 알맞아요.

 04 본문 131쪽

(1) I don't get it.   (2) I got a new coat.   (3) Where did you get it?   (4) Let's play outside.   (5) I can play the piano.   (6) Can you play soccer?

---

(1) 주어 I 뒤에 don't get, 그리고 it을 써요.
(나는 그것이 이해되지 않는다.)

(2) 주어 I 뒤에 got, 그리고 a new coat를 써요.
(나는 새 코트를 샀다.)

(3) 의문사 Where 뒤에 의문문을 만드는 did you, 그리고 get과 it을 써요.
(너는 그것을 어디서 샀니?)

(4) Let's 뒤에 play, 그리고 outside를 써요.
(밖에서 놀자.)

(5) 주어 I 뒤에 can play, 그리고 the piano를 써요.
(나는 피아노를 연주할 수 있다.)

(6) 의문문을 만드는 Can you 뒤에 play, 그리고 soccer 를 써요.
(너는 축구를 할 수 있니?)

 기본문제 본문 132쪽

Ⓐ (1) gets, present   (2) got, idea   (3) get, it
(4) play, outside   (5) played, yesterday   (6) play, the, piano   Ⓑ (1) you get it   (2) got, new job   (3) get it now   (4) you play soccer   (5) wanted to play   (6) can't play the violin

---

Ⓐ

(1) 주어가 3인칭 단수이므로 '받는다'는 gets, '선물'은 present를 써요.

(2) '얻었다'는 과거형이므로 get의 과거형인 got, '아이디어'는 idea를 써요.

(3) 의문문을 만드는 Did you 뒤에는 동사원형이 와야 하므로 '이해하다'는 get, '그것을'은 it을 써요.

(4) 제안을 나타내는 Let's 뒤에는 동사원형이 와야 하므로 '놀다'는 play, '밖에서'는 outside를 써요.

(5) '야구를 했다'는 과거형이므로 played, '어제'는 yesterday를 써요.

(6) '연주하다'는 play, 악기 이름 앞에는 the를 써야 하므로 '피아노'는 the piano를 써요.

Ⓑ

(1) 의문문이므로 주어 you 다음에 동사원형인 get, 그리고 it을 써요.

(2) '얻었다'는 get의 과거형인 got, 그리고 '새로운 직업'은 new job을 써요.

(3) '그것을 이해한다'는 get it, '이제'는 now를 써요.

(4) 의문문으로 주어 you 다음에 동사원형인 play, '축구'는 soccer를 써요.

(5) '놀고 싶었다'는 과거형인 wanted to play를 써요.

(6) '바이올린 연주를 할 수 없다'는 부정을 나타내는 can't 뒤에 play, 그리고 악기 이름 앞에 the를 써야 하므로 '바이올린'은 the violin을 써요.

 실전문제 본문 133쪽

Ⓐ (1) asked   (2) feel   (3) play   (4) get
Ⓑ (1) ask you   (2) watching   (3) the piano
Ⓒ (1) She asked for a glass of milk.   (2) I feel like studying.   (3) They got the joke.   (4) Tom played with us.   Ⓓ (1) played, baseball   (2) feel, like   (3) asked (4) got

---

Ⓐ

(1) '요청했다'는 과거형으로 asked가 알맞아요.

(2) '느끼다'는 현재형으로 feel이 알맞아요.

(3) 의문문을 만드는 Can you 뒤에는 동사원형이 와야 하므로 '(축구를) 하다'는 play가 알맞아요.

(4) 의문문을 만드는 Did you 뒤에는 동사원형이 와야 하므로 '이해하다'는 get이 알맞아요.

Ⓑ

(1) 의문문을 만드는 Can I 뒤에 동사가 오고 목적어가 와야 하므로 ask you로 고쳐야 해요.
(제가 당신에게 질문해도 되나요?)

(2) feel like 뒤에는 '동사+-ing'가 와야 하므로 watching 으로 고쳐야 해요.
(나는 영화를 보고 싶다.)

(3) 악기 이름 앞에는 the를 써야 하므로 the piano로 고쳐야 해요.

Ⓒ

(1) 주어 She와 asked for 그리고 a glass of milk를 연결 해요.

(2) 주어 I와 feel like 그리고 studying을 연결해요.

(3) 주어 They와 got, 그리고 the joke를 연결해요.

(4) 주어 Tom과 played 그리고 with us를 연결해요.

D

(1) '야구를 했다'는 과거형이므로 played baseball을 써요.

(2) '~하고 싶다'는 feel like을 써요.

(3) '물었다'는 과거형이므로 ask의 과거형인 asked를 써요.

(4) '생각이 났다'는 과거형이므로 get의 과거형인 got을 써요.

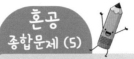

혼공 종합문제 (5)

본문 134쪽

1 (1) came (2) will go (3) took (4) can stop
2 (1) walk, Can you walk? (2) see, I can't see anything. (3) watch, We will watch the show.
3 (1) by, bus (2) talked, about (3) Come, to
4 went, stopped, felt **5** (1) hiking (2) dancing
(3) eating **6** (1) She got a new coat. (2) I didn't get the joke. (3) You can't play the violin.
7 (1) ask (2) feel (3) watching **8** (1) I wanted to travel abroad. (2) He will make a snowman.
9 (1) came (2) play (3) took (4) talked
(5) watched

1 (1) come의 과거형은 came이 알맞아요.

(2) go의 미래형은 will go가 알맞아요.

(3) take의 과거형은 took가 알맞아요.

(4) 가능의 조동사 can을 써서 can stop이 알맞아요.

2 (1) '걷다'는 walk와 연결하여 Can you walk?로 써요.

(2) '아무것도 볼 수 없다'라는 뜻에 쓰이는 '보다'는 see와 연결하여 I can't see anything.으로 써요.

(3) '보다'는 watch와 연결하여 We will watch the show.로 써요.

3 (1) '버스로'는 'by+교통수단'으로 나타내므로 by bus를 써요.

(2) '~에 대해 말했다'는 과거형이므로 talked about를 써요.

(3) '~로 와'는 명령문으로 동사원형이 문장 맨 앞에 와야 하므로 Come to를 써요.

4 go의 과거형 went, stop의 과거형 stopped, feel의 과거형 felt가 알맞아요.

5 (1) '~하러 가다'는 'go -ing'로 나타내므로 hiking을 써요.

(2) '~하기 시작했다'는 'started to+동사원형'이나 'started+동사+-ing'로 나타내는데, 빈칸이 한 칸이므로 dancing을 써요.

(3) '~하는 것을 멈출 수 없다'는 'can't stop+동사+-ing'로 나타내므로 eating을 써요.

6 (1) 주어 She, 과거형 동사 got 뒤에 목적어 a new coat를 써요.

(2) 주어 I, 부정을 나타내는 didn't get 뒤에 목적어 the joke를 써요.

(3) 주어 You, 부정을 나타내는 can't play 뒤에 목적어 the violin을 써요.

7 (1) 의문문을 만드는 Can I 뒤에는 동사원형이 와야 하므로 ask를 써요.

(2) '느낀다'는 현재형이므로 feel을 써요.

(3) '~하고 싶다'는 'feel like+동사+-ing'로 나타내므로 watching을 써요.

8 (1) want의 과거형은 wanted이므로 I wanted to travel abroad.로 써요.
(나는 해외로 여행하기를 원했다.)

(2) make의 미래형은 will make이므로 He will make a snowman.으로 써요.
(그는 눈사람을 만들 것이다.)

9 (1) '왔다'는 과거형이므로 come의 과거형인 came을 써요.

(2) 조동사 can 뒤에는 동사원형이 와야 하므로 '연주하다'는 play를 써요.

(3) '데리고 갔다'는 과거형이므로 take의 과거형인 took를 써요.

(4) '이야기했다'는 과거형이므로 talk의 과거형인 talked를 써요.

(5) '보았다'는 과거형이므로 watch의 과거형인 watched를 써요.

001 I am not a student.

002 You were a nurse.

003 I will be a teacher.

004 She will not(won't) be a singer.

005 I am happy.

006 He is not(isn't) tall.

007 You were not(weren't) strong.

008 I am never tired.

009 She is always happy.

010 You do not(don't) listen.

011 Suzy did not(didn't) run.

012 I did not(didn't) get(wake) up.

013 She gets(wakes) up at 8(eight).

014 He danced hard.

015 I sleep at night.

016 He always jogs.

017 You listened happily.

018 She is singing happily.

019 I cleaned the room.

020 He is eating apples.

021 She will not(won't) teach English.

022 She is not(isn't) teaching children(kids).

023 I cleaned the room yesterday.

024 He is not(isn't) eating apples now.

025 I am cleaning the room fast(quickly).

026 She will teach children(kids) tomorrow.

027 She is teaching English in the classroom.

028 I give him a book.

029 You send me a letter.

030 She did not(didn't) give him a book.

031 She will not(won't) teach us English.

032 My dad bought me an ice cream.

033 We did not(didn't) tell her the story.

034 My mom was telling me the story in the kitchen.

035 She is teaching them English here.

036 Suzy gave me a letter yesterday.

037 You make me sad.

038 She does not(doesn't) make them hungry.

039 He should make her smart.

040 The movie made us bored.

041 I should not(shouldn't) make him hungry.

042 You made me angry in the restaurant.

043 I do not(don't) always make her calm.

044 She made him sad in front of me.

045 You usually make me happy.

046 I make her wash her hands.

047 She lets us use the computers.

048 They do not(don't) have me study English.

049 He does not(doesn't) let us go outside.

050 He did not(didn't) make us speak in English.

051 I made him do his homework hard.

052 She had them speak in English in the classroom.

053 I did not(didn't) make her wash her hands fast (quickly).

054 She did not(didn't) let us use the computers yesterday.

055 I get him to stand up.

056 He helps me (to) cook.

057 I was helping him (to) do his homework.

058 She will help us (to) dance.

059 Tom does not(doesn't) get us to go outside.

060 She helped us (to) dance last week.

061 He will get her to sleep in the room.

062 She did not(didn't) help us (to) use her computers yesterday.

063 You are not(aren't) helping me (to) cook in the kitchen.

064 He will not(won't) get me to stand up fast(quickly).

065 Jane came from Canada.

066 Dreams come true.

067 Let's go to the park.

068 I went to school by bus. 또는 I took the bus to school.

069 I went shopping with my mother.

070 Let's start the game.

071 I will take him.

072 I went to school by taxi. 또는 I took the taxi to school.

073 I want to talk to you.

074 You talked about the book yesterday.

075 I stoppped the car.

076 She can't(cannot) stop shopping.

077 I can't(cannot) stop running.

078 We are watching TV.

079 I can't(cannot) see anything.

080 I walked to school last year. 또는 I went to school on foot last year.

5일차 영어문장 쓰기　　　　본문 150쪽

081 I walked my puppy yesterday.

082 Do you like pizza?

083 She thought it was difficult.

084 I thought it was delicious.

085 Did you make the bed in the morning?

086 We want to play outside.

087 I made a sandwich.

088 I wanted to be a singer.

089 Do you want some ice cream?

090 She is making dinner.

091 Can I ask you a question?

092 Can I ask you a favor?

093 I asked for a glass of water.

094 I feel safe now.

095 I feel like watching a movie.

096 I do not(don't) feel like studying.

097 I got a new coat.

098 Where did you get it?

099 I can play the piano.

100 Can you play soccer?

책 속 (Day별)
영단어장 & 정답과 해설